문예신서
197

부빈의 일요일

조르주 뒤비

최생열 옮김

東 文 選

부빈의 일요일

Georges Duby

Le dimanche de Bouvines

서 문

1968년에 나는 제라르 발터가 기획한 《프랑스 형성의 30일》이라는 선집의 일부로서, 프랑스 형성 과정에서 기념비적 의미를 지닌 1214년 7월 27일을 기리는 책을 써 달라는 제안을 받았다. 이 일요일 부빈 평원에서는 프랑스의 존엄왕 필리프(필리프 2세)가 신성 로마 황제 오토, 플랑드르 백작 페르난두, 불로뉴 백작 르노의 가공할 연합군과 대적하였다. 왕은 신의 은총으로 그날 저녁 전쟁터의 승자가 되었다. 오토 황제는 도주하였고, 2명의 백작은 사로잡혔다. 이 승리로 프랑스는 건국을 확고히 하였다. 프랑스 군주정의 토대는 결정적으로 확립되었다. 이 전투, 이 대결말은 엄연한 것이었고 커다란 반향을 일으켰다.

나는 이 제안을 받아들였다. 필자와 함께 마르크 블로크와 뤼시앵 페브르의 제자였던 동료 사가들은 이에 놀랐다. 이들이 추구하고, 필자가 지금껏 추종해 왔으며, 나중에 그릇되게 '새로운'이라는 딱지가 붙게 된 ──왜 그런가 하면 우리가 그토록 신뢰를 갖고 추구해 온 탐구 방식을 실증주의의 무게가 짓누르기 전인 19세기 이사분기에 우리의 선구 연구자들이 이미 시도하였기 때문이다──역사는 과학적 사실 중심의 역사 기술을 지양하는 반면, 문제를 제기하고 이를 풀어 나가며 표면적 현상은 소홀히 하되 중장기적 지속 속에서 경제·사회·문명의 전개 양상을 살피려는 의도를 담고 있다. 이에 필자의 결심 동기를 설명할 필요가 있다고 여긴다. 이미 6년 전 알베르 스키라는 필자에게 연구실을 떠나 보다 자유로운 분위기에서 필자의 동료나 학생이 아닌 청중을 상대로 까다로운 문제를 다루어 강론할 기회를 제안한 바 있었다. 이러한 자유가 필자의 구미를 자극하였다. 필자의 생각을 대중에게 알리고, 페이지 밑에 박식한 각주를 달지 않고서 필자의 연구 결과를 새로이 밝히는 것은 적절한 일로 여겨졌다. 그리되면 필자가 별 구애 없이 편한 대로 쓸 수 있다는 만족감을 즐길 수 있게 될 것이었다. 필자가 참여키로 한 기획집은 큰 규모로서 널리 공표된 상황이니만큼 더욱 그러하였다. 필자는 파비에의 다음 표현을 음미해 본다: "이 책 다음에 또 다른 저술이 나에게 허여될까?" 바로 이같은 만족감을 가질 수 있으리라는 매력이 필자가 이 작업을 행하기로 한 첫번째 이유이다.

두번째 이유를 조금 장황히 설명하면 다음과 같다: 오랜 세월이 경과하는 중에 한 문화의 토대를 서서히 변화시켜 간 희미한 움직임까지 포착하기 위해서는 특정 사건에 대한 천착이 유용하고 가능할 뿐 아니라 반드시 필요하다는 사실을 필자는 인식하기 시작하였다. 확실한 방식으로 최선의 결과를 도출하기 위해서는 그리해야 한다는 것이다. 필자는 페르낭 브로델처럼(1979년 12월 14일 〈르 몽드〉지와의 대담 기사) 별로 특이하지 않아 관심을 끌지 못한 채 계속 언급되는 단순한 '다양한 사실'들이 어쩌면 장기적 실제를, 그리고 때로는 한 구조를 훌륭히 지시하는 역할을 하기 때문에 결과적으로 이를 파악하는 일이 중요하다고 생각한다. 그러나 이러한 작업이 필요한 또 다른 이유는 한 사건이 사가들의 관심을 끌고, 그것의 증거들이 주는 인상과 사가들의 억측에 의해 증폭되며, 또한 오랫동안 사람들의 입에서 오르내리고 두각을 나타내어 논의를 촉발한 결과, 선풍적인 관심을 끈 이 사건이 무한한 가치를 지니게 되기 때문이다. 즉 촉발된 논의가 어떤 사건을 터뜨리듯 갑작스럽게 조명해 주는 내용 때문에 그러하다. 그것이 일으키는 반향의 효과에 의해, 또는 촉발된 내용이 지금껏 말해지지 않은 부분을 심연으로부터 끌어내는 힘, 다시 말해 그것이 사가에게 잠재된 것을 일깨워 주는 것의 힘에 의해 그러하다. 사실 이 사건 자체는 특이한 면을 띠고 있지만, 그것이 분출해 내는 내용의 전개를 살펴보다 보면 암흑 속에 묻혀 인식되지 않던 흔적들, 너무 평범하여 일상의 삶 속에서 드물게만 말해지고 결코 씌어지지 않았던 흔적들을 표면 위로 드러낼 수 있게 된다.

부빈에 대해서 사람들은 사건 당일부터 다양하게 말하기 시작했고, 이후에도 이를 멈추지 않았다. 그 내용은 방대하고 다양했지만 당시에는 부분적으로만 정리되었다. 명백히 그 모두는 전투의 인과 관계에 관한 것이었다. 그런데 50년 전부터 보다 정교한 연구 방식을 채택한 석학들이 1214년 7월 27일 전개된 음모의 핵심 부분을 밝혀냈고, 그 문제가 갖는 거대한 정치적 반향을 아주 어렴풋한 과거에까지 면밀히 추적하였다. 이 선행 작업은 필자의 부담을 경감시켜 주었다. 필자는 거리낌없이 그들의 탁월한 분석을 이용할 수 있었다. 자료도 바로 거기에 있었다. 필자는 특히 이 사건에 대해 씌어진 연결 관계들을 즉시 인용하고 나중에도 연구하는 내내 상이한 방향에서 제시된, 그리고 다음의 세 가지 수준으로 개진되어 나간 질문에 답하고자 그 내용들을 참조하였다.

첫째로 인류학의 성과가 질문을 새로이 하고, 다른 관점에서 봉건 사회 연구에 접근하게 해주었다. 필자는 13세기초의 군사적 관행에 대한 일종의 민속학적 연구를 시도해 보려 한다. 부빈의 전사들을 행동과 외침, 열정, 그들을 매혹시킨 신기루 등 여러 면에서 특이한 면모를 보이는 외국의 토민처럼 간주하겠다. 마찬가지로 '바타유(bataille)'*를 '게르(guerre)' 와의 관계 속에서, 또 휴전과 평화와의 관계 속에서 파악하는 일은 일반적으로 정치라 불리는 분야를 보다 정확히 묘사하고, 당시 종교적 속성이 세속에 얼마나 불가분적으로 혼용되어 있었는지 하는 점을 기술할 수단이 된다고 여겨진다. 마지막으로 필자는 한 사건이 결과적으로 누군가가 말한 사실에 의해, 적절히 말하자면 그 내용을 널리 알린 사람들에 의해 존재하게 되기 때문에 그러한 사건이 어떤 방식으로 만

---

* '바타유'나 '게르' 모두 우리말 사전에서 동일하게 '전투'나 '전쟁'으로 번역되고 있으나, 저자는 양자를 확연히 구분하고 그 차이점에 의미를 둔다. 부빈 전투는 바타유에 해당하며 이에 대해서는 4,5장을 참조. 4,5장과 그외 양 개념의 구분이 필요한 곳에서는 이 용어들을 번역 없이 그대로 기술하겠지만, 나머지는 그냥 전투나 전쟁으로 표현하겠다. 〔역주〕

들어지고 사라지는지를 살펴보고자 한다. 따라서 필자는 부빈에 대한 회상의 역사, 즉 이 사건이 그에 대한 기억과 망각의 유희에 의해——이것이 의도적이지 않은 경우는 드물다——점차적으로 변형되어 나가는 역사를 일별해 보고자 한다.

이 오랜 역사의 토대가 되는 흔적들은 필자가 바라는 바 이상으로 풍부함이 밝혀지고 있다. 필자는 최근에 이 자료들에 접근하면서 이를 확증할 수 있었다. 필자는 이 전투 주변의 장면을 눈부실 만큼 아름다운 필름으로 담을 수 있을 것 같은 생각이 들어서 세르주 췰리와 함께 신선한 기쁨으로 당시의 텍스트들에 천착하였다. 그리고 일전에 필자가 기사들을 상대편과 대적케 하고, 이 오락적 축제에서 그간 용맹을 과시하여 벌어들인 이윤을 다 써버리도록 만드는 국면들을 다각도로 알아내려는 심정으로, 부빈 전투에 참여하지 못했고 이를 두고두고 아쉬워했던 영국의 마레샬(maréchal; 총사령관격의 원수) 윌리엄이라는 한 개인의 역사를 탐구했던 것도 조금은 이를 위함이었다.

차 례

1214년 7월 27일은 일요일이었다. 일요일은 주님의 날이며 사람들은 이날을 온전히 주님께 바쳐야 한다. 어쩔 수 없는 상황에서 일요일에 일할 수밖에 없어 조금은 몸을 떨었던 농부들의 이야기를 필자는 알고 있다. 이들은 자신들에 대한 하늘의 분노를 느끼고 있었다. 13세기의 교구인들은 이를 훨씬 두렵게 느꼈다. 그리고 교구 성직자는 이날 육체 노동만을 금지했던 것은 아니다. 그는 교구인들에게 주님의 날을 온전히 기릴 뿐만 아니라 돈과 성, 그리고 싸움에 의한 피 흘림의 세 가지 오점을 경계토록 하였다. 이런 이유로 당시 일요일에 자발적으로 돈을 휴대하고 다니는 자는 없었다. 또 같은 이유로 일요일에 경건한 남편이라면 아내와 잠자리에 드는 것을 회피하고, 경건한 전사라면 칼을 들지 않으려고 하였다. 그럼에도 불구하고 1214년 7월 27일 일요일에 전사들은 이 금기를 깨뜨렸다. 이들은 플랑드르의 부빈 다리 근교에서 맹렬히 싸웠다. 독일과 프랑스의 왕이 이들을 이끌었다. 신의 뜻으로 세계 질서를 유지할 책임을 지고, 주교에 의해 성화됨과 동시에 그들 자신이 반은 성직자라 할 수 있는 왕들은 당연히 교회가 표명한 내용을 준수할 것으로 예상되었다. 그렇지만 이날 이들은 감연히 상호 각자의 군을 소집하고 적대하여 직접 전쟁에 참여코자 하였다. 단순한 충돌이 아니라 진정한 전투를 벌이기로 한 것이다. 이 전투는 프랑스 왕이 한 세기 이상 기간 동안 위험을 무릅쓰고 개입한 일련의 전투 중 첫번째 전투였다. 마침내 신이 부여한 승리는 인간이 기억할 수 있는 어느 승리보다 눈부신 것이었고, 카이사르나 샤를마뉴가 거둔 승리에 버금가는 것이었다. 이같은 이유들로 인해 절반은 황폐화된 부빈 인근 지대는 기념비적 사건 장소가 되었다. 이 사건은 표면에서는 끓어오르나 그 폭발력이 주변에 그다지 크게 미치는 정도의 소용돌이로까지 나아가지는 않는 역사적 거품과도 같았다. 그렇지만 그 파장은 매우 지속적인 흔적을 남기고 있으며, 오늘날에도 완전히 지워지지 않고 있다. 그 흔적들만이 그 사건의 존재를 감지하게 해준다. 그 흔적들을 넘어서면 이 사건은 전혀 존재하지 않는 것으로 된다. 따라서 필자는 이 책에서 바로 그러한 흔적들을 통해 이야기를 전개하려 한다.

이 흔적들은 두 가지 종류로 되어 있다. 한 종류는 그 수가 많고 가변적이며 분산되어 있는 증거들로, 단독적이든 섞여져 있든 또는 확고한 것이든 일시적인 것이든 현시대인의 뇌리 속에 남아 있다. 만약 부빈의 기억이 완전히 일실되지 않았다면 그 이유는 그에 관한 기억이 어느 정도 현재에 주입되어 있기 때문일 것이다. 필자는 본인의 첫번째 책을 저술할 당시 한 가지 이미지를 접하여 그것을 또렷이 기억하고 있다. 그것은 몸 표면에는 백합꽃 장식이 수놓아져 있고, 머리는 쇠창살에 갇힌 일종의 커다란 풍뎅이가 날뛰는 말의 포로가 된 양 땅 위에서 힘겹게 헐떡이는 형상이다. 그리고 어느 방향에서나 바늘과 갈퀴가 이 물체를 위협하고 있다. 이 존재는 바로 프랑스 왕이며, 그는 모든 역경에도 불구하고 무언가를 획득하러 가고 있다고 사람들은 말한다. 19세기말이나 20세기의 첫 40년간에 8세 내지 10세 또래로서 학교에 다닌 모든 프랑스인들은 이 이미지를 알아볼 수 있다. 이전에는 위대한 군의 상징격이었던 경기병의 숙소에서 부빈 전투는 톨비악 전투와 마리냐노 전투 사이에 위치한 전투로, 세대에서 세대로 전수되는 지나간 승리의 이름으로서 보초병들 사이에서 회자하는 전투명이 되지 못했었다. 즉 자극을 주고, 위안과 편안함을 제공하며, 지난 과오를 상쇄해 주는 이야기의 소재가 되지 못하였다. 그러나 이제 이같은 애국적 팡파르의 메아리는 더 이상 약화되지 않게 되었다. 《프랑스 형성의 30일》이라는 기획집에 푸아티에와 관련된 유일의 행복한 군사 사건인 '부빈의 일요일'을 포함하는 계획이 세워진 것도 애국심이 조금은 더 고조된 사실을 보여 준다. 미약하긴 하지만 집단적인 과거의 표상 속에 통합된 증거들에 대해, 문화의 다양한 수준에서 그것들이 야기한 정감적 힘과 진실, 그리고 감동을 측정하기 위한 목록을 작성하는 일은 시도할 만한 일일 것이다. 이같은 탐색은 역사의식에 대한 열정적 연구를 필요로 한다. 그것은 한편으로 필자에겐 익숙치 않은 방법론과 도구를 요구한다. 사가들은 필자의 관심을 끄는 두번째 장르의 다른 증거들이다. 즉 기록을 남겨 준 사가들이 검토의 대상이 된다.

이 증거들 또한 물질적인 증거와 마찬가지로 확인 가능하고 측정할 수 있는 실제성을 띠고는 있으나 생생하지는 않은 기억의 응결체라 할 수 있다. 이것들은 여기저기 훼손되고 흩어지고 문드러져 있으나, 이를 통해 기억 속에 생생한 다른 흔적을 찾아볼 수 있는 견고한 바탕이 된다. 즉 목록·원재료·묘판의 구실을 하며, 그 수가 정해져 있고 차후로 더 이상 증가될 기회를 갖지 못한 자료의 보고이다. 사실 연구자의 저술은 완성된 것이다. 연구자는 모든 흔적을 인내심 있게 조금씩 살펴 나간다. 이들은 원재료를 찾아 먼지를 털고 향기를 불어넣으며 목록화하면서 정리해 나간다. 즉 원재료가 사건을 밝히는 의미 있는 사료가 되도록 이를 닦아 나간다. 모든 재료가 사용되고 굳어지며 구멍이 뚫리고 닳아진다. 어떤 것은 판독하기 어렵기까지 하다. 애초의 흔적만이 남아 있는 경우도 있다. 상당수 재료는 오늘날엔 사라진 원래의 흔적만을 보여 준다. 예를 들어 1214년 아라스 시 성벽의 경내에 생니콜라 문이 축조되었다. 적어도 4세기간에 걸쳐 이 문을 통과해 간 사람들은 여기에 두 가지 비문을 새길 수 있었다. 바깥쪽에 적혀진 한 비문은 단순히 라틴어로 축조일과 축조한 십장의 이름을 담고 있다. 또 하나의 비문은 프랑스어로 씌어졌고, 글귀가 제법 많다. 그것은 한 시의 원문을 그대로 적고 있다. 1250년에 지어진 42줄의 시구는, 이 장소에서 문이 축조되던 시기에 아라스와 아르투아의 영주였던 루이 왕자와 그의 부왕인 선왕 필리프를 기념하는 내용을 포함하고 있다. 더불어 필리프가 플랑드르인들과 사이가 틀어져 상호 적대하게 되었다는 사실이 적시되고 있다. 하지만 신은 그에게 영예를 부여하여, 그로 하여금 전쟁터에서 그릇된 황제 오토를 격퇴시키고 5명의 백작을 사로잡게 해주었다. 게다가 필리프군은 이날 3백 명의 기사를 사로잡거나 전사시킬 수 있었다. 이는 36년 전 8월을 5일 앞둔 일요일에 부빈과 투르 사이의 이곳에서 벌어진 사건이다. 공적 선언의 성격을 띤 이 글귀는, 프랑스의 또 다른 왕이 이보다 훨씬 이전인 10세기 말 역시 오토란 이름의 또 다른 황제를 물리친 바 있었다는 점을——하지만 이 경우 기억은 매우 희미해지며 연대상의 혼돈이 있다——부가적으로 담고 있다. 카루셀[마상 시합장]의 개선비문과 유사한 아라스의 기념비문은 북부로 가기 위해 아라스를 출발했던 사람들의 삶에 헌정된 것이다. 그것은 카페 왕조의 왕령지 경계 내에 포함되고, 플랑드르 및 제국과 접하는 자리에 승전비로서 건립되었다. 그것은 이미 오래 전부터 수훈을 쌓아 온 이 왕조가 이룬 또 하나의 새로운 승리 기억, 무용을 과시한 공동체에 대한 애국적 심정을 세대를 거듭하여 후손들에게 일깨울 목적으로 세워졌다. 뿐만 아니라 그것은 보다 더 원대한 의도를 담고 있다. 부빈의 승리를 2백50여 년에 걸쳐 오래 지속된 군사적 영광의 대미로서, 그리고 같은 기간 내 승리한 여타 전투와 더불어 공통의 축하 대상이 될 승리로서 세심히 배려하고 있는 것이다. 격파당한 상대의 두 수장이 오토라는 동일 이름을 지녔고, 승리를 거둔 두 왕 모두 논란의 여지없이 이미 한 국가의 수장으로서 전투에 참여하였었다. 묘비명처럼 가장 견고한 바탕 위에 새겨진 이 시구는 오랜 세월 유지될 수 있었다. 이 사건은 결코 망각 속에 사라지지 않았다. 그렇긴 해도 비문은 없어질 수 있는 것이고, 실제 그것이 새겨진 돌이 사라짐에 따라 비문도 사라졌지만 적어도 시구는 남아 있게 되었다. 왜냐하면 최소 2명 이상이 이를 보존하려고 애를 썼기 때문이다. 17세기초 골동품 수집이 붐을 이루고, 진정한 학문적 역사 연구가 첫걸음을 디디면서 이후로 확실한 전거가 역사 연구의 필수 요소로 되어갔고, 원본의 복사가 중요하게 되었다. 앞서의 시구 역시 생니콜라의 주임 사제 페리가 이를 부분적으로 수집하고 필사하였는데, 그는 자기 도시의 과거에 대해 흥미를 지녔던 아라스의 시장 앙투안이 쓴 벨기에인의 연대기 통사의 자료를 수집하면서 이 작업을 행하였다. 이 자료는 파괴를 면했으며, 그것과 함께 아라스 문의 비문을 통해 350년 전 이래 보존해 온 사건에 관한 규범적인 기억도 망각을 면하여 결정적인 자료 복원이 가능해졌다. 그 내용은 실제 각기 1611년과 1616년에 출간 된 두 저술 속에 인쇄되어 빛을 보게 되었다. 두 저서는 진정 희귀 자료 들이다. 그런데 근대의 고증학에 의해 이들 자료에 대한 보다 체계적인 접근이 가능해졌다. 1856년 빅토르는 근대 방법론에 따라 사료 비판을 행하며 새로이 이 자료를 편집하였다. 오늘날 우리는 《프랑스 문학사》 23 권 433-436쪽에서 이를 접할 수 있다. 차후로 상당수 도서관 목록 사이 에서 그 증거를 온전히 이용할 수 있는 길이 열렸다. 이 자료는 그것이 야 기한 흥미 이상으로 앞으로도 분명 오랫동안 이용될 기회를 갖게 된 것 이다.

다양한 기원의 복합적인, 그리고 1863년 전쟁터 가까이에 건립된 6미 터 높이의 오벨리스크에 이르기까지 시대를 거치며 완성되어 간, 이런 유의 흔적들 덕에 부빈 전투 사건은 살아남았다. 모든 증거의 목록이 작 성되어 갔다. 이 작업은 19세기의 마지막 20년과 20세기의 첫 35년간, 특히 1881-88년과 1913-14년에 프랑스 · 독일 · 영국 최상의 중세 역사 학자들에 의해 주도되었다. 당시 이 증거들의 진정성은 엄중히 검증되었 다. 결과적으로 전투의 전개 과정과 동시에 시종하여 펼쳐졌던 일련의 음모에 대한 전반적 내용이 드러나게 되었다. 여기서 새로이 해당 자료 들을 동일한 방식으로 재검할 필요는 없다. 이 사료는 기껏 9종을 넘지 않는다. 이것들 대부분은 아주 오래 되었지만 유용하며 만족할 만한 것 으로 충분히 참조할 만하다. 그 내용은 1901년 라비스가 편찬한 대작 《프 랑스사》의 제3권 166-202쪽에 재수록되었다. 이것의 개괄적인 내용은 매우 훌륭하다. 여기에 가필할 필요가 있는 유일한 내용은 전투 방법과 실제 병력의 평가에 관한 것으로, 이 점은 1954년 발간된 베르브뤼겐의 연구서인 《중세 서유럽의 전술》에서 보완되었다.

필자가 사건의 추이를 다시 살펴보려는 것은 다른 관점에서이다. 실증주의적——필자는 이 용어를 결코 소홀히 할 수 없는 것으로 여긴다——역사의 측면에서 부빈 전투는 명백히 권력의 역사라는 역동성 속에서 파악된다. 이날은 유럽 국가들의 형성 과정에서 나타나는 계속된 결정·시도·주저 및 성공과 실패라는 일련의 경과 속에서 어느 사건보다 비중이 높은 핵심적인 날에 해당한다. 이같은 통찰은 객관적 안목을 지닌 2명의 사가에 힘입은 바 크다. 우선 1214년 7월 27일, 이 장소에서 발생한 그대로의 일을 밝히는 작업이 가능해졌다. 이를 위해서는 적절한 판단을 가능케 해주는 자료를 살펴 진실을 가려내기 위해 허위 사실을 추적하고, 증거들을 대질하여 모순점을 줄이며, 빠져 있는 사슬의 고리를 재구성함과 동시에 모든 가설을 살펴 선별하고, 가장 확실한 내용을 추출해야 한다. 그런 다음 시종의 상세한 내용 전개 속에 적절한 인과 관계적 위치를 가려내어, 그에 따라 '진정한 사실'을 자리매김해야 한다. 이 두 가지 목표는 획득하기 어려운 것이라고 말해진다. 왜냐하면 알다시피 전투를 진두지휘했던 수장들이 전체적인 맥락 속에서 전투를 인지하지는 못했을 것이기 때문이다. 이들은 전투에서의 혼란된 양상만을 본다. 그 어느 누구도 이날 정오에서 오후 5시 사이에 부빈 평원에서 뒤얽혀 전개된 수많은 행위 일체를 전체적 조망 속에서 인식하지 못하였고, 앞으로도 그러할 것이다. 이 전투의 인과 관계는 사실상 매우 다양하였고, 그러므로 개별 인과 관계의 측면에서는 파악될 수 없다. 또는 이 두 가지 목표에 도달하려는 노력은 1214년의 사건을 오늘날의 사건으로서 보려는 추상성을 띠지 않을 수 없다. 이런 역사학은 코르네유가 폼페이우스를 바라보듯이 오직 정치적 행동의 동기나 결과에만 관심을 집중한 결과, 인간성은 불변하며 그 속에서 여러 의지와 욕망이 충돌한다는 관점에서 존엄왕 필리프의 행위를 고찰하려는 경향을 무의식적으로 담고 있다. 그러한 결과 유럽에서 20세대에 걸쳐 인간의 행동 및 그 행동이 담는 의미를 감지할 수 없을 정도로 서서히 변화시켜 나간 모든 미세한 추이를 이 역사학은 추출해 낼 수 없다. 예컨대 라이히쇼펜의 열등한 흉갑 기병이 부빈의 일반 기사를 포로로 잡는 행위가 금지되어 있었는데, 이런 방향으로 이끈 변화를 감지하기란 어려운 일이다.

이같은 이유로 필자는 이 전투와 이 전투에 대한 후대의 기억을 인류학적으로 재고찰해 보고자 한다. 즉 오늘날 세계에서 우리의 제반 상호 관계를 규제하는 다양한 문화의 총화 속에 구현된 대비적 사실들을 보다 솜씨 있게 재고해 보고자 하는 것이다. 이 계획의 추구에는 세 가지 방법상의 변화가 필요하다. 이 사건은 선결적으로 당대에 그 영향을 받은 문화 일반 속에서 재배치되지 않고는 그 특성이 적절하게 이해될 수 없으므로, 무엇보다 우리가 이 문화에 대해 알고 있는 바 일체를 부가적으로 참조하며, 그 이후로 우리에게 전해진 증거들을 사료 비판하는 일이 중요하다. 그러나 또한 이 사건 자체가 특이했던 만큼 잔존하는 그것의 특징적 흔적들이 평범한 일상에서는 거의 혹은 전혀 나타나지 않는 요소들을 드러내기도 한다. 이 예외적 흔적들은 잔존해 나가는 도중 어느 특정 시점에서는 생각하고 행동하는 방식에 대한, 보다 정확히는 그것이 전투 문제였던 만큼 군사적 기능과 당대 사회에서 이 임무를 떠맡은 사람들에 대한 한 다발의 정보를 담게 된다. 부빈은 13세기초 유럽 북서부에서 전쟁의 사회학적 윤곽을 그려 보기에 매우 바람직한 관찰 장소이다. 결과적으로 이 흔적들은 또 다른 방식으로 이 사건의 출현에 기여한 문화에 대한 정보를 제공해 준다. 또한 이것들은 경험된 사실에 대한 인식이 시공간의 전개 과정에서 점차 그 색채를 잃고 변형되어 가는 모습을 파악하게 해준다. 이에 필자는 상상이나 망각이 정보에 미치는 영향, 전설이나 기이한 내용이 은연중에 가미되는 양상, 당대 이래 오늘날에 이르기까지 일련의 기념 과정을 겪어 온 이 사건에 대한 기억이 살아 작용하는 일체의 정신적 표상 속에서 나아온 방향을 관찰하는 모험을 감수하고자 한다.

이같은 의도를 갖고 출발점에서 필자가 생각하는 최선은, 사건의 가장 직접적이고 선명하며 중요한 흔적을 적나라하게 드러내 놓는 일이다. 기욤 르 브르통의 연대기가 이를 밝혀 줄 것이다.

이 연대기는 프랑스 왕궁에서 씌어졌다. 그것은 세속적 역사 기술의 전통 속에서 전투의 공식적 관계를 밝히려는 것으로, 그 기원을 생드니 수도원에 두고 있다. 박사들의 비판에도 불구하고 사도인 성 베드로의 묘소 옆에 예수 그리스도가 왕림하여 축조하였다는 전설이 전해지는 이 수도원의 지하실과 성소의 축대 쪽에 다고베르, 단구왕 페팽, 대머리왕 샤를〔샤를 4세〕, 위그 카페 및 거의 모든 프랑크족 왕들의 석관묘가 배치되어 있다. 이 묘소는 메로빙거 왕조, 카롤링거 왕조, 카페 왕조의 3왕조가 연속하여 계승하였다는 왕국의 연속성에 대한 구체적 이미지를 제공해 준다. 왕의 권능이 세례와 대관식의 도시인 랭스 이상으로 이 성소에 바탕을 두고 있다. 종부성사 후 왕의 막강한 권능이 면직되는 곳도, 왕이 왕국의 수호를 위해 군을 이끌 때에 수호성인의 깃발, 즉 맡겨둔 왕군기를 찾으러 오는 곳도 이 수도원이었다. 존엄왕 필리프의 조부인 루이 6세의 어린 시절 친구인 쉬제가 12세기초 생드니 수도원장으로 서임받았을 때, 그의 첫번째 관심사는 그 자신이 수도원의 가장 중요한 기능이라고 여긴 것을 엄숙히 표명하는 일이었다. 이를 세계의 눈에 가장 특출한 방식으로 드러내기 위하여 그는 교회를 호화롭게 재축하는 일에 착수하였다. 당시에 회자된 대로 '프랑스의 예술'이자 궁정 예술인 고딕 양식의 정수를 과시한 이 건축물을 통해 그는 과거 뫼즈 지방 왕궁과 뇌스트리아 왕궁의 장엄한 아름다움, 그리고 갈리아 남부에서 개화되기 시작한 혁신적 건축 양식을 결합시키고자 하였다. 결과적으로 새로운 바실리카는 샤를마뉴의 상속자임을 선포한 유일한 통치자의 권위하에 전(全)

왕국의 양식을 결집시킨 면모를 과시하였다. 동시에 카페 왕조는 오를레앙보다는 파리를 주 궁정의 자리로 선택하였지만, 쉬제는 왕가의 영광을 기록하는 임무를 생브누아쉬르루아르에서 생드니 수도원으로 이전하였다. 그리고 그 자신이 루이 6세의 전기를 편찬하였다. 성인과 왕들, 즉 초자연적 능력이나 악을 퇴치할 수 있는 마력을 부여받은 성화된 인물이나 신으로부터 선택받은 자를 기념하여 기술하는 그러한 **전기**를 쉬제 자신이 기술한 것이다. 그의 선례를 따라 생드니의 수도사들은 후세와 후손 왕들을 위해 그들이 왕관을 보존하고 그 유해를 안치시킴과 동시에, 명복을 기려 주는 왕들이 자신의 치세에 어떻게 왕의 직분을 충만히 수행하였는지에 대해 상세히 이야기하고자 했다.

존엄왕 필리프 치세 초기에는 이같은 쓰기 활동이 확산되고 있었다. 프랑스 왕의 권위는 계속해서 강화되고, 또한 쓰기 문화가 신속히 확대되어 가는 와중에서 당대의 모든 제후들은 자신들에 대한 찬사의 글이 가면 갈수록 격화되는 경쟁 속에서 자신의 특권을 보증하고, 공고해져 가는 국가와 대적하는 가장 효율적인 무기가 될 수 있음을 인식하였다. 1185-1204년에 《프랑크족 왕의 역사》가 생드니에서 편찬되었다. 이곳에서는 리고르라는 이름의 정확하고 간결한 문체의 작가가 활동하고 있었다. 미디 지방 출신의 리고르는 이 수도원에 들어오기 전에——그는 아마 이 작업을 위하여 입문했을 것이다——통치자의 업적에 대해 쓰기 시작하였다. 그는 1206년까지 동 수도원에서 작업을 계속하여 《존엄왕 필리프의 업적》 1권을 1196년에, 4년 뒤에는 2권을 펴냈다. 이 시기에 기욤 르브르통은 왕과 매우 가까이 지내며 충실히 봉사하고 필리프의 이혼과 재혼 문제에 대한 미묘한 협상을 위해 로마에 갔으며, 왕의 서자인 피에르 샤를로의 교육을 담당하는 등 왕의 신임을 전적으로 받고 있었다. 그는 매우 빠르게 상승가도를 달렸다.

기욤은 오늘날 우리가 잘 알고 있는, 그리고 당대에 확산되어 나간 문화의 수혜자 중 한 사람이었다. 당시 비교적 낮은 신분으로서 사회적 상승을 바랐던 그에게 최상의 길은 학교에 들어가 훌륭히 말하고 쓰는 법을 배우는 일이었다. 제후들은 배운 자들을 필요로 했고, 이들에게 후히 지불하였다. 사실 정규 성직자를 제외한 교회인 양성학교는 존재하지 않았다. 수도원학교는 폐쇄되었고, 성당학교 또는 성당참사원 부속학교가 있었지만 이는 성직자들에게게만 개방되었다. 따라서 이익을 획득하려는 욕구를 갖고 교회에 들어온 인물들은 이들 학교에서 배운 다음 나중에 장서 담당자, 조언 제공자, 의사 또는 재담자가 되기도 하며, 그런 결과 학교 수업의 원래 의도는 왜곡되는 반면 성직자들만이 신에 봉사하는 뜻을 견지하며 학문에 정진하는 모습을 띠게 되었다. 기욤은 12세의 나이에 학교 교육의 바탕이 척박한 브르타뉴를 떠나 다양한 지식을 획득할 수 있는 '프랑스어'를 사용하는 지방으로 갔다. 처음엔 망트에서, 다음에는 최고의 학교인 파리대학에서 공부하였다. 그러다가 태어난 곳으로 돌아와 부를 얻고자 했으나 커다란 성공은 거두지 못하였다. 30대에 이르러 마침내 기회가 찾아왔다. 그는 상당수의 동창들이 자리잡고 있는 궁정 교회에 소개되었다. 이처럼 다양한 교육을 받은 교회인은 가장 유리한 자리에 오를 수 있었다. 이곳에서 겸손과 재능을 갖춘 자에게는 장밋빛 미래가 보장되었다. 카페 왕조는 궁정 내에 고위 성직자를 두고 있었다. 왕가는 자신을 만족시키는 사람들에게 유리한 일자리를 마련해주는 전권을 갖고 있었다. 따라서 모두가 60세 가까운 나이에 호조건의 성당참사원 성직록을 받을 수 있는 기대감을 가질 수 있었다. 이들은 처신을 잘할 경우 주교좌에 오를 수도 있었다. 기욤이 바로 그러하였다. 1천2백 년이 지나 로마에서의 임무를 마친 후, 그는 왕이 필요로 하는 인물이 되었다. 왕은 그를 자신의 곁에 두길 원하였다. 그는 샤토가야르의 포위전에 참여하였다. 그가 맡은 직책인 샤플랭(성당의 전속 신부)의 주요 역할은 전쟁중 다른 사람들과 합창으로 국왕의 축복을 비는 노래를 계속해서 부르고, 찬송을 적절히 변용하는 형태로 그의 업적을 기록하는 일이었다. 부빈에서도 그는 국왕의 등뒤에 서서 이같이 노래하였고, 이날의 사건을 기록하는 것을 자신의 첫번째 임무로 여겼다. 누구보다도 국왕에게 승리는 가장 중대한 사건이어서, 기욤은 자신의 후원자인 왕을 만족시키기 위해 이 경이로운 일을 상세히 기록하지 않을 수 없었다. 게다가 그는 자신의 이야기를 리고르의 연대기——한 수도사가 1210년까지 요약하여 부가 기록한 바 있는——의 연장선상에서 직접 이어 쓴다는 마음을 갖고 있었다. 그는 이 자료를 생드니에서 획득하여 축약하였으며 자신이 기억하는, 그리고 주인을 영예롭게 할 수 있는 경이로운 사실들을 적어 빈 공간을 채워넣었다. 또한 전 치세의 역사를 작성하였다. 결과적으로 상당한 관심을 끌 만한 이전이 이루어졌다. 역사 기술의 임무는 수도사에게서 재속 성직자에게로, 그리고 수도원으로부터 왕가로 이전되었다. 이는 역사 기술이 종교적 색채를 조금씩 지워 나가면서 세속화되기 시작한 사실을 확연히 보여 준다. 또한 역사 기술에서 전투에 부여된 비중이 커져 갔다. 경건왕 로베르의 생애를 기술했던 수도사 엘고는 1백50년에 걸친 역사를 서술함에 있어서 기도·자선·순례·이적 이외의 것에 대해서는 거의 언급하지 않았었다. 그 자신은 전투에 대해 상세히 말하지 않았으며, 그러한 수고는 기껏 다른 사람들에게 맡겨지는 정도였다. 반면 기욤 르 브르통은 전투에 대한 상세한 묘사에 상당 부분을 할애하고 있다. 저술에서 그가 찬양코자 했던 것은 그 무엇보다 부빈 전투였다. 그는 앞서의 5년간에 걸친 기간보다 부빈 전투일 하루에 대해 더 많은 지면을 할애하였다. 나머지 모두는 그가 괄목할 업적으로 간주한 이 사건의 예비적인 부분에 관한 것이었다. 결과적으로 그는 자신의 저술에서 가장 중심적인 사건인 1214년의 부빈 전투 대목에서 이야기를 끝맺기로 결심하였다.

이처럼 그의 이야기는 분명 변함없이 카페 왕조의 영광을 드높일 수 있는 사실에 강조점을 두고 배열되었다. 요컨대 그는 과거의 날들을 회상하고자 할 때 왕가에 대한 봉사자로서 나름대로 진솔하게, 즉 가능한 한 상세하고 정확하며 명확히 쓰고자 하였다. 다만 여기에는 고전 문화로 치장하고 매력을 부여하려는 의도 내지 수사적 표현이 막힘없이 동원된다. 글은 학식 있는 자와 성직자의 언어인 라틴어로 씌어지는데, 왜냐하면 주교처럼 성화되고 도유를 받은 왕의 거처는 그 무엇보다 예배당이라 할 수 있기 때문이다. 생드니의 종교인들이 대대로 중요했던 일을 추적하여 기록해 나가는 대편찬 사업에 왕의 치적을 삽입시키는 것도 왕가가 갖는 이같은 종교적 특성 때문이다. 그러나 1274년 생드니 수도원장은 기욤의 이야기를 포함하는 역사 기술 전반에 걸쳐 라틴어를 속어로 번역하기로 결정하였다. 이는 보다 광범위한 공공 대중과 학교 교육을 받지 못했으나, 이 자료들에 관심을 갖는 사람 모두에게 왕국의 공식적 역사를 제공하려는 새로운 욕구라는 점에서 당대의 문화 변동을 보여 주는 또 하나의 사례가 된다. 필자가 여기서 읽어 나갈 주 대상으로 선정한 자료는 바로 속어로 번역이 된 기욤의 글이다. 이 글은 생생하고 흥미진진하며, 찬탄할 만한 산문의 형태를 띠고 있다. 그 내용은 매우 경쾌하게 씌어져 쉽게 이해될 수 있으며, 그러면서도 글의 풍미를 잃지 않고 있다.

그러나 이에 앞서 독자 개개인이 사건의 광경들을 추적해 나가도록 하기 위해 먼저 사건상의 행동 주역을 살펴보고, 장식의 살을 붙이며, 이야기의 본부분에서는 말해지지 않았으나 그날 아침 부빈에서 전개된 음모를 짧은 서문의 형식으로 간단히 요약할 필요가 있을 것이다.

사 건

발생 장면

마치 고대의 극장에서 상연된 극처럼 참여자들은 각자의 역을 빠짐없이 떠맡고 있었다. 그렇지만 전투 장면이 연출되는 만큼 참여자 모두는 사실상 남자들이었다. 물론 후면에서는 당시 모든 군대에 배속되어 있던 다양한 조건의 상이한 여성 집단을 발견할 것으로 예상할 수는 있다. 다른 부대와 마찬가지로 십자군 부대도 그러하였다. 부빈 전투의 무대 전면에서는 여성들이 부재하였다. 기욤과 그에게 귀를 기울이는 사람들에게 부빈 전투는 심각한 문제, 즉 전투였고 신성한 종류의 의식이었다. 부빈 전투는 성찬식의 경우처럼 오로지 남성적 이미지로 가득 차 있는데, 이는 기욤을 비롯해 처음으로 이 사건의 기억을 기록한 작가들이 교회인이었기 때문이다. 이들에게는 여성이 젊은이들의 취향에 맞는 놀이나 여흥에서 사소한 역할을 맡는 세속적인 하찮은 장식물로밖에 비치지 않았다. 또는 악마적 성향을 띤 위험한 덫이거나 시험 또는 타락의 매체였다. 따라서 어떤 여성도 선과 승리의 진영, 그리고 프랑스 왕의 진영에 속하지 않았다. 드물게 등장하는 여성은 타진영에서 발견된다. 기욤은 산문체로 쓴 연대기에서 유일한 여성을 등장시키고 있다. 이 여성은 플랑드르 백작의 모친으로서 적대 진영의 우두머리, 즉 나쁜 가계의 귀부인으로 표현되고 있다. 선왕인 필리프의 주요 적이 구비한 위해로운 권위가 전수된 것은 그녀를 통해서였다. 그녀는 마법을 주문하는 악령과 교통하는 마녀나 점쟁이 이상의 사악한 존재로 그려지고 있다. 그 이유는 그녀가 스페인에서 출생했기 때문이다. 무어인들과 유대인들에 의해 타락된 지방에서 출생한 모든 여성이 그러하듯이, 그녀는 여성 본유의 사악함에 부가하여 마법을 부리는 존재였다. 그녀는 상대를 속이고 있으며, 바로 그러한 이유로 그녀는 결국 속임을 당하게 된다. 보다 많은 지면을 할애한 필리프 진영에 대한 묘사에서도, 기욤은 여성을 단 두 번, 그것도 은밀한 방식으로만 언급하고 있다. 그 중 한 경우에서 여성에 예우를 갖추는 모습이 나타나고 있는데, 이는 여성이 찬미의 대상으로 간주되었음을 의미하는가? 또는 카페 왕조 궁정의 엄숙한 환경 속에서 서서히 자리잡아 간 귀족적 생활 방식에 부응해서 나타난 것인가? 아니면 이런 예법을 갖추지 못한 적을 경박한 진영으로 넌지시 암시하기 위해 지나가는 말투로 언급한 것인가? 전투에 임박하여 플랑드르의 기사인 뷔리당은 주변 사람들의 용기를 북돋우기 위해 "각자 자기의 연인을 생각하시오"라고 말했다 한다. 또 다른 한 경우에서는 여성이 뚜렷이 경멸받을 존재로 취급되고 있다. 문제의 배신자인 불로뉴 백작이 자신의 아내가 아닌 첩과 동행하였으며, 더욱이 그녀가 강도 무리의 수령인 모험가 위그의 가증할 누이라는 사실을 기욤이 넌지시 말하는 이유는 프랑스 왕에 대적한 자들의 사악함을 드러내기 위함이었다. 이들은 난장판 속에서 나뒹구는 존재들로서 탐욕에 가득 찬 사람들이라는 것이다.

　여성들과는 반대로 기사들은 주 표현 대상으로 나타나고 있다. 이들 기사 누구도 자신의 본명으로 지칭되지는 않았지만, 사람들은 이들의 무훈을 칭송하였고, 또 때로는 개탄해 마지않았다. 오토 황제의 군마 담당 기사는 전자에 속하는 인물이다. 그의 죽음은 전투에 참가한 사람 대부분을 오랫동안 비탄에 빠뜨릴 정도로 커다란 애도의 반향을 일으켰다. 기타 다른 부류의 인물들, 즉 전투 강면에서는 모습을 드러내지 않지만 매우 활동적인 역할을 행한 보이지 않는 인물들도 있었다. 성자들은 연대기상에서는 거의 나타나고 있지 않다. 그렇지만 이들이 전사들 사이에 끼여 자신들을 경외하는 사람들의 영혼을 구원하고자 애쓴 사실은 널리 알려져 있다. 그렇게 거론되는 주요 인물은 왕국의 공식 수호자이며, 성자로 추대받는 생드니 1세이고, 또 다른 인물로 리에주의 수호자인 람베르트가 등장한다. 그는 카페 왕조의 적대자의 적이므로 프랑스에 우호적 인물이 된다. 만약 기욤이 전투 장면 속에서 아테네의 여군신인 팔라스 아테나를 날아가도록 상정하였다면, 그것은 그가 고전을 익히 읽었음을 보이기 위한 것이다. 여신은 오페라의 액세서리이다. 하지만 신은 분명 '적' 인 악마와 마찬가지로 이 자리에 임재해 있는 것이다.

그렇지만 전체의 장면을 채운 것은 전사들이었다. 활력이 넘치는 전사 모두가 무장한 모습으로 등장한다. 전사들은 매우 전혀 동질적이지 않은 두 집단, 즉 보병과 기병으로 분리되었던 것 같다. 전자는 수적으로 훨씬 많다. 하지만 조명이 집중된 곳은 후자이다. 진정 전쟁터에서 가시적으로, 그리고 결정적으로 드러나는 보병과 기병간의 이같은 구분은 동시대인의 심성 속에 자리잡고 있는 구분, 즉 평범한 '빈자들' 내지 '마을주민' 과 출중한 기사간에 유리시키는 구분과 정확히 일치하는 것은 아니다. 당시 프랑스에서는 적어도 두 세기 전 이래 사회의 전 구성원에 적용되는 기능상의 근본적인 구분이 있었다. 이러한 구분은 서기 1000년 직후 식자층인 고위 성직자, 보다 정확히는 위태해진 왕권을 부지하고자 누구보다도 심혈을 기울였던 주교들에 의해 처음으로 형태를 갖추게 된 3위계론과 상응한다. 그 이후로는 신성한 뜻에 의해 사회 구성원이 엄격히 폐쇄된 3범주로 분리되며, 동일 범주 내의 구성원은 동일의 고정 기능을 담당한다. 이제 상호간 호혜적인 전체 구성원 집합은 서로간 교차적으로 봉사하며, 사회 질서의 토대를 이룬다는 사실을 아무도 의심하지 않게 되었다. 이러한 위계 중의 하나는 수적으로 가장 많으며 노동하는 직업, 즉 자신의 노동에 의해 비교적 여유로운 다른 두 '위계' 의 사람들을 부양해 주는 직업을 갖고 있으며, 그럼으로써 양 위계의 사람들이 각자의 정해진 임무를 충실히 완수하도록 해준다. 특권층으로는 우선 기도라는 중요한 기능을 담당하는 사람들이 있다. 이들은 사회구성원 전체를 위해 신의 호의를 이끌어 낸다. 또 다른 특권층으로 전투하는 사람들인 기사가 있다. 혈통에 의해 조상으로부터 특별한 '덕성' 을 전수받은 이들은 20세의 나이에 성직자들이 축수해 준 무기를 부여받는데, 성화된 이 무기는 성직자·수사 등 '비무장인'의 보호와 신앙의 전파 등 정의로운 목적을 위해 쓰일 것이다. 이같은 주도적 이데올로기 내지 사회 집단들간의 조화를 도모하는 신성한 계획에 부응하여 기사들만이 전사로서 완전히 무장할 권리를 갖는다. 무장의 상징적인 부분은 프랑크적 전통의 긴칼이지만, 12세기에 군사 기술의 발달로 결정적 중요성을 띠게 된 주요 무장 요소는 말이었다. 부빈 전쟁터에서는 보병 모두가 낮은 혈통의 사람들이고, 또한 모든 기사가 사실상 기병이었지만, 더불어 기사 계급에 속하지 않는 기병 또한 자리하였다. 기사 계급 출신이 아닌 이들 기병은 선한 진영에 속해 있을 때에는 용감한 자로 지칭되기도 하였다. 이들은 마을 주민 중에서 차출한 보조군으로 '세르장(sergents)'이라 불리며, 제후들은 이들을 기병에 편입시켜 보다 특출한 봉사를 행하도록 지시하였다. 이들은 귀족 전사들과 마찬가지로 말을 타고는 있었지만 양자를 혼동하는 사람은 전혀 없었다. 적과 대적시에 이들은 지치지 않고 편안히 말을 탈 수 있게 해주는 '리넨 갑옷'을 걸치지 않았다. 이들은 상대의 타격으로부터 보호받기 위해 몸을 금속제로 둘러쳤다.

당시 군사 장비의 흔적을 찾기는 쉽지 않다. 그 이유는 이미 오래 전부터 죽은 자가 묘——이에 대해서는 고고학적 발굴이 현저히 이루어졌다——에 묻힐 때 그들의 마구가 함께 매장되지 않게 되었기 때문이다. 또한 영주의 거처에 폐물이 된 낡은 무기는 거의 보존되지 않았다. 당시 철은 매우 희귀했던 만큼 낡은 무기는 신무기를 제조하는 데 재사용되었다. 전투 장비에 대해 알 수 있는 것 전부는 결국 이미지를 통해서이다. 그렇지만 이러한 증거도 확신할 것은 못된다. 그림이나 조각품은 대부분 정확한 연대를 확정하기 어렵다. 그리고 예술가가 자신이 본 것을 충실히 재현하려 애썼는지, 아니면 고래의 모형을 모방하였는지의 여부도 확인할 수 없는 실정이다. 그럼에도 불구하고 인장·채색 삽화·부조·성골함 세공품 등을 살펴보면 부빈에서 싸운 전사들의 모습을 그려 볼 수 있다. 이를 통해 엿볼 수 있는 첫번째 인상은 그 모습이 극단적으로 불균형스럽다는 것이다. 각 전사마다 무장이 천차만별인데 이러한 다양성은 무엇보다 각자가 소유한 재산의 편차가 매우 크다는 사실에 기인한다. 결국 각자는 자신의 재산 정도에 따른 능력만큼 무장하였다. 덧붙여 그 전투에 참여했던 모든 사람에게——기욤 르 브르통이나 그와 함께 프랑스 왕 곁에 자리했던 성직자를 포함한 교회인들——전투란 삶 그 자체였다. 나아가 그것은 전사의 만족을 최고도로 충족시킬 수 있는 전사의 가장 본질적 임무이자 또한 주요한 획득 기회이기도 하였다. 이들에게는 군사 모험이 가장 필수적이고 유용한 투자이면서 일차적 방어 수단이었다. 이들 전사는 상대를 보다 효과적으로 제압하면서 위험을 회피시켜 주는 적절한 수단을 마련하는 것이야말로 자신들의 재원을 가장 효율적으로 이용하는 방법이라고 여겼다. 13세기초는 이 지역에서 화폐 유통이 촉진되고 영주의 과징과 화폐 교환이 점증되어 전사 귀족들, 그리고 세르장의 대부분을 구성하는 부르그 상인들 수중에 화폐가 갈수록 풍부해지는 시기였다. 결과적으로 전투 비용이 끝없이 증가하고 한 세기 동안 화폐가 급증하여 양질의 말 사육이 가능하게 되고 야금술이 발전하였다. 역사 시기 내내 무기 제조술은 기술의 진보 정도를 밝혀 주는 분야 중의 하나인데, 실제 부빈 전투의 제 요소를 살펴볼 때 일부 기술상의 혁신이 있었음을 알 수 있다.

특히 공격용 무기면에서 일부 진전이 이루어졌다. 기병이 공격용으로 사용하는 창과 긴칼 등의 재래식 무기 일체——전사들은 이들 무기를 교체적으로 사용하여 적을 낙마시키거나 혼동스럽게 하였다——에 부가하여 보다 공격적인 갈고리 모양의 뾰족한 무기들이 근자에 나타나게 되었다. 이 신무기들은 살상용으로서 위협적일 뿐 아니라 천박하고 음침한 느낌을 자아내는 종류의 무기였다. 기욤은 여성에 대한 자신의 견해와 마찬가지로 이 무기들에 대해서도 악평하고 있다. 그는 여성과 위 무기 양자 모두를 악마의 진영에 속한 것으로 보았다. 즉 이 무기들은 적의 진영이나 거의 천박한 출신으로 구성된 보병, 그리고 천벌받을 존재인 용병의 수중에서나 발견될 것들이었다. 신무기는 효과적으로 상해를 입혔다. 이 무기들은 거칠 게 없었기에 기존 경기의 규칙을 바꾸게 되었다. 갈퀴는 빈천한 계급에 속한 사람들로 하여금 보다 높은 계급의 사람들을 말 아래로 끌어내린 다음 자신들이 입은 갑옷의 툭 튀어나온 울퉁불퉁한 부분으로 상대방을 잡아 쓰러뜨릴 수 있게 해주었다. 그런 점에서 이 무기들은 사회 질서를 파괴하는 효과를 지니고 있었고, 여러 묘사에서 질서를 전복시키는 이미지로 그려지고 있다. 그리고 갑옷의 이음새에 날이 세워져 있는 칼은 몸 안의 가장 연한 부분까지 꿰뚫는 형상의 묘사가 나타나고 있다. 이는 기사들간에 정상적으로 행해지는 살인 방식이 아니다. 여하튼 공격 무기의 기술적 완숙도가 높아져 감에 따라 이를 대비하기 위한 노력도 즉각 나타나게 되었다. 실제 전쟁터에서 제후들은 자신이 입을 상처를 극소화하면서 승리를 거두고자 하였다. 이들 또한 여타의 사람들과 마찬가지로 죽음의 공포를 느끼고 있었기에 일차적으로 스스로를 보호하는 데 심혈을 기울이지 않을 수 없었다. 따라서 부빈 전투시에 개선이 가장 뚜렷이 이루어진 분야는 갑옷의 보호 기능 강화였다. 종전의 갑옷은 머리·흉부와 허벅다리를 보호해 주었으나, 팔다리·아랫배·얼굴 및 목 부분의 보호 기능은 취약하였다. 그러한 단점을 보강하기 위해 새로이 보완된 갑옷이 나타나게 되었다. 쇠로 정교하게 제조된 오랜 전통의 쇠사슬 갑옷과 중간 부분이 째진 긴셔츠에, 새로이 손목 부분까지 팔을 덮어 주고 발목 부분까지 발을 보호해 주는 금속 보조 갑옷이 첨가되었다. 보호 면갑은 면갑의 숨쉬는 용의 구멍 부분이 목구멍 부위까지 드리워져 있어 목덜미와 턱까지 보호해 주었다. 차츰 이 면갑도 새로운 투구로 대체되어 갔는데, 새 투구는 얼굴 밑부분까지 내려오며, 보고 숨쉬는 용도의 자그마한 구멍이 뚫린 원통 모양이었다. 이것으로 치명상을 입을 수 있는 간극이 엷어지게 되었다. 살상하려는 의도를 가진 자는 위턱의 송곳니 부분을 유심히 살펴 쇠사슬 갑옷과 보조 갑옷간의 빈 간극을 찾아야 하며, 장인이 제조한 촘촘한 조립 부분을 벗겨내야 하였다. 이렇게 만들어진 최신의 갑옷은 튼튼한 보호막이 되었다. 이 갑옷을 입은 전사는 별 두려움 없이 대담무쌍하게 큰 전과를 얻기 위해 출진할 수 있게 되었다. 이같은 기술 진보 덕택에 전투 윤리나 덕목의 우선순위가 보이지 않게 달라져 갔다. 12세기에 출현한 새로운 갑옷으로 인해 기병은 용기를 과시할 수 있게 되었다. 그렇지만 그러기 위해 전사는 우선 용기를 북돋아 주어 자신을 영웅으로 만들어 줄 수 있는 무기 일체를 구비할 수 있어야 했다.

갑옷이 완벽해지는 것에 비례하여 마구의 비용도 갈수록 증가하였다. 이 시기는 금납화 경향이 계속 뚜렷해지고, 기사 대부분이 기사 견습을 시작하는 아들에게 최상의 전투 장비를 구비해 주려고 애쓴 시점과 정확히 일치한다. 하지만 아직 각 가정이 보유한 화폐량은 미흡하였고, 자신의 저택을 가까스로 보호할 수 있을 정도의 유행에 뒤떨어진 재래식 무기만을 구비한 경우가 일반적이었다. 이런 무기로도 군사적 봉사를 행하는 데 큰 지장은 없었으나 전투가 갈수록 위험해지는 상황에서 종래의 무기만을 고집하는 것은 차츰 무모한 일이 되어갔다. 이럴 경우 자신의 군사적 영광을 포기해야 할 것인가? 아니면 주군에게 기댈 수 있을 것인가? 주군의 중대한 의무 중의 하나이며, 자신의 특권을 보전하는 가장 확실한 수단은 정해진 때에 봉신의 아들들을 무장시켜 주는 일이었고, 이 경우 비용도 어느 정도 고려해 주어야 하였다. 그러나 그 역시 자신의 아들들을 무장시켜 주어야 했고, 때론 이를 감당하지 못해 오랫동안 무장의 의무를 회피하곤 하였다. 결과적으로 프랑스 왕국에서 기사 서임받을 기회를 끊임없이 기다리며 늙어 가는 훌륭한 가계의 아들들이 상당수에 달하게 되었다. 이들은 기병 주변에서 보행하였다. 자신의 무장과 조건, 그리고 호칭——예컨대 기사가 되기 전의 젊은 기사는 '에퀴에(ecuyers)' '다모아조(damoiseau)' 등으로 호칭된다——에서 이들은 애초 무장할 권리를 지니지 못한 평민 무리와 혼동되는 것을 피하고자 하였고, 언젠가는 기회를 얻어 기사가 되는 본연의 권리를 확약받을 수 있기를 희구하였다. 이들은 이 잠정적인 기간 동안 서임받은 성인 전사들을 추종하고, 마구를 운반하며, 그들로부터 기예를 배우면서 자신의 솜씨를 과시하기도 한다. 이처럼 부빈의 전쟁터에서 전투 집단이 통일적인 모습을 보이지 못한 것은 무엇보다 새로운 무장에는 많은 비용이 필요하였기 때문이다. 그 대부분이 제후의 명령에 의해 일반인 사이에서 차출된 빈자 계층의 보병들, 불운한 자들, 버려진 아이들, 성가신 자들 및 재빨리 숨지 못하여 징발된 자들에 대해서는 상세한 설명을 피하기로 하자. 이들은 여기저기서 끌어모은 자들로 지칭되었다. 이들은 가죽 각반, 헐렁한 가죽 외투, 기껏해야 철모 정도만으로 스스로를 보호하지 않으면 안 되었다. 전투에서 사망자들은 주로 이들이었다. 귀족 출신이든 아니든 기병은 상당수가 바이외 지방에서 제작된 오랜 전통의 뾰족한 투구를 구비하였으며, 자신의 수족과 배를 적의 하부 공격으로부터 보호할 수 있는 긴 방패를 그럭저럭 구비할 수 있었다. 요컨대 부자만이 만반의 보호 장비를 갖출 수 있었다. 대영주일수록, 그리고 중무장되어 행동반경이 느려질수록 이들의 얼굴을 보기 힘들게 된다. 자신의 말에 갑옷을 입힐 수 있을 만큼 여유 있는 제후들은 그들의 피부조차 타인에게 드러내지 않는 완전 무장을 하였다. 즉 이들을 제대로 식별할 수 없을 정도가 된다. 이런 상황에서는 집합 신호, 고함, 기수가 수장 곁에서 치켜든 군기, '무기에 장식된' 가문의 상징물, 갑옷 위에 걸쳐입는 가벼운 피류의 겉옷이 중요한 식별 수단이 되는데, 하지만 겉옷은 곧 누더기처럼 찢겨져 식별을 또다시 어렵게 한다. 전투 고비시에는 한 전사가 타동료 전사에게 겉옷 등 같은 편 전투원임을 나타내는 표식을 교환하기도 한다. 이는 다소간 위험을 초래할 염려가 있으며, 같은 표식을 갖춘 상대의 접근에 화들짝 놀라는 경우들이 발생한다. 이런 까닭에 각기 투구의 틈새로 상대의 이름을 크게 외쳐 부르도록 사전에 하명받는다. 짓밟힌 밀밭의 먼지 속에서 상징물들이 뒤얽히고, 고함 소리가 오가며, 뒤엉킨 표식들이 나뒹구는 상황이 벌어진다.

 각자 특유의 갑옷으로 무장하고, 또 각 집단을 상징하는 옷깃이 찢겨진 채 몸을 감싸고 있는 이 무리들은, 일견 타집단과 구분하기 어려운 집합체의 모습을 띠고 있어 각 집단구성원의 수를 헤아리기 쉽지 않다. 그 수는 얼마나 될까? 기욤의 기술에서는 일부 수치가 나와 있으나 단편적이다. 여타 자료들을 세밀히 검토한 일부 전문가들은 기욤이 제시한 수치를 근거 있는 것으로 평가하고 있다. 그렇지만 이들 수치에 대한 여러 평가들은 여전히 매우 불확실한 채로 남아 있다. 그 중 베르브뤼겐이 확실한 것으로 믿고 개진한 가장 최근의 평가를 참조해 보기로 하자. 그에 따르면, 존엄왕 필리프는 이 전투를 위해 적어도 1천3백 명의 기사와 그만큼의 기병 세르장, 그리고 4천 내지 6천 명의 보병을 차출하였다. 상대편의 경우 기사의 수가 이쪽보다 약간 많았고 보병의 수는 훨씬 더 많았다. 이 전투에서 양편의 기사는 4천 명 정도였고, 보병은 그 3배 정도였다. 당시 참여 전사에 대한 가장 정확하고 계산 가능한 수치를 추정케 하는 자료는 포로──이들은 몸값과 관련되어 훨씬 세밀히 기록된다──와 포로의 몸값 보증인의 목록인데, 이 목록에 담긴 사람들의 이름에 의하면 3백여 명 정도의 전사가 확인 가능하다. 이 목록은 네 가지 경우 정도를 제외하곤 기사들의 이름을 담고 있다. 필자는 이미 이 사실을 앞서 환기한 바 있으며, 기사들만이 전투 장면의 중심 자리를 차지한다. 나머지는 단역배우 역할에 그친다. 한편 기사들 개개인의 특성에 대해서는 거의 언급이 없다. 확인 가능한 3백 명의 성명 대개가 기껏해야 각자의 가계 · 영지 · 영역 내지 지방 정도만을 파악하게 해준다. 인물 자체에 대해서는 밝혀 주는 바가 거의 없으며, 양 진영의 지휘자 정도만이 그나마 희미하게 묘사되고 있다. 이 전투는 제후들만의 시합이고, 우연이 아니라 의도적으로 기획된 시합이며, 신에 뜻에 위배되는 것이 아닌 허용된 시합이었다. 이 싸움은 광명과 암흑간의 시합이었다. 이야기를 전개하는 기욤의 시각은 당대에 가장 주도적인 정신적 표상이었던 마니교적 관점과 정확히 일치하는 것으로, 이 전투는 선의 전사와 악의 전사간의 투쟁이었다.

＊＊＊

　필리프는 곧 오십번째 생일을 맞이하게 되는데, 이는 그가 노년에 들어서게 됨을 의미한다. 35년 전 왕국의 유력자들은 랭스 성당에서 그를 환호하여 맞이하였고, 성직자들은 그의 옥체에 성유 그릇 속의 향유를 발라 그를 축성하였는데, 이 축성은 그 말의 진정한 의미에서 주교의 축성과 마찬가지로 신성한 권위와 그에 부수된 모든 효능을 부여해 주었다. 이날 필리프의 부왕인 루이 7세는 아직 생존해 있었다. 하지만 탈진한 상태에 있었던 그는 활동의 여력이 있다고 느끼지 않았다. 그는 수 개월 후 장남의 왕위 선출과 도유식 때까지도 살아 있었다. 그렇긴 해도 이날 이후 필리프는 14세의 나이에 완전한 왕이 되었다. 훈육의 기회를 거의 갖지 못한 이 소년에게 차후 프랑스인들의 존경을 받아 이들을 이끌어갈 책임과 평화와 질서를 유지할 전적인 왕의 책무가 지워졌다. 따라서 필리프는 35세부터 매년 봄, 말에 올라 자신의 군대를 이끌고 전쟁터로 향하였다. 또는 곡식이나 포도의 수확기에 제후들간에 분쟁이 발생할 경우 중재나 담판의 장소에 개입하거나, 소규모의 접전을 통해 신의 사람들인 교회인과 빈자의 이익을 위해 제후들간의 끊임없는 분쟁을 일시적으로나마 가라앉히는 역할을 행하였다. 1190년에 왕은 이전의 부왕과 마찬가지로 또다시 이교도에게 재정복된 예루살렘의 성묘를 되찾기 위해 성지까지 원거리 원정을 감행하였다. 그는 예루살렘을 되찾을 수는 없었지만, 생장다크르를 포위하는 동안 자신의 서약을 충실히 이행하여 자신의 경건성을 과시하였다. 가을이 되자 그는 십자군 부대를 떠나 이탈리아의 로마·시에나·밀라노를 경유하여 본국으로 귀환하게 되었는데, 알프스를 지날 때 폭설을 만나 애꾸눈 처지가 되어, 출발시에 비하면 현저히 근심에 싸여 조급해하는 모습이었다. 당시 그는 25세였다. 그는 서서히 자신의 신경증적 고통에서 벗어났다. 부빈 전투시에 그에게 아첨과 찬양을 일삼았던 사람들은 그에 대해 "몸맵시가 좋고, 대머리이지만 붉은색이 감도는 호감을 주는 얼굴이며, 먹고 마시기를 좋아하는 호인"이라고 말하고 있다. 또한 "용의주도하고, 완고하면서도 판단이 빠르며, 편안한 분위기의 사람"으로 그리고 있다. 통치자를 인민의 진정한 친구 모습으로 각인하길 원하였던 왕국의 이데올로기 주창자들은 그를 "평범한 사람들로부터 조언을 얻고자 한" 인물로 묘사하고 있다. 즉 왕이 왕국의 강력한 인물들을 경계하고, 그들 이외의 세력에서 확고한 지지를 얻으려는 의도를 갖고 있었다는 것이다. 그는 세 번 결혼하였다. 두번째 결혼에서는 병적 혐오감으로 결혼식날 배우자인 앵즈부르주를 회피하였고, 교회의 비난에도 불구하고 새 여자를 재빨리 얻었다. 이 간통적인 결합에 대해 프랑스 주교들은 순순히 응할 준비가 되어 있었으나, 교황은 이를 비난하고 계속해서 강력한 제재를 가하였다. 1214년은 로마에서 그의 첩이라 일컬어진 이 여성이 죽은 지 12년째 되는 해이다. 그리고 몇 달 전부터 앵즈부르주는 그녀의 남편이 지금껏 그녀를 유폐시켰던 수도원으로부터 나와 궁정에서 왕비가 되었다. 장례식이나 은혜받았을 경우 등에 행하는 특별한 기도에서 그녀가 주로 펴보는 성경의 시편 여백에는 단 2개의 연대만이 기록되어 있다. 그 중 하나인 7월 27일에 "전투에서 프랑스 왕인 필리프가 오토 왕과 플랑드르 백작, 불로뉴 백작 및 다수의 남작들을 물리쳤다"는 기록을 통해 이 사건이 일으킨 반향의 편린을 엿볼 수 있다.

위그 카페 이후 모든 프랑스 왕은 별 어려움 없이 생존시에 자신을 승계할 아들을 자신의 권좌에 연계시킬 수 있었다. 부계적으로 이 왕조의 6대손에 해당하는 필리프 또한 자녀를 두었다. 아라스 지방 귀족 가문의 젊은 딸로부터 얻었고, 후에 누아용 주교가 되는 서자를 제외하고도 2명의 아들과 1명의 딸이 있었다. 이들보다 뒤늦게 비합법적인 결혼을 통해 태어난 2명의 자녀는 교황의 결정에 의해 합법화되었다. 필리프는 계속된 군행으로 피곤을 느끼기 시작하였음에도 불구하고 장남인 루이를 왕으로 삼는 것을 경계하고 있었다. 그러면서도 왕은 그를 활용하였다. 모친으로부터 상속받은 아르투아 백작령의 영주인 루이 왕자는 항시 충실히 봉사하였고, 파리로부터 원거리에서 전투를 벌여야 할 경우 부왕을 대신하여 군을 이끌게 되는 사례가 갈수록 빈번해졌다. 상황이 이러하여 사실상 왕의 서거 이전에 장남을 왕좌에 연계하는 조치가 더 이상 필요하지 않게 되었다. 자녀들이 부친에 항거하여 모반하는 사례가 거의 나타나지 않는 시절이 된 것이다. 카페 왕조는 여타의 가계들보다 보다 공고한 결속력을 갖추게 되었고, 왕위가 장자상속권에 의해 정규적으로 부에서 자로 계승된다는 확고한 이념이 배태되었다. 1137년에 씌어진 무훈시 《루이의 등극》에는 설령 왕의 아들이 저능이고 대관의 역할이 신성한 선출을 보완하는 정도에 그친다 하더라도 계승이 이미 자명한 것으로 확인되고 있다. 또한 필리프는 또 다른 기쁨을 맞이하고 있었다. 훗날 성왕 루이가 되는 두번째 손자가 푸아시에서 태어났──필리프는 1218년에 서거한다. 왕조의 미래는 탄탄해졌다.

필리프 왕의 별명은 존엄왕이다. 그에게 이 별명을 부여한 당사자는 리고르인데, 이 칭호에 의해 왕령지를 3배로 넓힌 업적을 기리려는 뜻을 담고 있었다. 하지만 이 별칭에는 보다 심대한 의도가 담겨 있었다. 이 칭호는 그 누구도 능가할 수 없는 카이사르를 환기시키며 제국에 대한 통치권을 지칭하는 느낌을 준다. 《루이의 등극》 책자 속에는 "로마는 생드니의 왕에게 귀속된다"라는 표현이 이미 언급된 바 있었다. 그것이 독일인에게 귀속되어서는 안 된다. 얼마 전 이래 그리스도교 세계의 가장 강력한 통치권자로 자임하게 된 카페 왕조는 자신이 샤를마뉴의 왕계를 계승함과 동시에, 그 이외의 세속 권력을 인정할 수 없음을 과시하며 그리스도교인에 대한 최우월의 지도권을 취하려는 의지를 당시에 표명하였다. 그리고 이미 1백여 년 전 쉬제는 프랑스 왕의 거점 교회인 생드니 수도원 주변으로 프랑크 왕국의 온갖 문화적 상징물들을 수합하려는 의도를 품었고, 그럼으로써 카롤링거의 유산을 승계하는 법통을 세우고자 하였다. 일드프랑스 지방은 여타 지방보다 경제적 비약에 따른 혜택을 누렸고, 그 여파로 이 영역의 핵심부에 해당하는 파리는 현저한 비약을 이룸과 동시에 왕의 도시라는 영예를 드높였으며, 이곳에는 이데올로기적 상징물로 작용하는 건축물이 축조되었다. 왕가의 혼인 정책은 보다 공고히 추진되었다. 이 혼인을 통해 카페 왕조의 왕손들은 직접적으로 카롤링거 왕조의 혈통에 닿을 수 있게 되었다. 카리스마가 종족에서 연원한다는 사실이 널리 인지된 사회에서 이는 매우 중요한 요소였다. 샤를마뉴의 혈통은 모친이 샹파뉴가 출신인 존엄왕 필리프의 피 속에 보다 선연히 흐르고 있다. 그의 첫째부인인 에노가의 이자벨 역시 카롤링거 왕조 혈통으로, 양자 사이에서 태어난 왕자 루이는 카롤링거 왕조의 조상 어느 누구보다 순수 카롤링거 왕조 혈통을 지닌 셈이었다. 이같은 일련의 혼인 관계에서 여실히 파악할 수 있는 점은, 해당 시점에서 급작스럽게 왕가의 혈통에 대한 묘사가 당시 프랑스 군주정에 관한 표상에서 중심적 위치로 나타난다는 사실이다. 위 내용은 여러 흔적들에서 확인된다. 당시 왕실 아틀리에에서는 정확히 계보적으로 왕가의 인물들을 그리려는 화가들의 노고의 흔적을 엿볼 수 있다. 또한 존엄왕 필리프 이래 왕가의 차남들은 비록 도유받을 권리는 상실하였을지라도 지금껏 왕과 왕비의 유해만이 안치되었던 생드니 수도원 묘지에 안장되었다. 보다 거슬러 올라가서는 메로빙거 왕조 조상——이들은 또한 전설적 계보상에서 로마의 창건자들로 여겨지며, 그리스에서 널리 퍼져 나간 트로이인의 후손으로서 제시된다——과 연결되는 카페 왕조는 자신들이 세계의 지배권을 부여받았다는 인식을 갖고 있었다. 13세기초 필리프의 보호를 받고, 또 그에게 조언을 해온 파리대학 교수들은 섭리가 그리스에서 로마로, 다음으로는 로마에서 파리로 권좌를 이전하였음을 매우 강도 있게 선언하였다. 신의 군대를 부빈으로 이끈 연로한 왕 자신도 만인 앞에서 이단을 척결하고, 로마가톨릭교회를 신성한 질서 안에 유지할 운명 내지 역사적 사명을 익히 인지하고 있었다.

하늘의 권능을 위임받은 필리프 자신, 그리고 왕국의 보호자인 생드니가 자신의 곁에 함께 함을 부각시키기 위해 자신의 앞에 걸어두는 신성한 국왕기는 부빈 전쟁터에서 선한 진영의 각별한 중심 매체로 표상된다. 계서제상의 다양한 관계로 구성되는 이 진영은 유일 인물을 축으로 집결된다. 게다가 프랑스 왕 주변에는 국왕의 거점 망루에 있는 것처럼 왕가에 속한 사람들로 포진되어 있었다. 당시 남부에서 국왕의 이름을 내걸고 전투를 이끌고 있던 장남 루이와 훨씬 어린 나이의 차남뿐 아니라 2명의 재종——1명은 왕보다 약간 나이가 많은 드뢰 백작 로베르이고, 다른 1명은 훨씬 후에 콘스탄티노플의 제관을 쓰게 되는 오세르 백작 피에르——이 활약하였다. 촌수가 멀긴 하나 역시 카페 왕조에 속한 부르고뉴 공작 외드도 임재하였는데, 그는 그 이름이 중세초 민족 공동체들에서 비롯되어 당시까지 이어지고 있던 5영역 제후령 중 하나를 호령하고 있었다. 그는 왕의 동년배였다.

위계상 다음으로는 백작들이 자리하였다. 드뢰 백작 로베르의 이복형제인 수아송 백작 라울, 보몬트 백작 장, 드뢰 백작의 조카이자 존엄왕 필리프의 사촌인 생폴 백작 고티에, 귄 백작 아르눌——전년에는 프랑스 왕의 영지를 침탈하여 왕의 적이었으나 왕 쪽으로 진영을 바꾸었고, 이에 플랑드르인들에 의해 영지를 침탈당한——이 포함된다. 또한 백작으로 호칭되진 않으나 그 아내가 수아송 백작의 딸이자 드뢰 백작 로베르의 질녀였고, 자신의 부친은 플뢰 부백작이었던 마티외 및 수아송 백작의 조카이자 생폴 백작의 이복형제이며 브뤼주의 성주였기에 피카르디와 플랑드르 양쪽 모두에서 성을 거느렸고, 프랑스 쪽에 충성했던 장도 왕과 함께하였다. 이들 모두는 왕과 동세대의 인물들이었다. 위 위계에 속한 인물 중 세대가 젊은 유일한 인물로 바르 백작 앙리가 있다. 그는 아직 결혼하지 않았기에 '젊은이(jeune)'로 불린 것이지, 그도 언젠가는 부친의 작위를 승계하도록 되어 있었다. 이 소년은 전투시 왕의 '측근' 기사 진영에 충실히 남아 있지는 않았다.

백합 문양의 국왕 깃발하에 모인 왕의 측근 기사들은 대부분 왕과 항시 식음을 함께하는 왕의 가장 오랜 동료들로 구성되었다. 사촌들인 바르텔르미, 고티에 2세, 장, 기욤은 궁정 안팎에서 제반 기능을 담당하였다. 피에르 모부아생, 제라르 라 트뤼는 바르 백작 곁에서 유사한 역할을 행하였다. 과거의 또는 새로운 혼인 관계에 통해 근거리에 있든 원거리에 있든 카페 왕조는 제반 백작가와 연계하였다. 예컨대 가를랑은 생폴 백작의 이복형제인 드뢰 백작 로베르의 질녀를 아내로 두었고, 나중에 보몽 백작을 사위로 맞이하였다. 또한 바르 백작 기욤은 생장다크르 전투 이래 강력한 장비를 갖춘 탁월한 인물로서, 십자군 앞에서 기사단의 꽃이며 영국 왕인 사자심왕 리처드(리처드 1세)에게 도전한 기사인데, 그는 왕의 세네샬(sénéchal; 궁정 집사역)직에 있었다. 그는 30년 이상 왕의 오른팔로 있으면서 왕의 모든 행군을 수종하였다.

기욤 르 브르통에 의해 이름이 거론되고, 또한 자기 기치하의 부대를 지휘했던 기사들은 대체로 토마스 드 생 발레리, 위그와 고티에, 피에르 트리스탕, 장처럼 피카르디 지방에 영지를 소유하였거나 콩뒝 형제들처럼 수아송 지방에 영지를 두고 있었다. 이외에 불운했던 긴칼의 에티엔과 기욤 2명만이 노르망디 출신이었는데, 이들은 오랫동안 프랑스 왕의 봉신으로 있었다.

기사와 동일하게 무장한 교회의 두 성직자 또한 전사들 사이에 모습을 드러내고 있었다. 드뢰 백작의 형제이자 보베의 주교인 필리프는 오랜 숙원을 풀고자 하는 제어하기 어려운 유혹으로 성직자 신분임에도 불구하고 전쟁터에 참여하였다. 이들은 검을 휘두르기 위해서가 아니라——성직자가 상대방의 피를 흘리게 할 권리는 없었다——그저 단순히 무리에 끼여 있었다. 상리스의 감독직에 '선출된' 게랭 신부는 선출된 이후에도 자신이 아직 서품되지 않은 사실을 염두에 두고 있었다. 그에게는 감독직 취임에 대한 보상으로 국왕 곁에서 상당 기간 봉사하는 임무가 부여되어 있었다. 병영 기사단의 일원이며 군 전술의 전문가이기도 한 그는, 전투 개시 이래 계속해서 그보다 8세가 어린 필리프 왕에게 자신의 기사와 조언을 제공하였다. 그는 《일리아드》 속의 네스토르와 같은 역할을 떠맡고 있었다.

기욤 르 브르통은 세르장에 대해서 단 1명, 피에르의 이름을 거론하였는데, 그러한 언급 자체가 이례적인 일이었다. 그는 귀족 혈통은 아닌 것으로 보이나 매우 용맹하여 기사 칭호를 받아 마땅한 인물이었다. 보병의 경우에도 한 인물만이 거론되고 있는데, 그에 대한 묘사는 보병의 조건을 잘 드러내 주고 있다. 그는 미천한 출생으로 플랑드르 백작의 얼굴을 칼로 난자하는 비열한 짓을 저질렀다. 보병은 항시 집단으로 대오를 지어 정돈해 있는 모습으로, 그리고 변변치 못한 사람들로 묘사되고 있다. 코뮌은 일부 부르가르드[집이 드문드문 있는 작은 촌락]와 여러 마을에서 특정의 특권을 얻는 대가로 소규모 집단을 차출하며, 필리프 왕은 이들의 군사적 봉사를 획득하기 위해 일부 특권을 새로이 제공하거나 기존 특권을 확약해 주었다. 위급시에는 코뮌 내의 건장한 사람들이 효과적으로 동원되었다. 보다 장거리의 원정을 위해 코뮌 사람들은 자금을 갹출하고, 특정의 전투원을 공급하거나 전투 대리인을 고용할 돈을 제공하여야 했다. 1204년의 것으로 현재까지 보존된 최고(最古)의 카페 왕조 행정 문서 목차에는 아르투아에서 푸아투, 노르망디에서 상리스에 이르는 39코뮌이 열거되어 있다. 이 중 누아용 · 수아송 · 아미앵 · 보베 등의 감독 도시와 아라스 · 몽디디에 · 몽트뢰유 · 헤스댕 · 코르비 · 루아 · 콩피에뉴의 상인 구역, 그리고 브뤼에르 · 세르니 · 크레피앙라오네 · 그랑들랭 · 벨리, 이름이 거론되지 않은 또 하나의 도시 및 마을 공동체 연합세력 등 17코뮌에서 차출된 군이 부빈에 참여하였다.

대제후이건 아니건, 유명하건 그렇지 않건간에 이 모든 배역 담당자들은 상호간의 긴밀한 연결고리를 통해 다양하고 중첩적인 결속을 맺고 있었다. 이 중 가장 중요한 결속은 친족간의 유대였다. 교회가 근친혼 금기

범주를 터무니없이 확대하여 존중토록 한 족외혼 규정에도 불구하고, 거의 전 기사 계층이 출계나 결연에 의해·마치 하나의 거대한 친족 집단의 모습으로 결속하는 모습이 나타나고 있다. 주종 관계는 관계 당사자의 서약을 존중하고 특히 어느 한쪽이 배반하거나 징계로 인해 봉토가 박탈되는 것을 막아 주는 보완적인 결속으로 작용하였다. 동일 영주의 궁정에서 어린 시절부터 견습하며 성장하고 오순절날 거행되는 집단 기사 서임식에서 기사로서 성별되며, 이후에도 사냥과 전투가 주는 만족, 새벽에 함께 출발하는 기쁨과 훌륭한 사냥품을 획득하여 저녁 때 축배를 나누는 공동의 연대감에 의해 배태된 오랜 우정——때로 불화하고 충돌하며 적대감을 갖기도 하지만 동일 깃발하에 무장하여 결집하는 진정한 결속을 보여 준다——역시 확고한 결속력으로 작용하였다. 이외에도 동일 고장을 공동으로 방어하며 고장의 명성을 드높이고자 하는 지연 의식과 같은 이웃간의 연대감도 중요하게 작용하였다. 일정 지방에서 백작의 칭호를 보유하고, 대규모 요새를 장악하고 있는 인물 주변에 기사와 시종이 모이게 하며 공동의 전투 부대에 동료 의식을 불어넣어 주는 것도 바로 이같은 결속력들이다. 프랑스 왕군은 구성원 상호간에 군신간의 우의, 동년배간의 우의, 친족간의 우의를 접착시킨 단단한 여러 핵의 집적체였다.

왕군을 구성한 전사들은 대부분 아르투아·피카르디·수아송·라옹·티에라쉬 등 전투지 인근 지방 출신들이었다. 일드프랑스와 또 다른 코뮌인 벡생의 기사들은 파리를 방어해야 했던 관계로 참여 인원이 적었다. 또한 이들 중 상당수는 당시 시몽 드 몽포르의 지휘 아래 미디 지방의 알비파 이단을 상대로, 그리고 루이 왕자의 지휘하에 앙주와의 경계 지방에서 전투를 벌이고 있었다. 부르고뉴 지방의 기사들은 공작의 지휘하에 이곳 전투지에 있었고, 샹파뉴 지방의 기사들도 참여하였지만 샹파뉴 백작 자신이 자신의 군사를 진두지휘하진 않았다. 지휘한 것은 당시 12세의 아이였다. 부르고뉴인들과 샹파뉴인들에 관해 기욤 르 브르통은 개인의 이름을 거론하고 있지 않다. 기욤에게 이들은 이미 낯선 사람들이었다. 노르망디인들도 거의 나타나지 않는데, 왕령지에 병합된 지 얼마 안 되는 이 공작령의 사람들은 아직 신뢰하기 어렵고, 그 전사들이 되돌아설 가능성이 있었기 때문이다. 루아르 강 이남 출신의 기사나 세르장 혹은 보병은 단 한 명도 거론되지 않고 있다. 이곳은 또 다른 세계였다. 부빈에서 왕군은 무엇보다 구(舊)프랑키아의 군대였다. 사실 왕군은 프랑크 군대였다.

일견 반대 진영은 현저히 덜 동질적인 집단으로 보인다. 이곳에는 음모가 작용하고 로마가톨릭교회가 검열의 눈길을 늦추지 않았다. 시초부터 흰색 진영은 단일한 왕이 주도한 반면, 암흑 진영은 2명의 왕을 두고 있었다. 이 중 한 군주인 영국 왕은 영지 없는 존 왕(Jean sans Terre)이라는 별칭으로 불리고 있었다. 이 표현은 진정 사실이었다. 멀리서 원정군을 이끌고 와 결국 자신의 영지를 모두 빼앗겨 이처럼 불명예스런 별칭을 갖게 된 존 왕은 헨리 2세의 막내아들이며, 필리프 왕보다 2세밖에 젊지 않았다. 사랑받지 못한 이 왕은 처음에는 자신의 아버지, 다음으로는 형인 사자심왕 리처드에 대항하여 음모를 획책하는 등 배반을 서슴지 않았다. 그럼에도 불구하고 리처드는 임종시에 영국의 귀족들에게 존에게 충성을 맹세하도록 엄명하였다. 존은 마침내 32세에 영국 왕위에 올라 부왕과 모후인 엘레오노르가 소유한 막대한 프랑스 영지, 즉 왕가의 거점인 앙주 백작령과 파리에 위협적 위치가 되는 노르망디 공작령 및 아키텐 공작령의 주인이 되었다. 군사 원정을 장기간에 걸쳐 도모할 능력이 없을 정도로 취약하고, 이로 인해 '무딘 칼'이라 조롱받으며, 제후들이 동료로서 받아들이기엔 용서받지 못할 정도로 잔인하고, 배반을 일삼음과 동시에 과도한 성욕으로 피해를 일으키는——이런 점에서도 '무딘 칼'이라 부를 만하지 않은가?──영지 없는 존 왕은 그리스도교의 도덕적 금기와 기사도적 예절 일체를 끊임없이 위반하였다. 그는 모후로부터 악마의 피를 이어받았으며, 몸 안이 곪고, 마법과 요술에 의해 실성한 인물로 일컬어지고 있었다. 영국 지방 출신의 푸크에게 있어 "존 왕은 양심이 없고, 그릇되며, 모든 선한 이들로부터 미움받는 비굴한 사람이었다. 그는 백작과 남작의 부인이나 딸을 비롯한 귀부인의 말을 귀담아들으려 하는 바가 전혀 없었고, 자신의 뜻대로 이들을 취하거나 약속으로 이들을 꼬여내어 강제로 추행하였다." 이러한 비극적 수준의 탐욕은 관용할 수 있는 한도를 넘어서 있었다. 그는 영국의 수도원들을 자기 봉신의 아내들을 다루듯이 취급하여 4년간 파문당한 상태에 있었다. 왕국에 가해진 금령으로 인해 모든 예배식이 중단되어 대혼란에 빠진 영국인들은 자신들의 군주에게 회개하도록 압박을 가하였다. 1년 전 그는 마지못해 교황과 화합하였다. 1214년 7월 존 왕은 부빈으로부터 며칠 말을 달려야 할 정도의 원거리에 떨어져 있었다. 그는 루아르 강변 자기 조상의 고토, 즉 자신의 진정한 영지에서 전투에 임하였다. 이 전투의 원동력으로 작용한 것은 존 왕의 의지임과 동시에 그의 이름으로 분배된 4만 마르크의 돈이었다.

같은 전쟁터에는 또 다른 군주인 독일 왕 오토 4세가 자리하였다. 그는 존 왕의 누이와 작센 공작 하인리히 사이에서 태어났으므로 존 왕의 조카가 되며, 나이도 훨씬 적다. 그의 출생 연도는 정확히 알려져 있지 않다. 노르망디인들은 1182년이라 하고, 독일에서는 1175년경이라고 한다. 다만 그가 리처드 1세의 궁정에서 훈육받은 것만은 틀림없다. 위르스페르그의 연대기에는 그가 "거만하고 우둔하지만 용감하다"고 적혀 있다. 그의 형제는 성지에 있었던 것으로 확인되고, 이 형제가 15만 마르크의 돈을 실은 50필의 말과 함께 노르망디로부터 도착한 것으로 보아, 또한 리처드 왕이 라인란트 지방에 우호적이었던 한편 당시 독일 왕인 슈바벤 지방 호엔슈타우펜가 출신의 필리프에 대해서는 매우 적대적이었던 점에서, 쾰른 대주교가 여러 독일 제후들의 힘을 얻어 선출하고 1198년에 엑스라샤펠에서 대관시켜 준 인물은 바로 이 오토이다. 10년간 벨프파에서 내세운 적대 왕은 자신의 경쟁자에 대항하여 불확실한 전쟁을 이끌어 왔다. 1208년 그는 기회를 잡았다. 슈바벤의 필리프가 암살되자 그는 필리프의 딸과 혼인하고 왕의 참모들을 자신에게 봉사하도록 강요함과 동시에, 영국 돈을 탈취하고 자신을 새로운 왕으로 선출토록 하였으며, 이듬해 여름 제관을 얻고자 이탈리아로 내려왔다. 제관을 획득함으로써 그는 독일 왕의 칭호, 왕가의 혈통, 제국의 두번째 회복자라는 명칭을 얻게 된다. 오토의 구슬림을 받은 교황은 그가 멜뤼진가의 혈통을 이어받고 있음을, 즉 모반 **가문 출신임**을 망각하고서 그를 대관시켜 주었다. 그는 결국 모반하였다. 그는 교황청의 이탈리아 정책에 직면하여 1210년과 1211년 두 차례 파문을 당하였고, 1214년 7월 27일에도 그러한 상태에 있었다. 교황은 존엄왕 필리프의 조언을 들어, 독일에서 오토에 대항하여 또 다른 인물을 독일 왕으로 선출하였다. 그는 호엔슈타우펜가의 프리드리히로서 1213년 마인츠 성당에서 15세의 나이로 등극하였다. 자신의 왕국에서 경쟁 상대를 만나고, 교황청의 보복으로 파문됨과 동시에 폐위된 황제는 수 차례에 걸친 영국 왕가의 유인에 따라 부빈에 나타나게 되었다. 오토가 부빈에 나타난 또 다른 요인은 자신의 승리에 주요 장애물이 되고 있는 가장 강력한 적 필리프 2세와 이곳에서 대결을 벌일 수 있음을 알고 있었기 때문인데, 오토는 필리프의 음모를 통해 자신의 권리 상당 부분을 잠식당해 왔을 뿐더러 샤를마뉴의 진정한 상속자라는 필리프의 주장을 무시하기가 쉽지 않았다. 그는 모험을 추구하는 병사들이 대거 드나드는 라인 강과 뫼즈 강 주변 일대에서 충분한 수의 용감한 보병을 고용하여 자신의 궁정 주위에 거느릴 수 있었다. 기벨린파를 좋아하지 않는 제국 내의 영역들, 예컨대 구(舊)작센과 로렌 저지대의 일부 고위 영주들은 오토에 합류하였고, 오토의 장인임과 동시에 필리프 2세의 사위가 되는 브라반트 공작은 갈등을 느껴 피신하였으며, 네덜란드 쪽의

'털보(poilu)' 백작 및 오토에게 변함없이 충실했던 작센과 라인 강 연안의 또 다른 4명의 백작은 자신의 기병들을 이끌고 왔다.

또한 오토의 곁에는 제국 내에 속하지 않은 3명의 제후가 함께하였다. 이들은 혈연이나 우애 관계 혹은 주종 관계에 의해서가 아니라 정황에 따라 독일 왕과 동맹하였다. 이들은 오로지 필리프에 대한 증오와 영국 왕의 자금 원조 때문에 오토에게 합류하였다. 영국 왕 헨리 2세의 서자이자 영지 없는 존 왕의 이복형제인 솔즈베리의 백작이며 긴칼(Longue-Epée)이란 별칭을 갖고 있는 기욤은 가문의 구성원 중 가장 허세 부리는 인물이었다. 그는 20여 년 전 사자심왕 리처드로부터 마상 시합을 주관할 책임을 떠맡아 막중한 역할을 행한 바 있었다. 1214년 또다시 그에게 허세 부릴 수 있는 기회가 마련되었다. 한편 플랑드르 백작인 페르난두는 28세의 젊은이로 다혈질이었다. 포르투갈 왕의 아들인 그는 아내 가문으로부터 플랑드르 백작령을 부여받았으나 이에 만족하지 못하고, 2년 전 결혼한 직후 프랑스 왕과 주종 관계를 맺으면서 자신의 봉토에 대한 권리를 확보하기 위해 상속에 대한 대가로 에르와 생토메르의 성들을 왕에게 양도하였다. 하지만 그는 왕에게 봉신으로 봉사한 대가로 별반 반대급부를 받지 못하였다. 왕은 1년 전 자신의 영지를 침탈하였고, 이에 그는 왕을 증오하였다. 세번째 제후는 불로뉴 백작 르노였다. 그는 일드프랑스의 공고한 성 하나를 보유한 가계에 속하여, 그의 조부는 카페 왕조에서 집사직을 역임하였고, 그 자신도 이 직위에 올랐었다. 필리프 2세의 동년배로 왕과는 유년기의 친구였으며, 또 왕으로부터 기사로 서임되었다. 그는 젊은이 특유의 격정을 이기지 못하고 자신의 친구와 대부 및 주군에게 첫번째 반기를 들었으며, 자연히 영국 왕으로부터 환대받았다. 이곳 아닌 어디에 그가 손을 뻗칠 수 있었겠는가? 플랑타즈네 왕가의 궁정은 모든 변절자들의 온상이었다. 르노의 부친 또한 이미 이곳에 은퇴해 있었다. 한편 필리프는 신속히 옛 우정을 되찾고자 자신의 친사촌인 마리를 르노에게 시집보냈지만, 르노는 1190년 마리를 되돌려보내게 된다.

당시 훌륭한 사냥감, 즉 중년이긴 하지만 아주 부유한 상속녀인 불로뉴 백작의 미망인이 세간의 유혹 대상으로 떠올랐다. 고귀한 혈통을 지닌 무수한 '젊은이'들이 그녀의 환심을 사고자 했으며, 결국 르노가 귄 백작 아르눌의 면전에서 그녀를 탈취하여 백작이 되었다. 세간을 놀라게 한 이 탈취로 인해 일련의 거대한 원한 관계가 형성되었는데, 당시는 가문 간의 혼인 전략에 따른 상충, 그리고 그에 따른 후유증으로 인해 각 가문 의 기사들이 총동원되는 가문과 가문간의 상쟁이 비일비재하였으며, 결 국 르노 백작가는 귄 백작가뿐 아니라 생폴 백작가와 드뢰 백작가 구성원 일체와 적대하게 되었다. 프랑스 왕가에 대한 불로뉴 백작가의 태도도 이러한 적대감의 측면에서 상당 부분 이해된다. 이후 불로뉴 백작가는 잇 단 계략에 휘말리게 된다. 매우 강력한 젊은 기사로서 영국으로 들어가 는 길목에 가장 편리한 항구를 소유하였고, 최상의 군마들을 영내에서 키우고 있었으며, 인근 해역과 대규모 청어 어장을 수중에 두었고, 부빈 에서 투구 꼭대기에 고래수염으로 만든 장식 깃발을 달았었던 불로뉴 백작은 두 왕국 사이에서 저울질을 하고 있었다. 10년 전에는 노르망디 에서 필리프 2세가 샤토가야르를 차지하는 데 전력을 다해 일조하였다. 프랑스 왕은 이에 후사하였고, 자신의 질녀를 르노의 동생에게 혼인시 켰으며, 또 후자의 딸과 태어난 지 얼마 안 되는 자신의 둘째아들을 약혼 시켰다. 불로뉴는 그럴 만한 가치가 있는 지방이었다. 하지만 5년 후 카 페 왕조의 적의를 확신한 르노는 존 왕과 독일의 오토간에, 더불어 필리 프와 반목하는 모든 세력간에 중재를 시도하고 프랑스 왕에 대항하는 동 맹체를 구성하였다.

적대하는 양측 동맹군의 진영 어느 한쪽에 속하여 각각의 소속 깃발 밑 에 대오를 형성한 모든 기사들 중에서 가장 확연히 눈에 띄는 집단은 플 랑드르의 기사들이었다. 이들은 부빈 전투 후 최다수의 포로 집단으로 남 게 되는데, 이들 각각에 대한 상세한 몸값 산정의 기록을 통해 그 이름 들을 확인할 수 있다. 이 중 고티에와 뷔리당, 그리고 아르눌은 1212년

페랑과 플랑드르 백작령의 상속녀간의 혼인시에 왕과 반목하였고, 영국 측에서 종종 발견됨과 동시에 위그 진영에서도 가끔 나타나고 있었다. 위그는 마를과 쿠시 지방 지배 가문과 연계된 피카르디 지방 한 가문의 방계 쪽 차남이었는데, 이 지배 가문의 수장들은 부빈 전투에서 국왕 측근으로 활약했던 점을 이용하여 한몫을 잡고자 했다. 그는 필리프 2세의 프레보(prêvot; 일종의 궁정장관) 중 한 사람을 살해하였다. 이로 인해 도피하지 않을 수 없었던 그는 다름 아닌 영지 없는 존왕에 의탁하였다. 영국 왕실의 재정을 담당했던 것은 바로 그였다. 그는 봉급과 왕의 하사품을 분배하였다. 당대인의 눈에 그는 용병들의 왕이었다.

이들은 오로지 증오받을 악의 진영에 속한 존재로서만 나타나고 있다. '브라반트'인들은 독일 왕의 보병과 강력한 플랑드르의 도시군을 도와 밀집 보병 형태로 전투에 임하였는데, 이 전투 방식은 사람을 살상하는 전투 전문가들이나 그 형성 방법을 숙지한 전사들에 의해서나 응용될 수 있는 것이었다. 신은 이를 저주하여 복수하였다. 신의 뜻에 의해 2년 후 이들의 우두머리인 위그는 전투의 종말에 이르러 수장되는 대가를 치렀다. 여하튼 현재로선 위그가 불로뉴 백작 르노를 면밀히 돕게 되었는데, 르노로 말하면 '공공연히' 첩들 꽁무니나 따라다니는 못말리는 패륜아였다. 그는 용병을 보호하였고, 또 자신의 사악한 심성으로 인해 항시 결국에는 이들에 의존하곤 하였다.

다양한 결속체로 구성된 악의 전사 집단 곁에는 이들 못지않게 공고한 세력인 지방 기사, 코뮌의 무리 및 일단의 용병이 함께하였다. 하지만 이들 결속 집단 중 진정한 결속 관계를 유지한 것은 없었다. 이들 무리는 때와 장소를 가리지 않고 획득이나 원한 또는 전투욕을 동기로 하여, 또 때로는 예상된 복수의 칼날을 회피하고자 하는 바람으로 규합되곤 하였다. 이들은 암흑의 세력이고, 여러 모순된 동기 의식을 가지고 불완전하게 결합하였다. 결국 이들과 광명의 세력이 적대하게 된다.

이제 장면은 부빈의 다리 옆으로 바뀐다. 이 다리는 매우 중요하다. 오직 이 다리로부터 동으로 투르네와 에노, 남으로 아라스와 피카르디로 연결되는 도로를 통해서만이, 고원 쪽으로 뻗친 고인물로 인해 통과할 수 없는 커다란 단층 지대인 마르크 계곡을 건너는 것이 가능하다. 이 장소는 1214년의 경우처럼 겨울과 봄에 많은 비가 내리기 때문에 횡단하기가 실로 어렵다. 선사 시대 이래 형성되어 온 이 장소의 통과로상에 마을, 즉 생타망의 수사들이 영주로 있고 작은 숲이 우거져 있으며, 예배당이 마련되어 있는 마을 하나가 자리하고 있다. 그리고 얼마 떨어진 곳 연못 주변에 카롤링거 시대에 설립된 시스엥 수도원이 위치해 있다. 위 다리를 지나 통로를 막아 버리면 후면으로 확고한 안전지대를 확보하게 된다. 왕래자들은 이 보호 구역에서 가는 길을 멈추고 캠프를 치며, 기력을 회복하여 재차 채비를 차릴 수 있게 된다. 바로 그와 같은 일을 필리프 2세가 이틀 전 이 장소에서 행한 바 있었다. 하지만 다리 앞에는 동쪽으로 폭 4킬로미터, 길이 20킬로미터 정도에 달하는 고원이 펼쳐져 있다. 고원의 후면 위로는 숲들이 둘러쳐져 있다. 고원의 중심에는 상당 규모에 달하는 양질의 밀밭이 펼쳐져 있는데, 이해에는 7월 27일에 수확이 시작되었고, 이제 이곳에서 말발굽들이 질주하는 양상이 전개될 것이었다. 주변의 경관은 피카르디 지방의 색조를 담고 있으나, 이 지대는 플랑드르 백작령에 속하였다. 동쪽으로 수 킬로미터 거리를 가면 에스코 강을 사이로 프랑스와 제국간의 경계가 나타난다. 서쪽 방면으로는 좀더 원거리에 필리프 진영에 '속한, 즉 필리프의 첫번째 아내에게서 상속되어 당시 그의 장남의 영지로 되어 있는 아르투아 백작령이 자리하고 있다. 부빈은 플랑드르 백작령과 제국 및 카페 왕조의 영역이 접합하는 장소였다.

*
**

　이곳에서는 정오와 오후 5시 사이에 전개된 일합의 전투에 의해, 제법 오래 전부터 유럽에서 펼쳐져 온 정치적 음모 중 가장 치열했던 한 음모의 매듭이 풀리게 된다. 원한과 결속 집단 우두머리들의 탐욕, 개인적 욕구 분출, 간음이나 이혼 등의 가문 내·외적 문제, 적대감의 미수습, 약속의 불이행, 우정의 배반, 타인을 탈취하고 능가하며 경쟁자를 복속시키려는 욕구들이 이같은 투쟁의 근본 동기들이었다. 사람들은 술책을 일삼건 성을 잘 내건, 탐욕스럽건 관대하건간에 동일 출계나 가문의 세습 재산에 대한 이해 관계를 축으로 상호간 적대하였다. 전사들은 어머니의 뱃속에서 나온 이래 어린 시절부터 영구적인 경쟁 관계에 들어서게 된다. 부빈은 일차적으로 자신의 투쟁욕을 채우기 위해 이곳으로 달려왔던 시기심 많은 사람들의 싸움 장소였다. 그렇지만 이 전투를 정치적 측면에서 고려해 볼 필요가 있는데, 왜냐하면 당시 서구는 야만과 궁핍으로부터 서서히 벗어남에 따라 영주권이 강화되어 가는 추세를 띠었기 때문이다. 시장·항구·거대 도시들에서, 그리고 유통되는 상품에 대해 항상 매우 풍족한 규모로 돈을 징수할 수 있는 영주권들이 바로 그러한 것들로, 평화를 필요로 했던 종교 단체와 상인들은 돈을 제공할 준비가 되어 있었다. 돈을 계산하고 획득하는 방법을 알고 있으며, 자신들의 지적 능력으로 통치권에 대해 좀더 세련된 이념을 제공할 수 있었던 성직자들의 도움을 받아서 일부 제후들, 즉 자신의 전 영역에 대해 심판하고 징벌하는 고래의 권리를 상속한 자들은 이른바 봉건적 해체로 인해 오래 전 상실된 특권들을 재장악하게 되었다. 매해 봄마다 각 성에서 약간의 명예를 얻기 위해 분출되는 소동과, 잠복하여 약탈할 기회를 엿보는 소규모 기사 무리의 돌출 행동은 백작이나 공작 또는 왕에 의해 거의 통제되지 않았다. 그러나 이후 상위의 수장들은 봉건 윤리와 봉신의 의무를 준수시키고, 열등한 영주들을 자신 주위에 결속시키며, 공통의 이익을 위해 한 지방의 전 기사를 집결시키고, 중재함과 동시에 위반자들을 징벌하고, 인질을 볼모로 하여 원거리에서도 이들을 통괄할 수 있게 되었다. 이것이 가능한 이유는 수장들이 복종의 대가로 결속 집단에 이익을 제공하고 봉사료를 지불할 능력을 갖추었기 때문이다. 이처럼 상위 제후들의 행동 반경은 이전보다 훨씬 확대되어 간다. 이들의 행동 방식은 자신의 결속 집단에 속한 일반의 시골 귀족과 별다르지 않다. 권력 추구욕과 질시감이 이들이 내리는 거의 모든 결정에 작용하고 있다. 하지만 이들의 경쟁자들 역시 똑같은 방식을 취하여 영내의 확고한 주인이 되어갔기 때문에, 전투는 외견상으론 특별한 변화가 없었으나 또 다른 차원의 투쟁 양상을 띠게 된다.

이 당시 제후들이 몰두했던 다섯 가지 주요 관심사가 있었다. 이 중 세 가지는 그리스도교 사회 전체와 관련된 문제였다. 종교적 색채를 강하게 띤 이들 문제는 사람들의 관심을 변경 지역으로 향하게 해주었다. 가장 먼 곳의 성지 문제는 일반에 공개화되고 갈수록 논쟁이 격화되었던 만큼 사람들의 뇌리에 가장 강력히 각인되어 있었다. 1190년의 십자군 원정도, 원래 목적을 일탈하여 콘스탄티노플을 황폐화시켰던 1204년의 4차 십자군 원정도 예루살렘을 이교도로부터 해방하는 데는 성공하지 못하였다. 교황은 우선 이 문제를 해결코자 하였다. 그는 오로지 이 문제에 골몰하였다. 교황은 그리스도교도 사이의 모든 불일치 사항들을 축소하느라 기진맥진한 상태였다. 이교도를 공격하여 승리하기 위해서는 기사들이 상호간 파괴의 만족과 분쟁을 중지하는 것이 급선무였다. 스페인에서 이슬람교도의 압박을 억제하는 것도 동일 맥락에서 처리될 문제였다. 이 문제는 또 하나의 전투인 라스나바스데톨로사 전투에서 다루어질 것이었다. 그리스도교의 제3의 문제, 즉 그리스도교 내부에 전염되어 속을 곪게 하는 알비파 이단의 문제는 또 하나의 무대인 뮈레 전투에서 해결을 보게 된다. 나머지 두 문제에 대해서도 그리스도교는 무기를 직접

들거나 정당성 문제를 구실로 내세우면서 표면상으로 개입하게 된다. 이 두 문제로 인해 그리스도교 유럽의 4대 강대 세력인 교황·황제·프랑스 왕·영국 왕은 상호간 충돌하게 된다. 이 알력은 매우 오래 된 것이었다. 이들은 부빈 전투 이전에도 제반 전개 사건의 파급 영향으로 아주 예민한 국면 속에서 상호 복잡하게 얽혀 상충하고 있었다.

  권력의 집중은 제후령이나 교회 모두에 있어 동일한 흐름으로 전개되었다. 교회는 13세기 중에 가장 안정적이고 튼튼한 군주제의 모습을 구비하게 되었다. 하지만 이 군주제는 그 우두머리인 성 베드로의 계승자가 신앙의 우월성이라는 명분하에 온 세계를 지배하여 제후 모두를 인도하고 비판하며 징벌하거나, 필요하다면 폐위까지 시키는 양태를 빚고 있었다. 1198년 37세에 인노켄티우스 3세의 이름으로 교황에 오른 로테르는 지금까지의 로마 교황들보다 훨씬 공고한 위치에 서 있었다. 그는 보다 효율적인 수단을 갖추고 있었다. 그는 제후간의 싸움에도 개입하여 평화를 설파하며 그들에게 십자군 원정에 참여토록 권유하였다. 존 왕을 포함한 여러 세속 군주와 제후들은 성 베드로의 후예인 교황으로부터 자신의 영토를 봉토로 부여받는 형식을 취하였다. 그렇지만 한편으로 교황과 마찬가지로 보편적 권위를 갖는 황제 역시 자신의 위세를 자랑하고 있었다. 황제는 볼로냐학파로부터 로마법을 배워 이 법을 숙지하고 있는 사람들로부터 조언을 받고 있었고, 그 자신이 로마 황제의 상속자라고 주장함과 동시에 실제로 그리되기를 원하였다. 교황이 황제를 세웠다. 교황은 황제를 도유할 수도 파문할 수도 있는 권위가 있기에 황제를 폐위할 수도 있었다. 한편 샤를마뉴로부터 오토 대제에 이르기까지 황제들은 필요할 경우 로마 교황청을 순화시키고, 궁극적으로 무자격의 교황을 축출할 책임과 동시에, 그 영역이 로마의 주변으로 한정되어 있는 불안정한 소영주에 불과한 로마 교황을 보호해야 할 책임을 신으로부터 부여받았다고 말한다. 권위의 증대와 적대 이데올로기의 강화 못지않게 교황청은 자신이 처해 있는 이탈리아 내 이해 관계로 인해 50년 전경부터 세속적 경쟁 관계에 들어서 있었다. 독일 왕위와 황제위 및 북부 이탈리아의 지배권을 요구하는 프리드리히 바르바로사의 후손들——그 중 하나는 시칠리아 왕위를 상속받았다——에 직면한 인노켄티우스 3세는 독일에서 이들의 경쟁자인 벨프파를 지지하였다. 그는 오토에 기대를 걸었으나 결국 실망하였고, 이에 방향을 선회하였다. 교황이 오토에 가했던 파문은 기대를 저버린 인물에 대한 그의 분노를 나타내 주며, 그는 대타를 구하지 않을 수 없었다. 1214년 그는 존 왕의 조카인 오토에 대항할 인물로 호엔슈타우펜가의 프리드리히를 꾀어내어 차후 그의 활약을 지켜보고자 하였다.

이러한 이유로 존 왕의 전략은 필리프의 전략과 맞물리게 되었으며, 이 첫번째의 갈등 이래 양자는 계속해서 상쟁하였다. 한 세기 반 이전부터 미약한 입장에 처해 있던 프랑스 왕은 시간이 지날수록 노심초사해져 갔다. 노르망디공이 영국 왕이 된 이래 곤란하게 된 카페 왕조와 그보다 훨씬 부유한 봉신간의 관계는, 앙주 백작인 플랑타즈네가 자신의 권역을 앵글로노르만으로, 차후에는 방대한 크기의 아키텐 백작령으로 확대하면서 고조의 긴장 상태로 들어섰다. 그 이후 파리의 왕은 자신의 입지를 위협하는 과도한 압박을 완화시키고자 무진 애를 써왔다. 필리프는 왕위 등극 이래 다른 목표를 생각할 여유가 없었다. 자신의 목적 달성을 위해 필리프는 성지로부터 서둘러 돌아왔고 호엔슈타우펜가와 관계를 돈독히 하였으며, 사망시까지 필리프보다 우세한 입장에 있었던 사자심왕 리처드와 곳곳에서 접전을 벌였다. 하지만 이후 '무딘 칼'인 존 왕과의 관계에 있어서는 프랑스 왕이 보다 우월한 입장에 서게 되었다. 필리프는 봉건 주군으로서의 자신의 권리를 최대한 이용하였다. 양자간의 최초 마찰에서 존 왕은 카페 왕조에 대한 반역 행위를 저지른 것으로 평결받았고, 필리프는 존 왕의 봉토 몰수를 선언하였다. 필리프는 이 평결을 집행하기로 하여 노르망디와 앙주를 탈취하는 데 성공하였으며, 그 업적으로 존 엄왕으로 불리게 되었다. 그러자 영토를 빼앗긴 영국 왕은 프랑스 왕에 대한 공포심이나 분노 또는 왕에게 협박을 가하려는 의도로 프랑스 왕과 거리를 두고 있었던 모든 프랑스 귀족들을 자기 진영으로 끌어들였다. 그는 또한 장기전을 펼 수 있을 정도의 풍부한 영국 돈을 각지에서 징발하였다. 그는 자신에 대한 교황의 분노를 무릅쓰고 영국의 교회들을 수중에 넣었다. 실제로 그는 불로뉴 백작 르노와 플랑드르 백작 페르난두의 왕에 대한 원한을 부추기고 오토를 자신이 원하는 곳으로 이끌며, 곤궁한 저지대의 기사들을 높은 급료의 지불과 약탈이라는 미끼를 내세워 자기 진영으로 끌어들인 것으로 알려져 있는데, 그럼으로써 북부 방면에서 자신의 경쟁자를 위협하는 막강한 군사력을 얻게 된 것이다. 존 왕 자신은 부왕으로부터 앙주를, 모후로부터 아키텐을 상속하였으므로 남부에서 프랑스 왕을 압박할 수 있었다.

1213년 양측의 보병이 마주하였다. 필리프는 인노켄티우스 3세와 화합하였고, 그의 환심을 얻고자 앵즈부르주를 자기 곁으로 불러들였다. 교황은 존 왕을 자격 없는 인물로 선언하며 영국 땅을 프랑스에 넘긴다고 하였고, 이에 카페 왕조는 바다를 건널 준비를 하고 있었다. 그러자 플랑드르 백작 페르난두는 자신의 가면을 던져 버리고 프랑스 왕에 반기를 들었다. 그는 망슈 너머로까지 원정을 감행하였다. 존 왕은 마지막 순간에 아쉬운 간청을 하고자 교황 사절에 접근하였다. 이에 프랑스 왕군은 플랑드르에 철퇴를 가하기 위해 진군하였다. 관습적인 약탈 원정을 감행하였으나 필리프로서는 상대의 완강한 저항을 느끼지 않을 수 없었다. 왕은 릴과 다음으로 카셀·두에를 불태웠으나 자신의 선단과 투르네 시를 상실하였고, 페르난두와 르노는 기병을 아라스의 경계에까지 밀고 나갔다. 1214년 2월 존 왕은 대규모의 군대와 충분한 군자금으로 무장하여 로셸에 상륙하였다. 그는 앙주를 탈환하길 바랐다. 하지만 서둘러 대비한 필리프의 접근으로 존 왕은 생통주로 달아나지 않을 수 없었다. 프랑스 왕은 매우 신중하여 그를 추적하진 않았다. 4월말 왕은 아들 루이를 젊은 기사들과 함께 시농에 남겨 놓았다. 북부를 향한 그의 진군은 또 다른 위험에 직면해 있었다. 그는 피카르디·퐁티외·아르투아에서 자신의 동료들을 소집하였다. 여름에 접어들어 또 한 차례 플랑드르 평원을 약탈하려 한 것이다. 7월초 오토는 엑스라샤펠을 떠나 12일 니벨에 도착하였다. 21일에는 상당 액수의 돈이 영국으로부터 도달하였다. 이틀 후 필리프는 페론으로부터 두에로 기병을 이끌었다. 그의 군대는 25일에 부빈에 진을 치고 이튿날 투르로 들어갔다. 이날 아침 오토, 플랑드르 백작, 불로뉴 백작은 모르타뉴에 모습을 드러내고 정오경 12킬로미터 정도 거리를 두고 스카르프와 스헬데로부터 합류하였다. 당시 프랑스 왕은 적들의 위치를 정확히 간파하고 있었다. 그는 조언을 구하였다. 그의 조카들, 공작과 백작들, 그의 진영 기사들이 차례로 의견을 개진하였다. 이들은 본거지에서 멀리 떨어져, 자기 뒤쪽에 매우 강력한 무리를 배후에 둔 불리한 장소에서 모험하지 말고 새벽이 되면 프랑스 쪽으로 퇴각할 것을 권유하였다. 조심스레 군대는 부빈 다리를 통과하였고, 습지를 피하여 릴 방면에서 멈춰서 정황을 파악코자 하였다.

서두에 해당하는 지금까지의 내용은 다음 이야기의 전개상 앞서 언급할 필요가 있었다. 여기서 전투에 대한 주요 증거들을 살펴보기로 하자.

전투일

　지금부터* 진력을 다하여 그지없이 훌륭한 필리프 왕의 영예로운 승리에 대해 적어 보기로 한다.

　프랑스가 새로 태어난 해인 1214년에——이미 언급된 대로 영국의 존왕이 본인이 상실한 고토를 수복하려는 마음으로 푸아투에서 전투를 벌이고 도망쳐서 자신의 전력을 루이 쪽으로 집결시키던 때인**——파문당하고, 천벌을 받아 마땅하며, 영국 왕과 같은 진영에 서서 필리프에 대항한 오토 황제는 에노 백작령 내의 발랑스 성에, 또한 자신의 주군에 대항하여 그와 동맹한 플랑드르 백작 페르난두의 영토에 자신의 군대를 집결시켰다. 오토가 자리한 이곳으로 존 왕은 자신의 비용을 들여 고귀한 전사들과 용기백배한 기사들을 보냈다. 이들 중에는 불로뉴 백작 르노, '긴칼'의 체스터 백작, 솔즈베리 백작, 랭부르 공작, 오토의 사위인 브라반트 공작, 베르나르, 오드, 도르트문트 백작 콘래드, 지라르와 이외 독일·브라반트·에노·플랑드르의 여러 제후들이 포함되었다. 다른 한편 선왕 필리프는 페론 성에 능력이 닿는 정도만큼의 군대를 소집하였는데, 왜냐하면 그와 동시에 아들인 루이 역시 푸아투에서 존 왕에 대항하기위해 프랑스의 군사력 상당 부분을 보유해야 하였기 때문이다.

---

　* 13세기에 글은 이야기체로 이루어지며, 산문으로 씌어진 모든 텍스트도 듣는 용도로 작성되었다는 사실을 환기시키는 것은 무용하지 않을 것이다. 가장 중요시된 것은 리듬이었다. 이 자료를 채택한 앙드레 뒤비는 이를 보존하려고 심혈을 기울였다.
　** 해당 내용의 구절들은 로망슈어로 번역되지 않은 라틴어 텍스트에서 발췌한 것이다.

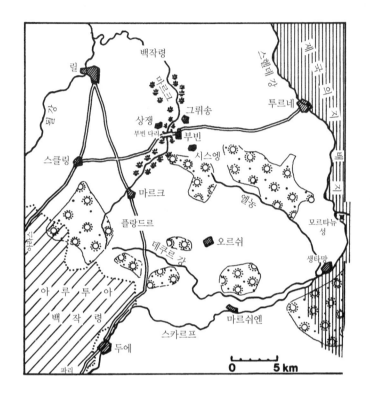

마들렌 축일 다음날 왕은 페론 성을 출발해 대규모 군대를 이끌고 페르난두의 땅으로 진군하였다. 그는 투르 시에 이르기까지 플랑드르 백작령 내 가는 곳마다 불태우고 약탈하였는데, 플랑드르인들은 한 해 전 왕으로부터 이 도시를 술책에 의해 차지하여 가혹한 타격을 입힌 바 있었다. 이곳에 왕은 게랭 신부와 생폴 백작을 보냈으며, 이들은 아주 손쉽게 이곳을 탈환하였다. 오토는 발랑스를 떠나 모르타뉴라는 성까지 이르렀다. 이 성은 적들이 과거 투르를 장악한 후 이곳에 자리했던 필리프 왕의 군대을 분쇄했던 성으로, 두 성은 6마일도 채 안 되는 거리에 놓여 있었다.

성 필립보와 성 야고보 축제일 다음 첫주에 왕은 적들을 공격코자 하였지만, 제후들은 그에게 상대방 진영에 도달하기에는 입구가 좁고 통과하기가 어려우므로 그 계획을 철회토록 조언하였다. 이에 왕은 계획을 바꿔 이 성의 후방을 우회하여 에노 백작령 방면의 보다 평평한 다른 길에 의해 접근해 들어가 그 성을 완전 파괴하기로 결정하였다. 이 전략에 따라 이튿날인 8월 6일 투르를 떠난 왕은 휴식을 취하였고, 이날 밤 그의 군대는 릴이라는 이름의 성에서 숙영하였다. 하지만 또다시 오토가 같은 날 오전중에 모르타뉴 성을 떠나 대오를 지어 왕의 후면으로 근접해 오는 예측하지 못한 상황이 전개되었다. 왕은 적들이 그처럼 자신의 뒷면으로 오리라는 것을 깨닫지도, 믿을 수도 없었다. 신의 뜻이었는지 모르지만 우연히 믈룅의 부백작은 다른 경무장군과 더불어 왕군의 대오에서 떨어져 오토가 다가오는 방면으로 기병 행군하고 있었다. 그리고 그 뒤를 이어 상리스의 감독으로 선출된 게랭 신부——그가 병영 기사단의 허원을 받은 신부이고, 또 항시 신부복을 착용하고 있어서 이처럼 불렸다——도 그리하였는데, 그는 현명한 인물로 앞으로 전개될 사태에 대해 심도 있는 조언과 최상의 대비책을 마련하곤 하였다. 이 두 인물은 3마일 정도 대오에서 이탈하여 함께 높은 언덕 쪽으로 말을 타고 올라갔는데, 그곳에서 이들은 이쪽 방면으로 분주히 진군해 와 전투 대오를 완벽히 갖추고 있는 적진을 한눈에 감지할 수 있었다. 이에 게랭 신부는 즉시 이곳을 떠나 서둘러 왕의 진영으로 향하였고, 한편 믈룅 부백작은 경무장 기병들과 더불어 그 장소에 남아 있었다. 게랭 신부는 가능한 최대 속도로 왕과 제후들에게 돌아와 펄럭이는 깃발과 막대한 수의 기병 및 전진 배치된 세르장과 보병들이 신속히 전투 대오를 형성하는 것을 볼 때 적들이 전투를 벌일 태세임을 알렸다.

이 말을 들은 왕은 전군의 소집을 명령하고 제후들에게 각자의 임무에 대한 훈령을 내렸다. 하지만 이들은 전투 대오 형성에 대해 별다른 의견 일치를 보지 못하고 앞쪽으로 나아가기로 하였다. 오토와 그의 군대는 소규모 강으로 다가와서는 진군이 쉽지 않자 느린 속도로 강을 건너게 되었다. 모두가 강을 건넌 후 이들은 투르 방면으로 향하는 것처럼 보였다. 이때에 이르러 프랑스인들은 적들이 투르를 향하여 갈 것이라고 말하기 시작하였다. 하지만 게랭 신부는 그 반대로 생각하였으며, 이곳에서 전투를 벌이거나 그렇지 않으면 수치스럽게 손상을 입은 채 돌아가게 될 것임을 확신하였다. 결국 그의 단독 의견이 여타 다른 사람들의 의견을 제치게 되었다. 이에 따라 군대는 길을 따라 부빈 다리——상쟁이라는 이름의 장소와 시스엥이라 불리는 마을 사이에 위치한——라 명명된 자그마한 다리로 향하였다. 이미 다리 저편에는 대규모의 적군이 자리하고 있었으며, 왕은 아직 무장하지 않은 채로 있었다. 하지만 왕은 적의 예상과는 달리 다리를 건너진 않았다. 적의 계획은 만약 왕이 다리를 통과하면, 그들이 통과하는 무리들을 곧 급습하여 자신들의 뜻대로 상대방을 분쇄한다는 것이었다.

왕은 이미 무장하여 말을 제법 달린 상태여서 물푸레나무 밑에서 잠깐 휴식을 취하게 되었는데——이 장소 근처에는 성 피에르를 기려 설립된 소규모 예배당이 자리하고 있었다——그때 최후진 대오에 속해 있던 무리의 전갈이 군에 전달되었다. 그 내용은 적들이 다가왔고, 아군은 최고도의 훈련을 받은 군사력을 맞이하여 힘겨운 싸움을 벌이지 않을 수 없으며, 플룅 부백작과 그의 경무장 병사들 그리고 적의 공격을 견뎌내고 있는 궁수들이 위험에 빠진 상황이라는 것이다. 이들이 적의 막강한 공격을 오래 버텨낼 수 없으리라는 사실에 프랑스군은 경악을 금치 못하였다. 그러자 군대가 동요하기 시작하였고, 왕은 위에 언급된 예배당에 들어가서 주님께 간단한 기도를 올렸다. 그는 예배당을 나와 서둘러 무장하고 초대받은 결혼식이나 축제에 가려는 듯이 경쾌하게 군마에 뛰어올랐다. 그때 들판 쪽에서 "군사들이여, 제후들이여"라고 외치는 소리들이 들리기 시작하였다. 나팔이 울리고 이미 다리를 건넜던 군사들이 돌아오기 시작하였다. 그러자 대오의 최선두에서 펄럭이던 프랑스 국왕기가 되돌아서는 기미를 보였다. 하지만 국왕기의 기수는 황급히 돌아올 필요도,

그다지 기다릴 필요도 없었는데, 왜냐하면 왕이 곧 대규모 기병군단으로 복귀하여 선두 대오의 선봉에 서서 적과 대적하게 되었기 때문이다.

오토와 그의 군대는 전혀 예상치 않게 왕이 복귀하는 것을 보고 깜짝 놀라 돌연히 두려움을 느끼지 않을 수 없었다. 이들은 서쪽 방면으로 진군하려 한 원래의 의도와는 달리 길의 오른편으로 돌았고, 방향 선회가 폭넓게 이루어지다 보니 밭 지대의 대부분을 짓밟게 되었다. 이들은 북쪽을 향하여 멈춰섰는데, 그 결과 그날 따라 유난히 강렬했던 태양을 정면으로 바라보는 모양새가 되었다. 왕은 전열을 정비하고 정오경 군으로 하여금 들판 사이의 적진을 똑바로 향하도록 하여 프랑스군은 태양을 어깨에 등지고 싸울 수 있는 위치에 섰다. 포진을 이같이 두고 왕은 최선두의 중앙에 자리잡았다. 왕 곁에는 기사의 꽃으로 칭송받은 바르 백작령의 기욤, 전통 있는 가문의 현명한 바르텔르미, 지혜롭고 심도 있는 조언을 해주는 선한 기사 고티에 2세 · 피에르 · 지라르 · 에티엔 · 기욤 드 모르트메르 · 장 · 기욤 드 가를랑드, 젊은이이면서도 원숙한 용기와 더불어 고귀한 미덕을 갖춘 바르 백작 앙리 등이 함께하였다. 앙리는 왕의 조카였고, 부친의 사망 후 백작령을 상속받은 상태였다. 이외에도 여기에 이름이 거론되지 않았으나 진정한 덕을 갖추고 훌륭히 무장한 출중한 기사들도 함께하였다. 이들 모두는 탁월한 무예나 진정한 충성심을 갖추어, 또는 지략이 출중하여 왕과 같은 대오에 서 있는 영예를 얻었다. 다른 한편 오토 역시 자신의 충실한 수하들을 거느리고 있었다. 그는 긴 장대에 부착된, 용위에 금도금 형태로 앉아 있는 독수리 형상을 수놓은 군기를 구비하고 있었다.

전투 개시전 왕은 자신의 남작들과 수하들에게 훈시하였다. 그리고 이들이 이미 용기백배하고 전투욕을 불사르고 있었지만, 왕은 이들에게 다음과 같은 요지로 간단히 설교하였다. "친애하는 남작과 기사들이여, 우리의 확신과 희망은 오로지 신에 대한 믿음에 따른 것입니다. 오토와 그의 무리들은 성스러운 교회의 적이요, 파괴자인 까닭에 신의 대리인인 교황으로부터 파문당했던 것입니다. 이들을 매수하기 위해 제공된 자금은 빈자들의 피눈물을 쥐어짜고 성직자와 교회를 강탈하여 획득된 것입니다. 이에 반해 우리는 그리스도교인이고 신의 교회의 관행을 준수하며 비록 우리가 다른 사람들처럼 신 앞에 죄인일지라도, 그럼에도 불구하고 우리는 신과 신의 교회에 순종합니다. 우리는 우리의 권리로서 교회를 돌보고 지켜 왔는데, 우리가 우리 스스로를 주님께 전적으로 위탁하여 주님의 관용을 얻고자 하며, 이로써 우리는 적들을 극복하고 승리를 쟁취하고자 합니다." 왕이 이처럼 기도와도 같은 설교를 하자 남작들과 기사들 자신도 신의 은총을 구하였다. 그리고 왕도 손을 들어 주님의 은총이 이들에게 내려지기를 간구하였다. 곧 나팔이 울리고 적진을 향한 과감한 대규모의 돌진이 감행되었다.

이 시각 이 장소에서 왕의 후면에는 이 역사를 기록하는 전속 신부와 나팔 소리와 동시에 고음으로 성시를 부르기 시작한 한 성직자가 자리하고 있었다: 우리를 전쟁으로 이끄신 은혜로우신 우리 주님…… 당신의 고귀한 종복인 왕을……. 이런 식의 성시 봉독은 간간이 눈물과 오열로 인해 중단되곤 하였다. 다음으로 필리프 왕의 노고로 성스런 교회가 향유하는 영예와 특전을, 한편으로 교회가 오토와 영국의 존 왕으로부터 받은 수치와 힐난을 순수한 헌신의 마음으로 신 앞에 고하였다. 존 왕의 증여와 약속 때문에 이 모든 적들이 프랑스 왕국 내에서 왕에게 반기를 들었고, 그 중 일부는 모든 위험을 감수하고서라도 충성할 의무가 있는 대상인 자신의 직속 주군을 적으로 하여 전투를 벌인 것이다.

첫번째 전투 공격은 왕 주위가 아닌 다른 곳에서 벌어졌다. 왕과 그 주변의 병력이 압박을 가하려고 시도하기도 전, 왕도 모르는 사이에 들판 오른편에서 이미 일부 군사가 페르난두와 그 무리를 상대로 전투를 벌인 것이다. 프랑스 진영 쪽 대오의 최전방은 앞서 거론한 바대로 정돈되어 있었고, 1천40보 정도의 들녘을 차지하고 있었다. 이 대오에 게랭 신부가 끼어 있었는데, 그는 전투하기 위해서가 아니라 남작과 기사들에게 신과 왕 및 왕국의 명예를 지키고 더불어 자신들을 적절히 방어하며 싸우도록 독려하기 위해 그 자신 철저히 무장하고 있었다. 또한 부르고뉴 공작 외드, 보몽 백작 마티외, 믈룅 부백작 및 여타 귀족 전사들과 수 차례에 걸쳐 적과 내통하였을 것으로 의심받고 있는 생폴 백작도 이 대오에 속해 있었다. 생폴 백작 스스로도 이러한 사실을 알고 있었기에 게랭 신부에게 왕이 이날 그에게 선의의 배반을 행하도록 지시하였음을 밝혔다. 여러 정황을 감안한 게랭 신부는 앞서 같은 대오에 배열시켰던 1백80명의 샹파뉴인 중 일부를 용기와 전의를 결여한 것으로 느껴 후진으로 배치시키는 한편, 전투욕과 용기가 충만하다고 확신되는 기사들을 최선두에 전진 배치하면서 다음과 같은 언질을 주었다. "기사들이여, 들판은 넓으므로 대오의 폭을 넓혀 적들이 여러분을 포위하지 못하도록 하라. 한 전사가 타전사의 방패 역할을 할 만한 상황이 아니므로 여러분은 동일 전선에서 동시에 한꺼번에 싸울 수 있는 대오를 구성해야 한다." 그는 이같이 말하면서 생폴 백작의 조언에 따라 1백40명의 세르장을 전진 배치하여 전투를 개시토록 하였다. 여기에는 실상 위에서 언급된 프랑스의 귀족 전사들이 동요되거나 타격받지 않은 상태로 적과 접하게 하려는 의도가 있었다.

하지만 반대편의 전투욕이 충만한 플랑드르인들과 독일인들은 고귀한 기사들이 아닌 세르장들과 먼저 맞닥뜨리게 되자 상대방을 경시하는 태세를 취하였다. 즉 이들은 자리를 이동하지 않은 채 매우 짜증스레 이들을 기다려 맞이하였다. 이들의 군마들은 상대 세르장들에 타격을 가했으나 2명 정도만을 살상할 수 있을 뿐이었다. 프랑스 진영의 세르장들은 수아송의 계곡에서 태어나 용감성과 대담성을 충만하게 갖추고 있었으며, 기병으로서만 아니라 보병으로서도 뛰어난 활약을 보여 주었다.

무훈이 출중한 고티에와 뷔리당은 같은 대열에 선 기사들의 싸움을 독려했으며, 그들에게 마상 시합을 즐길 때 이상의 두려움을 갖지 말고 자신의 친우와 선조의 무훈을 마음속에 새기도록 하였다. 이들이 앞서 언급된 세르장 중의 일부를 낙마시켜 살상한 다음 정식 기사들과 대적하기 위해 전장의 다른편으로 방향을 바꾸었다. 바로 그때 이들에게 한 무리의 샹파뉴 전사들이 닥쳐와 온 힘을 다하여 싸움을 전개하였다. 이 전사들은 창이 부러지면 칼을 빼내어 최대한의 타격을 입히고자 하였다. 이 혼전중 피에르 드 레미와 그의 동료들이 합세하였고, 급기야는 고티에와 장을 힘으로 붙잡아 끌고 갔다. 이때 피에르의 동료 기사 중의 1명인 유스타슈가 커다란 목소리로 "죽음을, 프랑스인에게 죽음을!"이라고 외쳤고, 이에 프랑스인들이 그를 에워싸 한 사람이 허리와 어깨 사이로 그의 머리를 끼게 한 다음 투구를 벗겨내고, 또 다른 한 사람이 투구면갑과 턱 사이로 칼을 찔러 그 칼이 심장에까지 닿게 하였으며, 그의 고통스런 죽음은 프랑스인들을 전율케 하였다. 그를 죽이고 고티에와 장을 사로잡음으로써 용기백배해진 프랑스인들은 두려움을 떨쳐 버리고 승리를 전적으로 확신하는 느낌을 안으며 힘을 배가하였다.

게랭 신부가 싸움을 개시하도록 앞서 내보냈던 세르장들에 이어 생폴 백작도 무예가 출중한 자신의 동료 기사들을 움직였다. 그는 굶주린 독수리가 비둘기를 내리치듯이 적의 무리 속에 달려들었다. 그가 적진에 뛰어들면서 치고받는 격전이 이루어졌다. 그는 자신의 용기와 출중한 무예를 여실히 과시하였는데, 적과 맞닥뜨릴 때마다 사람이나 말을 가리지 않고 쓰러뜨린 후 이들을 포로로 삼으려 할 것도 없이 살상하였다. 그는 자신의 무리와 더불어 좌충우돌하며 한 편의 적들을 휩쓸고 나면, 곧 다른 편 적진으로 달려들어 마치 자신들이 전투의 중심부에 있는 것처럼 적들을 포위하였다.

생폴 백작의 뒤를 이어 보몽 백작 역시 가상한 용기로 진군하였다. 마티외와 그의 추종자들, 자신의 군진에 다수의 출중한 기사들을 거느린 부르고뉴 공작 외드 또한 전의를 불태워 적진에 뛰어들었고 솜씨를 마음껏 뽐내었다. 몸이 비대하면서도 냉철한 판단력을 갖춘 외드는 자신의 말이 쓰러져 죽자 그 역시 땅에 떨어졌다. 주군이 낙마한 모습을 본 그의 기사들은 그 주변을 에워싸 호위하며 그가 새 말을 갈아탈 수 있게 해주었다.

다시 말 위에 오른 외드는 자신이 낙마한 사실을 심히 부끄러이 여겨 자신에게 수치심을 야기한 적에게 복수하려는 일념으로 가득 찼다. 그는 분노가 극에 달해 창을 치켜들고 말에 박차를 가하여 적진의 밀집 대오에 달려들었다. 외드는 그가 어디에 있는지, 적의 누구와 싸우고 있는지를 따지지 않고서 만나는 적마다 그 모두가 공히 자신의 말을 죽이기라도 한 것처럼 타격을 가하였다.

다른 한편 자신의 대오에 출중한 무예로 제법 알려져 있는 기사들을 거느린 믈룅 부백작도 전투에 임하고 있었다. 그는 생폴 백작과 동일한 방식으로 다른 편의 적진에 뛰어들어 그 사이를 관통해 들어가 타격을 가한 다음 재차 돌아오며 또다시 타격을 입히곤 하였다. 이 와중에서 미셸이 방패와 갑옷, 그리고 말의 엉덩이 부분에 창으로 타격을 받았다. 그는 안장의 앞부분에 받친 다음 말과 함께 땅으로 쓰러졌다. 위그와 몇몇의 다른 기사 역시 땅에 떨어졌고, 이들의 말은 죽임을 당했다. 하지만 이들은 온 힘을 다해 재차 일어났으며, 말을 탔을 때 못지않게 용감히 싸웠다.

생폴 백작은 이미 상당히 오랜 시간 동안 전력을 다해 적과 무수한 타격을 주고받은 만큼 잠시 휴식을 취하고 정신을 가다듬기 위해 본진으로 돌아왔다. 그는 휴식을 취하려 하면서 얼굴을 돌려 적진을 주시하였다. 그때 그는 자신의 한 기사가 적들에 에워싸인 장면을 목격하였는데, 사실 어떻게 그에게 접근해야 할지 알 수 없는 상황이었다. 백작은 휴식을 거의 취하지 못하였지만 곧 투구를 졸라매고 말에 올라타 머리를 말의 목 부분에 댄 다음 양팔로 말을 꽉 껴안는 자세를 취하여 박차를 가해 적진 사이를 달려 자신의 기사에까지 다다르게 되었다. 그런 다음 그는 말의 등자에 두 발을 꽉 디디고 칼을 들어 최상의 기예로 적들을 강력히 내려치니 적들이 분산되고 밀집 대오가 깨뜨려졌다. 그는 큰 위험을 무릅쓰고 광기와도 같은 대담함을 과시하며 자신의 기사를 적의 수중에서 빼내 자신의 대오로 돌아왔다. 이 장면을 목격한 사람들이 나중에 증거한 바대로, 위 기사는 동시에 12개의 창이 그에게 내리쳤을 정도의 죽을 위험 속에 처해 있었으며, 그렇지만 자기 주군의 필살의 도움으로 자기 몸이나 말이 별탈없이 안전히 귀환하게 되었다. 그는 이처럼 출중한 무예를 과시한 다음, 그동안 휴식을 취하고 있었던 자신의 기사들과 함께 잠시 원기를 회복하고 나서 재차 무장하여 적의 중심 밀집 대오로 쳐들어갔다.

이 시각 이 전장에서 양편이 전의를 다한 격렬한 전투가 이미 3시간 정도 경과하였는데도 전쟁의 여신 팔라스는 어느쪽에 승리의 손을 들어줄지 아직 확신하지 못한 채로 전사들 위를 표효히 날고 있었다. 마침내 전장의 한쪽 프랑스군의 전 대오가 페르난두와 그의 전사들을 향하여 밀어닥치는 형세가 되었다. 페르난두는 자신의 기사들과 더불어 말에서 쓰러지고 수많은 타격을 입은 다음 붙잡혀 포박되었다. 그토록 오랜 전투 끝의 반죽음 상태였기에 그는 위그와 장 형제에 맞닥뜨렸을 때 더 이상 전투를 계속할 수 없었다. 페르난두가 붙잡히자 전장의 같은 구역에서 전투를 벌였던 그의 수하들 모두가 도망치거나 죽거나 사로잡히게 되었다.

페르난두가 이같이 낭패를 당하는 동안 프랑스 국왕기를 필두로 하여 코뮌의 군대가 뒤이어 이 자리에 나타났다. 이들 코뮌군, 특히 코르비·아미앵·아라스·보베·콩피에뉴의 코뮌군은 이미 앞서 적 진영 가까이에 이르렀으며, 중도에 그날 갈롱이란 이름의 기사가 들고 있었던 청색 들판을 배경으로 금빛의 백합이 곁들여진 왕가의 문장이 새겨진 국왕기를 보게 되어 왕군을 향해 달려갔다. 갈롱은 매우 출중한 기사였으나 그다지 부유한 인물은 아니었다. 코뮌군은 기사들의 대오를 앞질러 달려가 오토의 군대와 마주하고 있는 왕 앞으로 나아갔다. 그러나 훌륭한 솜씨를 갖춘 상대 기사들은 프랑스군을 분산시켜 가며 진군해 나아가 프랑스 왕에 근접해 갔다. 왕과 같은 대오에 서서 특별히 국왕 호위군 역할을 맡았던 기욤 드 바르·가이·지라르·에티엔·기욤 드 가를랑·장·바르 백작 앙리와 여타의 귀족 전사들은 오토 및 그와 같은 대오의 튜튼족 전사들이 왕의 오른편을 향해 오고 있으며, 오로지 왕만을 염두에 두어 찾고 있음을 알아차렸기에 튜튼족 용병들을 마주하여 분쇄하기 위해 앞으로 움직였다. 그런데 이들이 오토 및 독일 기사들과 싸우고 있는 동안 이미 앞서가고 있던 독일군 보병들이 왕을 급작스레 공격하여 창과 쇠갈고리 등으로 왕을 밀어붙여 낙마시켰다. 만약 왕의 용기와 그를 감싸고 있는 특별 갑옷이 그를 보호해 주지 않았더라면 왕은 이곳에서 전사하였을 것이다. 하지만 왕과 함께 머물러 있었던 약간의 기사들과 구원을 요청하기 위해 국왕기를 빈번히 흔들어 댄 갈롱, 그리고 자신이 애호하는 말에서 내려 왕을 보호하기 위해 적의 창칼 앞에 선 피에르는 접근한 적의 보병 세르장들을 모조리 분쇄하여 살상하였다. 왕은 몸을 일으켜 아무도 믿지 못할 정도로 가벼이 군마에 올랐다. 왕이 말 위에 오르고 그를 공격한 보병 모두가 전사하여, 왕의 대오는 오토의 대오 수준으로 정비되었다. 그리고 나서 양자간의 진검 승부가 개시되어 사람과 말의 살육이 이어졌다. 왕 바로 앞에서 왕에게 충성을 다 바쳐 온 에티엔이 죽임을 당하였다. 그는 투구의 눈가리개를 통하여 뇌 부분까지 칼을 맞았다. 적은 이 전투에서 당시에는 알려지지 않았던 방식의 무기를 사용하였는데, 자루 부분에 이르기까지 길고도 가늘며 끝이 예리한 칼을 소지하였다. 이 무기는 일반 검에 대항해 싸울 때 효력을 발휘하였다. 하지만 신의 자비와 사그러지지 않은 용기 덕에 프랑스의 검객들은 적과 그들이 지닌 신무기의 잔혹함을 견뎌내고 극복하였다. 이들은 오랜 시간 동안 장렬하게 싸워 힘으로 오토의 전 대오를 후퇴시켰으며 결국 오토 자신에까지 다가갔는데, 세상사에 대한 지혜뿐 아니라 무예면에서도 출중한 피에르가 팔로 오토를 끼고 적진으로부터 그를 끌어내고자 하였다. 하지만 그는 오토 주위에 밀집된 오토의 기사들 때문에 자신의 목적을 성취할 수 없음을 곧 인지하였다. 그 옆에 있었던 지라르로부터 칼을 건네받은 피에르는――그는 손에 칼을 쥐고 있지 않았다――오토의 가슴을 찔렀으나 두꺼운 갑옷으로 인해 단칼에 관통시킬 수는 없었으므로 첫번째의 빗나간 타격을 보충하는 두번째의 타격을 가하였다. 그가 오토의 몸에 타격을 가하려 할 때 갑자기 머리를 높이 치켜든 말과 마주하게 되자 이에 그는 말의 오른쪽 눈을 강력히 가격하였는데, 뇌 부분까지 찔린 말은 질겁하여 날뛰기 시작하였다. 말이 이처럼 우왕좌왕 날뛰는 사이 오토는 프랑스 기사들에게 등을 보이며 도망쳤다. 왕은 이 장면을 목격하면서 자신의 부하 기사에게 "오토가 도망쳤다. 오늘은 더 이상 그와 마주하지 못할 것이다"라고 말하였다. 오토가 도망친 지 얼마 안 되어 그의 말은 쓰러져 죽었다. 이처럼 오토는 두 번씩이나 말에서 떨어져 간담이 서늘하였으며, 재차 말에 올라 프랑스 기사들의 솜씨를 더는 당해 낼 수 없다는 듯이 최대한의 속도로 자신의 진영으로 내뺐다. 기욤 드 바르가 두 차례나 오토의 목을 끼여 꼼짝 못하게 하였으나 타격을 입어 날뛰는 말과 적의 무리 때문에 그를 사로잡을 수는 없었다.

오토가 도망친 시점에서 전투는 놀라우리만큼 양측간의 팽팽한 접전이 이루어지고 있었다. 오토의 기사들 역시 용감히 싸웠으며, 본진보다 앞서 나아갔던 기욤 드 바르를 땅에 쓰러뜨려 그의 말을 즉사시켰다. 젊은 고티에와 기욤 드 가를랑——이들의 창은 부러지고 칼은 피투성이였다——그리고 바르텔르미는 자신들 바로 뒤에 왕을 두는 것은 자신들 다음으로 왕을 노출시키게 되므로 위험하다는 말을 나누었다. 이같은 이유로 그들은 적진 사이에서 낙마해 놀라운 용기로 외로이 스스로를 보호하고 있는 기욤 드 바르를 구하기 위해 적진으로 뛰어들 수 없었다. 하지만 보병 1명으로 다수의 적에 대항할 수 없었고, 결국 그는 죽거나 잡힐 수밖에 없는 처지였는데, 그때 마침 50명의 기사와 2천 명의 보병과 함께 살아남은 고귀하고 강고한 기사인 토마스 드 생발레리와 바로아가 적의 수중으로부터 그를 구출하였다.

오토가 도망치는 한편 그의 대오를 구성했던 귀족 기사들, 즉 특출한 용기의 베르나르와 테클랑부르크의 백작 오테, 도르트문트 백작 콘라드 및 여타의 강력하고 강고한 기사들——탁월한 용기를 지녀 오토가 자신의 곁에서 그를 지키도록 특별히 선택한——이 전력을 다해 싸워 백중지세의 전투가 지속되었다. 이들 전사들은 경묘한 솜씨를 발휘하여 프랑스 진영을 격파하고 전사들을 살육하였다. 하지만 프랑스인들은 이들을 극복하고, 앞서 거론된 베르나르와 지라르를 사로잡았다. 군기가 있는 본진은 흐트러지고, 깃대는 꺾이고 파손되었으며, 금도금된 독수리 문양의 독일 왕 깃발은 왕 앞에서 찢겨졌다. 오토가 도망친 이후 그의 대오는 완전 사분오열되었다.

전투 내내 공격의 강도를 늦추지 않았던 불로뉴 백작 르노는 아무도 그를 꺼꾸러트릴 수 없을 정도의 투혼으로 싸웠다. 그는 새로운 전술을 사용하였는데, 세르장과 중무장 보병의 양 부대를 연합하고 밀집시켜 함께 원형을 그리며 에워싸는 전략을 구사하였다. 이 원형 대오 안에는 단 하나의 입구만이 있어 그가 휴식을 취하거나 적의 집중적인 공격을 받을 때 이곳을 통해 들어갔으며, 그는 수 차례에 걸쳐 이 방식을 이용하였다.

이 르노 백작과 페르난두 백작 그리고 오토 황제는 전투 개시 전 프랑스 왕이 홀로 남는 경우를 제외하고는 좌우로 대오를 이동시키거나 싸우지 않기로 서약하였었다. 그리고 이들은 왕을 붙잡는 즉시 죽이기로 하였으며, 그럼으로써 프랑스 전 왕국을 자신들의 수중에 두고서 가벼이 처분할 수 있기를 바랐다. 이같은 서약으로 인해 이들은 왕의 대오가 아니면 결코 접전을 벌이려 하지 않았다. 이 서약을 염두에 둔 페르난두는 직접 왕에게 다가가려고 시도했지만, 샹파뉴인들의 대오가 그 앞으로 치고 나와 강력히 저항하여 그의 진군을 막았다. 그리고 르노 백작 또한 상대의 모든 대오를 피하여 왕에게 바로 나아가 압박을 가하기 시작했다. 그런데 당시 일부 사람들이 믿은 바대로 왕과 근접하게 되자, 그는 자신의 주군에 대한 당연한 두려움과 공포를 느끼게 되었다. 다른 한편 밀집 대형을 이룬 동일 대오의 왕 곁에서 싸우던 드뢰 백작 로베르의 군이 그에게 압박을 가해 왔다.

왕의 사촌이었던 오세르 백작 페롱은 왕을 위하여 분투하였으며, 다른 한편 그의 아들인 필리프는 외가가 페르난두 백작 부인의 사촌이라는 이유로 자신의 부친과 프랑스 왕을 상대로 전투를 벌였다. 신에게 죄지은 자인 그는 맹목적인 심장의 소유자로서 프랑스 진영에 속한 자신의 부친이나 형제 또는 사촌을 적으로 하여, 신을 경외하는 마음으로 싸우는 게 아니라 수치심이나 혼돈만을 좇아 자신이 원래 좋아했던 직속 주군이나 친구와 함께하고자 한 것이다.

　르노 백작은 전투에 임하여 그 누구보다 맹렬히, 그리고 장시간 분투하였음에도 불구하고 전투 개시 시점에서는 프랑스 기사들의 탁월함과 강고함을 알고 있었기에 전투를 말리는 입장에 있었다. 이 때문에 르노가 모반한 것으로 의심한 오토와 그의 전사들은 그가 만약 전투에 동의하지 않을 경우 그를 붙잡아 가두고자 하였다. 이에 대해 르노는 전투 개시 전 위그에게 다음과 같이 말하였다: "이보시오, 당신은 전투를 벌이겠다고 난리고, 나는 그러지 말 것을 종용하고 있소. 전투가 벌어지면 당신은 못난 겁쟁이처럼 줄행랑을 칠 테지만 나는 목숨을 걸고 위험에 뛰어들 것이며, 전쟁터에서 살아남거나 죽거나 붙잡힐 것이오." 그는 이같이 말하고 나서 전투 대오에 섰으며, 자기 진영의 그 누구보다 오래, 그리고 치열하게 적과 대전하였다.

　이러한 상태로 전투가 진행되는 중에 루뱅 공작과 림뷔르흐 공작 및 위그가 벌써 도망쳤고, 4,50명 단위의 다른 대오들도 도망을 쳤지만 르노만은 매우 강력히 대응하여 적에게 격파당하지 않았으므로, 오토 진영의 전사들은 그에 대한 의심을 풀게 되었다. 르노는 그와 끝까지 함께하고자 했던 6명의 전사만으로 치열하게 싸웠다. 이 와중에 프랑스군의 한 세르장——자신의 말이 적의 공격으로 죽게 되자 보병으로서 탁월하고 강력히 싸운 피에르——이 백작에게 다가와 말의 덮개 부분을 들어올린 다음 말의 창자 쪽으로 칼을 찔러넣었다. 그와 함께 싸우던 기사 1명이 이 모습을 보고 백작 말의 멍에를 붙잡으며 백작의 도망을 막고자 하였으나 힘겨운 상황이었다. 백작이 이를 뿌리치고 도망가려는 순간 크농과 그의 형제가 추적해 와 백작을 밀어뜨렸다. 백작의 말은 쓰러져 죽고, 백작은 말의 안장 오른쪽 밑으로 엉덩방아를 찧으며 떨어졌다. 이에 위그·고티에·장이 달려들어 그를 생포하였다. 이들이 백작을 잡으려 함께 달려드는 동안 장이 달려왔다. 이 인물은 몸집이 비대한 미남 기사였으나, 전투일 내내 단 한 차례도 전투에 임하지 않아 자신의 신체적 조건에 상응할 만한 무용을 과시할 수 없었다. 그런 까닭에 그는 이 대단한 인물을 사로잡아 영예를 획득하고자 하는 욕구로 자신의 기사들과 함께 이 장면에 정당치 못하게 나중에 끼어들어 백작을 붙잡은 기사들과 경쟁하고자 하였다. 결국 장은 뒤늦게 나타난 게랭 신부가 아니었더라면 그 자리에서 백작을 자신의 포로로 삼는 데 성공하였을 것이다. 백작은 게랭을 보자마자 그에게 자신의 칼을 건네 주고 그에게 살려 줄 것을 간곡히 간청하였다. 그런데 기사들이 이 포로를 얻고자 경쟁했던 지점에 게랭이 도착하기 전, 이미 콤모투스라는 이름의 한 소년이 백작에게서 튼튼하고 그의 머리에 딱 맞는 투구를 빼냈고, 백작의 복부를 칼로 찌를 수 있다고 믿고서 갑옷의 천 부분을 들어올렸다. 그러나 이 소년은 갑옷과 연결되어 꿰매진 견장으로 인해 칼을 꽂을 수 있는 입구를 발견할 수 없었다. 백작은 재차 일어나려 시도하였지만 상대 무리에 의해 억압당하였고, 그때 주위를 둘러보니 백작을 구원하러 조급히 달려오는 아르눌과 일부 그의 기사들의 모습이 눈에 띄었다. 그는 이들이 자신을 향해 오는 걸 보자 아르눌이 자신을 구원해 줄 것이라는 희망으로 그 자리에 가만히 있었다. 하지만 주변에 있던 사람들이 그에게 대타격을 가하여 강제로 말 위에 그를 올려 태웠으며, 아르눌 및 그와 함께했던 기사들 모두가 사로잡혔다.

반대편의 모든 기사가 죽거나 붙잡히거나 혹은 도망하고, 오토의 대오도 전쟁터를 떠나게 됨에 따라 프랑스군의 공격을 막기 위해 전진 배치되었던 브라반트 태생의 훌륭하고 공고한 7백 명의 보병 세르장들이 전면에 나타나게 되었다. 이를 눈치 챈 왕은 이들에 대항하도록 훌륭한 기사이며 찬사를 받을 가치가 있는 토마스 데 생발레리를 내보냈다. 토마스는 자신의 대오에 그의 영지에서 데려온 훌륭하고 충실한 50명의 기사와 2천 명의 보병 세르장을 거느리고 있었다. 그와 그의 전사들은 양에게 달려드는 늑대처럼 상대방에게 그 모습을 드러냈다. 힘겨운 전투였지만 그날 무장이 잘 되었던 이들은 탁월한 수훈을 발휘하여 적진을 크게 격파하였다. 곧 찬탄할 만한 일이 확인되었는데, 전투 후 자신의 전사들을 열병해 본 결과 단 1명만이 낙오하였고, 그마저도 적의 시체 사이에서 발견되었던 것이다. 그는 긴급히 숙소로 이송되었고, 의사들의 치유로 곧 회복되었다.

왕은 잘 알려지지 않은 통로의 위험과 사로잡힌 제후들 및 귀족들이 탈주하거나 감시자들에 대항할 것을 염려하여 자신의 전사들이 도망가는 무리를 1마일 이상 추적하지 않기를 바랐다. 왕은 이를 두려워하여 추적자에게 복귀하라는 나팔을 불게 하였다. 왕은 전사들이 추적에서 돌아오자 모두를 이끌고 기쁜 마음으로 숙소로 돌아왔다.

오, 찬양할 만한 왕의 자비로움이여. 오, 이 세기에 모습을 드러낸 왕의 신선한 동정심이여. 왕과 남작들이 숙소로 돌아오자 왕은 그날 밤 사로잡힌 고귀한 전사들 모두를 자기 앞으로 끌고 오도록 명하였다. 30명에 달하는 이들 중 5명의 백작과 각기 자신의 깃발을 드높이며 전투에 임했던 귀족 전사들이 25명이었고, 이외에도 이들보다 하위에 속한 포로들이 포함되었다. 이들이 왕 앞에 끌려오자, 왕은 비록 그들 모두가 프랑스 왕국에 속한 자신의 봉신들로서 왕을 시해코자 한 모반자들이므로 왕국의 법과 관행에 비추어 이들의 목을 베는 것이 마땅할 것이었으나, 가슴에서 우러나는 한없는 자비와 동정심으로 그들을 살려 주기로 하였다. 왕은 폭도들을 엄격히 처벌하는 것 못지않게, 그 이상으로 복종한 자들에 대해 자비를 융통성 있게 베풀고자 하였다. 왜냐하면 그의 일차적 의도는 항시 복종한 자를 관대히 다루고 위배한 자들을 척결하는 것이었기 때문이다. 이 포로들은 쇠사슬에 묶여 여러 지방의 감옥들에 이송될 것이었다. 이튿날 왕은 파리로 귀환하기로 하였다.

바폼에 도착했을 때, 왕은 르노 백작이 오토에게 메시지를 보낸 일의 사실 여부가 궁금해졌다. 르노는 오토에게 강으로 돌아와 이곳으로 탈주해 온 자들을 받아들이고, 강의 전사들과 프랑스 왕의 또 다른 적들을 규합하도록 종용하였음이 확인되었다. 이 말을 들은 왕은 르노에 대한 분개심이 끓어올랐다. 이에 왕은 포로 중 가장 지위가 높은 르노와 페르난두 백작이 갇혀 있는 탑으로 올라갔다. 분노의 마음이 충천한 왕은 다음과 같이 르노의 악행을 비난하기 시작하였다: 왕은 그동안 그에게 은대지를 부여했으며, 르노는 봉신으로서 왕에게 새 기사를 보내야 하였다. 르노가 가난하였으므로 왕은 그에게 막대한 은대지를 수여하여 그를 부유하게 해주었는데, 르노는 선을 악으로 갚았다. 르노와 그의 부친인 오브리는 영국의 헨리 2세 왕 편으로 돌아서서 프랑스 왕과 왕국에 대항하였다. 이러한 악행 이후에도 르노가 왕인 그에게 돌아오길 원하였으므로 왕은 그를 용서하고 우애를 베풀어, 그의 부친이 노르망디에서 왕의 적을 도와 싸우다가 죽었으므로 봉건 법정의 판결에 의해 당마르탱 백작령에 대한 권리를 상실해야 마땅하였으나, 그에게 이 백작령을 수여하였다. 나아가 왕은 이 모든 것과 더불어 불로뉴 백작령을 추가로 수여하였다. 이 모든 은혜에도 불구하고 르노는 또다시 왕을 저버리고 영국 사자심왕 리처드의 봉신이 되었으며, 그와 한패가 되어 프랑스 왕을 적대하였다. 사자심왕 리처드가 사망하자 르노는 왕에게 재차 되돌아왔고, 왕은 그를 우의로 받아들였으며 르노에게 이미 전에 수여한 바 있는 2백령에 부가하여 3백령, 즉 모르탱·오말·바렌 백작령을 수여하였다. 이 모든 은대지들이 상실되자 르노는 영국·독일·플랑드르·에노·브라방 전체로 하여금 왕에 대항하여 궐기토록 하였고, 한 해 전에는 담 항에서 왕의 배 몇 척을 나포하였으며, 게다가 왕의 또 다른 적들과 함께 엄숙히 목숨을 건 서약을 행하고, 바로 이 부빈의 전쟁터에서 왕을 상대로 백병전을 벌였었다. 또한 심지어 왕이 관용을 베풀어 모든 그의 악행을 일소에 부치며 목숨을 살려 주었음에도 불구하고, 르노는 악의 극치에 빠져 오토 황제와 전쟁터를 빠져 나간 사람들에게 다시 세력을 규합하여 왕에 대항해 재차 전투를 벌일 것을 종용하였었다. 왕은 르노에게 말하였다. "짐이 너에게 부여한 모든 시혜에 대하여 너는 온갖 종류의 악행으로 응답하였다. 그럼에도 불구하고 짐은 너의 목숨을 빼앗지는 않겠으나, 네가 짐에게 행한 모든 죄악에 대해 회개하기 전까지는 네가 영원히 빠져 나갈 수 없는 감옥에 너를 가두겠다."

왕은 르노 백작에게 이같이 말한 후 페론에게 교묘한 솜씨로 전체가 하나로 얽어진 쇠사슬로 그를 묶어 가장 공고한 감옥으로 이송토록 명하였다. 한 올씩 죄어드는 이 쇠사슬의 마디마디는 매우 짧아 죄수는 반(半)족장씩 내딛기도 힘들 정도였다. 또한 이같이 촘촘한 짧은 사슬 중간에 연결된 열 족장 길이의 쇠사슬이 죄수의 몸을 옥죄며, 또 이 사슬에 이보다 훨씬 긴 사슬이 연결되어 있어 죄수는 두 사람 분의 힘을 다해야 가까스로 쇠사슬 전체를 끌고 나갈 수 있었다. 페르난두는 파리로 이송되어 루브르 탑이라 불리는 도시의 성곽 밖에 신설된 높은 탑에 갇혔다.

전투가 벌어진 날 포로가 된 솔즈베리 백작 긴칼의 기욤은 드뢰 백작 로베르에게, 자신의 형제인 영국의 존 왕과의 협상을 통해 왕에 의해 감옥에 붙잡힌 로베르의 아들과 자신을 교환하는 협상을 하도록 로베르를 존 왕에게 보낼 것이라고 넌지시 말하였다. 그러나 로베르의 아들이 자신의 조카인 아르튀르를 살해하고, 그의 누이인 엘레오노르를 20년간 감옥에 가두었던 인물이기에 증오심을 가지고 있던 존 왕은 자신의 형제와 이 이방인과의 교환을 원치 않았다. 이 사실은 메를랭이 표현한 바 있는 시라소니의 눈을 상기시켜 준다. 메를랭은 자신의 부친을 사자에 비유하여 다음과 같이 말하였다. "그로부터 매사에 끼어들어 방해꾼의 역할을 행하고, 자신의 종족을 파괴하는 선동을 자행하는 시라소니가 태어났다. 그로 인해 뇌스트리아는 2개의 섬과 동시에 대외적 존엄성을 상실하였다." 이외의 다른 포로들은 대소규모의 다리로 연결된 작은 성채에 갇혔거나, 왕국의 여러 감옥들로 이송되었다.

제후들의 운명을 바꾸고 때로는 사람들의 계획을 뜻하지 않게 곤경에 처하게도 하는 우리의 성군, 당신의 판단은 참으로 정의롭고 오류가 없었다. 사악한 자들이 개심할 시간을 주고자 자신의 복수 시기를 연기하며, 그들이 선한 진영으로 돌아오도록 그들을 관용하였다. 또한 회개를 거부하는 자들에 대해서는 합당한 징벌을 통한 교정 작업을 허용하였다. 악한 자들이 선한 자들을 분쇄하려고 위협하였을 때 당신은 항시 그들의 계획을 정반대로 수정시켰다.

전투에서 사로잡힌 왕의 적들은 왕에 대해서 반역을 자행하였을 뿐 아니라 느베르 백작 에르베, 우트르루아르 지방의 고위 귀족들, 망소, 앙주, 푸아티에의 모든 전사들——단 앙주의 세네샬인 기욤과 조엘을 제외한——에 은대지를 부여하거나 여타의 약속을 통해 그들을 자기 편으로 끌어들였다. 생수잔의 부백작을 비롯한 상당수의 전사들은 전투의 결과를 확신할 때까지 필리프 왕을 두려워하여 비밀스레 사전에 영국 왕에게 호의를 베풀기로 약속하였다. 왕의 적들은 그 모두가 승리를 확신한 나머지 사전에 프랑스 왕국을 자신들 사이에 나누고 오토 황제에게 각자의 몫을 약속받은 상태였다. 불로뉴의 르노 백작은 페론 지방과 베르망두아 지방 전체를 받고 페랑은 파리를, 여타의 전사들도 각각의 도시와 지방을 할애받도록 약속이 되어 있었다. 르노 백작과 페르난두 백작의 경우 각기 해당 영토를 영예로서가 아니라 치욕과 혼돈된 마음으로 차지하려 했으므로 그 약속이 실현되지 않을 것이었다.

이들의 반역과 영토의 사전 분할 약속에 대해 지금껏 언급되어 온 이 모든 내용은 그들 진영에 속한 사람들 내지 그들의 대변인격의 인물에 의해 왕에게 알려진 것으로, 우리 진영은 진정으로 진실하다고 믿는 바를 제외하고는 우리의 생각을 흩뜨리려 하는 적의 말을 듣길 원하지 않는다.

소문에 따르면 포르투갈 왕의 딸이며 플랑드르의 노백작 부인으로서 왕비 겸 백작 부인으로 불려진 페르난두 백작의 숙모는 이 전투의 결과를 즉각 알기를 희구하였다. 그녀가 스페인 사람들이 익숙하게 통용해 온 관습에 따라 자신들의 운명에 대한 신탁을 구하였을 때, 다음과 같은 응답이 내려졌다고 한다. "전투가 벌어질 것이다. 왕은 싸울 것이고, 말발굽에 짓밟힐 것이며, 무덤에 매장조차 되지 못할 것이다. 그리고 페르난두는 승리 후 파리에서 개선의 환영을 받을 것이다." 항시 이런 경우 말을 귀담아듣는 사람에게는 그 말이 진정 진실한 응답으로 여겨질 수 있다. 왜냐하면 신탁이란 이중의 해석을 가능케 하는 것인데, 악마적 행동 양식에 따르는 자는 기만적이고 애매모호한 문구에 의존하여 자신의 행동을 정하고, 또 최종에 이르러는 그로 인해 저버림을 당하는 것이다.

말로써 또는 가슴에서 우러나는 생각으로, 혹은 서판이나 양피지에 써온 백성의 칭송과 행복 그리고 승리의 찬가, 기쁨에 넘친 한바탕의 춤을 묘사하지 않을 자 그 어디 있겠는가? 이에 백성 모두가 승리를 거두고 프랑스로 귀환한 왕을 영접하는 대규모의 축제를 벌였다. 성직자들은 교회에서 우리의 주님을 찬양하는 달콤한 찬송을 노래하였다. 수도원과 교회들에서는 우렁찬 종소리가 울려퍼졌다. 수도원의 건물들 안팎은 명주천으로 장식되었고, 마을의 집들은 커튼과 다양한 장식물로 치장되었으며, 거리는 버드나무를 비롯한 초록빛 나무들과 아름드리 꽃들로 덮였다. 남녀노소의 모든 사람들이 통로와 길목들에 무리를 지어 몰려들었다. (수확기여서) 추수 등의 일을 하고 있던 사람들도 어깨 위에 갈퀴와 낫을 들고 과거 그들이 몹시 두려워했던, 쇠사슬에 묶인 페르난두를 구경하고 모욕을 가하기 위해 모여들었다. 노인들과 아이들은 그를 모욕하고 비웃으려는 마음은 갖지 않았으나 페르난두의 이름이 사람과 말 양자에 적용되어 쓰여질 수 있다는 점에 착안하여 이 방법으로 그를 놀려 줄 기회를 발견하였다. 우연히 같은 색깔의 말 두 필이 또 다른 말을 만나 그 말을 가마 쪽으로 밀어붙이는 일이 발생하였다. 이 점에 착안하여 사

람들은 2명의 편자공(ferrants; '페랑' 어휘는 '편자공'을 의미하기도 한다)
이 제3의 편자공을 강탈하였고, 이에 앞서 끓어오른 분노를 폭발시키고
자존심을 내세워 자기 주군에게 반기를 들었던 페르난두가 칼에 찔리게
되었음을 조롱조로 소리쳐댔다. 파리에 도착하기까지 내내 이 사실은 왕
에게는 즐거움을, 페르난두에게는 수치심을 안겨 주었다. 부르주아와 각
학교의 학생, 성직자를 비롯한 사람들이 찬송가와 축가를 부르며 왕을 환
영하였다. 이들은 지금껏 유래가 없었을 정도의 거창한 축제와 환영식을
벌여 가슴에서 우러나는 기쁨을 맘껏 뽐내었으며, 낮의 축제만으로는 만
족하지 못하고 밤에도 환하게 불을 밝히며 낮 못지않은 성대한 축제를
벌였다. 그리고 이런 날이 1주일간 지속되었다. 특히 학생들은 많은 비용
을 지출하면서까지 계속해서 축연·합창·춤과 노래로 자신들의 기쁨을
드러내고자 하였다.

　전투 며칠 후 일전에 비밀스레 왕의 암살을 도모했던 푸아투인들은 왕
의 대승리 소식에 놀라고 두려움을 느껴 모든 경로를 통해 왕과 재화합
하려는 노력을 기울였다. 그러나 수 차례에 걸쳐 이들의 사기 행각과 불
충을 경험하였고, 그들의 호의적 행동이 겉치레에 그칠 뿐더러 자신들의
주군인 왕에게 유감스런 적대를 보여 왔음을 인지하고 있는 왕으로서는
그들과 화합하기를 원치 않았으며, 그는 군사력을 모아 영국의 존 왕이
머무르고 있던 푸아투로 서둘러 들어가고자 하였다. 왕군이 재원이 풍부
하고 공고하며 정비가 잘 된 루뎅 성에 다다랐을 때 현명하고 강력한 투
아르의 부백작과 아키텐 공작령의 최상위 인물들이 왕에게 사절을 보내
어, 왕이 은총을 베풀어 휴전을 기해 주기를 간곡히 청원하였다. 그리고
항시 자신의 관습에 따라 전투보다는 평화에 의해 적을 극복하고자 한 왕
이었기에 왕의 사촌이며 부백작에게 질녀를 시집보낸 브르타뉴 백작 페
롱의 청원에 따라 투아르 부백작을 받아들였다.

　프랑스 왕이 머무는 성으로부터 15마일 거리에 위치해 있던 존 왕은
퇴각할 장소나 확실히 도망갈 통로가 없었고, 또한 프랑스 왕을 기다릴

의사도, 대항하여 싸울 의사도 없었기 때문에 어찌 할 바를 몰랐다. 결국 그는 평화를 간청하러, 혹은 가능하다면 일시 휴전을 이루기 위하여 프랑스 왕에게 사절을 파견하였다. 그가 파송한 사절은 로마 교황청의 특사인 로베르와 체스터 백작 르눌 및 여타 인물로 구성되어 있었다. 특사를 위시한 사절을 맞이한 왕은 자신의 휘하에 2천 이상의 기병 이외에 상당수에 달하는 보병 및 기병 세르장들을 두고 있어, 단시일 내에 가볍게 아키텐을 점령하고 영국 왕과 그 군솔을 포로로 잡을 수 있었을지라도, 순전한 마음으로 5년간의 휴전을 허여하였다.

이러한 처리 이후 왕은 프랑스로 귀환하였다. 이곳으로 페르난두 백작의 아내와 플랑드르인들은 16세기의 달력으로 11월에 왕과 협상하러 왔다. 이번에도 왕은 휘하 군솔의 반대 의견에도 불구하고 브라반트 공작의 아들인 5세의 고드프루아를 볼모로 잡고, 그들이 플랑드르와 에노의 모든 성과 요새를 자신들의 비용으로 파괴하며 페르난두를 비롯한 죄수들에 대해 죄의 경중에 따라 몸값을 지불하는 조건으로 페르난두를 풀어 주기로 하였다. 이 약속에 따라 페르난두와 여타 포로들은 감옥에서 풀려났다. 자신의 배신이었고, 왕의 암살과 모반기도 혐의가 있는 느베르 백작 에르베를 위시한 인물들에 대해서도 왕은 이들이 차후로 프랑스 왕에 대해 선량하고 충실하게 될 것을 성자를 두고 맹세하도록 하는 것 이외에 복수심을 결코 갖지 않았다.

3월 16일에는 꼭두새벽부터 시작해서 이튿날 해뜰 때까지 계속되는 개기월식이 나타났다.*

위에서 묘사된 대로 필리프 왕이 플랑드르에서 오토 및 여타 적들과 대항하는 동안 필리프의 아들인 루이는 앙주에서 영국 왕과 푸아투인들

---

* 기욤 르 브르통의 텍스트는 국립 참고 문헌 목록의 5925번 라틴어 원문에 포함되어 있다. 존엄왕 필리프 치세의 사건 관계 내용은 생드니의 한 수도사에 의해 부가되었다.

을 상대로 전투를 벌였다. 로슈 성에 거점을 마련한 그는 존 왕이 이 성에 도달하기도 전에 존 왕을 격퇴하고, 존 왕과 그의 군솔에 치욕을 안기며 이들을 추적하였다. 자신과 왕자 모두가 같은 날 신의 은총으로 승리를 거둔 것에 감복한 왕은 신이 그들에게 허여한 위대한 승리를 기념하여 상리스 시 근처에 승리라는 이름의, 생빅토르 수도원을 설립토록 하였다.

주 해

평 화

기욤 르 브르통의 이야기만이 유일한 증거는 아니다. 이와는 별개의 동시대나 약간 후기의 다른 기록들도 이 이야기를 보완해 주며 부분적으로 이를 수정토록 해준다. 완성도는 낮지만, 이 기록들은 프랑스 궁정의 관점을 반영하고 있지 않고 전투를 다른 시각에서 바라보는 점에서 상이하다. 이 사건의 공식적인 흔적을 제대로 해석하기 위해서는 이러한 관계들을 밝혀 줄 전자 못지않은 직접적인 증거들을 탐구하는 것이 적절하다. 그러한 네 가지 자료 중 셋은 라틴어로 씌어졌다. 가장 신뢰할 만한 자료는 《마르시엔 이야기》로서, 명칭이 보여 주듯이 마르시엔의 이웃 수도원에서 작성된 것이며 분명 이 사건에 관한 가장 초기의 기록일 것이다. 바이츠는 두에 도서관에 소장된 원본의 기록 내용을 《게르만 역사》에 담아 이를 편집하였다. 1165년부터 1214년까지의 플랑드르 역사를 다룬 연대기, 《플랑드르 일반사》에 이어지는 연대기의 첫 부분에 해당하는 이 저술은 부빈 전투 바로 직후의 내용을 담고 있다. 이를 기록한 저자는 분명 부빈 전투라는 획기적 사건을 저술의 출발점으로 삼고 있는데, 이 전투는 역사를 쓰고 싶은 욕구를 자극하는 제반 요소를 갖추고 있는 것이다. 저자는 생토메르 수도원 인근의 시토 수도회 계열의 클레르마레 수도원의 수사임이 틀림없다. 그는 전적으로 친프랑스적 경향을 띠고 있었다. 리에주의 부주교 또한 카페 왕조의 승리에 크게 고무되어 당시 현황에 대해 자신이 알고 있는 흥미로운 사실을 이야기하고자 했음이 오브리에 의해 알려지고 있다. 이 인물은 1219년에 타계한 성 오딜롱의 전기 작가로도 추정된다. 이 저술의 마지막 부분——트레브 주교구 내 오르발 수도원 소속의 질이 1250년경 자신이 쓴 《리에주 주교구의 역사》 속에 이를 삽입하여, 지금까지 보존된 유일한 판본으로 남아 있는——은 1213년 브라반트 공작에 대항하여 성 랑베르가 몽트나켄 근처 스텝 지역에서 이끈 리에주인들의 승리를 칭송하면서, 이 승리의 연장선상에서 부빈 전투를 다루었다. 네번째의 증거는 로베르를 위해 성직자가 아닌 그의 친족이 1220년 이후 작성한 1185-1217년간의 연대기로, 이 기록은 속어로 씌어졌다. 이 연대기의 저자는 강력한 소영주 집단에 속해 있던 인물로, 이미 《노르망디 공과 영국 왕의 역사》라는 저술에서 자신의 주군이 봉사했던 존 왕에 대해 빈번히 언급한 바 있었다. 그는 이 저술의 후작으로 프랑스의 문제를 폭넓게 다루면서 부빈의 전투에 상당 부분을 할애하였다.

위 4종의 기록물을 참조하면 기욤의 저술을 읽는 데 많은 도움이 된다. 그렇지만 오류를 범하지 않기 위해서는 먼저, 특히 13세기 사건 장소를 둘러싼 주변 세계의 제도, 예법과 심성적 이미지 및 전투 행위에 대한 규범을 정확히 규정짓는 일이 급선무이다. 그것의 기초는 2세기 이상 전부터 마련되어 왔었다. 따라서 1214년 7월 부빈의 전쟁터에서 발생한 일을 좀더 잘 이해하기 위해서는 보다 먼 과거에까지 관심을 확장할 필요가 있다.

선사 시대 이래 내내 지속되어 온 전쟁, 즉 게르——부빈 시대에 학식 있는 자들이 자신의 저술들에서 이 개념, 즉 게르만 어원이면서 라틴화된 werra(프랑스어의 guerre) 용어를 쓰고 있었다——는 선한 행위였다. 게르는 이 일을 추진하는 사람들에게는 정상적인 업무였다. 게르는 매년 전투하기 좋은 날에 재개되었고, 신들은 이를 축수해 주었다. 전투는 노동에 의한 생산 못지않게 일차적이고도 중요한 경제 기능을 수행하고 있었다. 대소 규모의 공동체, 즉 부족과 씨족 및 친족 집단의 재원을 보호할 목적으로 게르는 필요한 것이었다. 게르란 또한 채집이나 사냥 등의 형태로 공동체의 재원을 증가시키기도 하였으며 나아가 빼앗아 올 수 있는 모든 것, 즉 장식물뿐 아니라 생명체인 짐승이나 소년소녀를 탈취하는 모양새를 취하였다. 평화란 상황이나 힘의 쇠락, 약탈물의 감소, 전투의 시기적 부적절성에 의해 우연히 야기되는 게르의 중지 이외의 그 무엇도 아니었다. 그리고 이 일시적 휴식 내지 간주 기간 동안에는 부의 이전이 일상적인 게르 시기와는 다른 형태, 즉 증여와 보답 증여 또는 결혼이나 약혼의 교환 형태를 띠게 된다.

한편 기원 1000년이 다가오는 시기에 서구 그리스도교 세계의 이곳에서는 게르가 급작스럽게 악한 행위로 간주되는, 관념의 급변화가 일어난다. 교회의 지도층 인사들은 기존의 것과는 다른 평화의 관념을 구상하였는데, 주교와 대수도원장들은 세계를 혁신하고 가시적 세계의 구조를 신성한 의도에 따른 모범적 세계로 이끌기 위하여 자신들이 마련한 질서적인 세계관의 핵심 요소로 평화의 관념을 고려하였다. 그리스도교적 열정으로 가득 찬 1000년이 다가오고 있다. 이제 신이 계신 하늘 세계와 새로운 관계 설정이 이루어져야 한다. 수사들뿐 아니라 당대의 모든 사람들이 돈과 육체적 탐욕을 거부함과 동시에, 회개하고 육체의 죄를 정화하며 유혈 폭력을 중지해야 한다. 공격 정신과 이로 인해 야기된 모든 행동은 교회 당국으로부터 비난받는 즉시 죄악으로 간주된다. 평화야말로 선이고 정의며 정상적인 것이다. 평화는 사물의 질서이며, 신적 속성이다. 이러한 전제들이 내포하는 변화의 정도를 측정하는 일이 쉽지는 않지만 모든 가치 체계가 급격하고 명백히 전환되었다. (그리고 이러한 변동이 유럽에서 상업적 관계들이 결정적으로 두드러지게 표출되는 바로 그 시기에 일어났음은 전혀 우연이 아니다. 약탈에 뒤이어 나타나는 상업은 거래와 시장의 평화, 온갖 종류의 화폐 유통, 교차로에서의 보호 구역 설정 ——왕래자들이 공격이나 피해받지 않도록 교차로상의 보호 구역 입구에 십자가형의 표시를 해둔다——등에 기초를 두고 있었다. 그렇지만 교회의 이 데올로기상에 한 가지 모순점이 드러나게 된다. 약탈 취향과 함께 전사들의 공격성 이면에 자리잡고 있었던 덕성, 즉 관대하게 베푸는 관행 또한 억제되었다. 교회는 차츰 사회가 덜 베풀고 덜 관용적이 되어감을 발견하게 된다. 결과적으로 이 시점은 교회인들로 하여금 사업하는 자들과 타협하고, 그들의 이윤 추구를 합법화하도록 이끈 긴 역사 과정의 출발점으로 작용하였다.)

그렇지만 명백한 사실을 고려해야 한다. 신이 이 세상을 관할함에 있어 항시 일치된 모습만을 보이는 것은 결코 아니다. 신의 질서는 지상에서 여러모로 혼돈에 직면하는데, 이는 종종 하늘에서 행성의 정규 운행이 대기의 흐름에 의해 장애를 겪는 경우와 마찬가지이다. 우주에 대한 이중적 견해가 당대의 사상가들 사이에서 널리 피력되었다. 창조에도, 인간의 기질에도 정신과 육신이라는 두 가지 속성이 혼합되어 있다. 육신은 음침하고 어두운 파충류적 속성을 지니며 악을 키운다. 육신의 근저에는 광명을 거부하는 오만이 자리잡고 있다. 즉 움켜쥐고 괴롭히려는 욕구가 자리잡고 있다. 평화와 전투의 적대 관계도 이와 같다. 전자는 정신으로부터, 후자는 육신 내지 피로부터 나온다. 따라서 신의 왕국 실현을 원하는 자들은 돈과 섹스만큼이나 그릇된 무기의 기능을 제약하고자 노력해야 한다. 하지만 이를 위해서는 그 자신의 악의 세력과 싸워야 하며, 이로 인해 보다 심원한 또 다른 모순이 야기된다. 신은 단지 순한 양으로 상징되는 평화의 담지자에 그치는 것이 아니며, 또한 성경 구절들에서 적잖이 나타나듯이 군의 우두머리로도 표상된다. 칼을 휘두르는 강고한 왕과 마찬가지로 군대의 수장으로 표상되는 것이다. 이러한 이미지는 그것이 원시 그리스도교의 도덕률에 부합되었던 것만큼이나 수월하게 교회의 고위직 인사들을 배출한 지배적 사회 계층, 즉 전투 지휘자 집단에 통용되는 윤리에도 부합되었다. 사회 전체가 심원하게 그리스도교적 상상력으로 가득 찼던 시대에 널리 유포된 호전 정신은, 지상 세계에 대타격을 가하고 〈요한계시록〉에서 그리스도의 무리들 사이에 칼을 겨누는 신의 존재를 나타내는 것이다. 사실상 신의 뜻에 저항하는 적대 세력에 대항하여 신은 나날의 전투를 벌이고, 공격을 이끌며, 요새를 포위하고, 쓰러진 적을 짓밟는다. 선한 그리스도교인은 신의 기치하에 전투대오를 지어야 한다. 무장하여 신과 더불어 약자를 보호하고, 피해 입힌 자에게 복수하며, 무신앙인들을 격퇴해야 한다. 그리스도교의 영역을 방어하고 확대하며, 그 적대자에게 타격을 가하는 것은 선한 신의 뜻을 좇아 취해야 할 군사적 행동의 세 가지 단면이다. 세계는 불공정하기 때문에 전투 없이 평화가 확립될 수는 없다.

이러한 목표에 의해 이끌려졌을 때 전투는 정의롭게 되며 싸우는 행위가 죄악이 아니게 된다. 교부들 또한 이같은 논지를 내세웠다. 예를 들어 이시도루스는 "**신의 뜻에 따라** 자신의 재산을 회복하고 공격자를 격퇴하기 위하여 행해진 전투는 정당하다"라고 말하였다. 왜냐하면 신은 지상의 대리자로 선택되었기 때문이다. 신이 도유를 통해 자신의 권능을 부여한 존재가 왕들이다. 분명 모든 사람은 합법적으로 스스로를 보호하고 복수할 수 있으며, 신의 섭리 또한 그의 권리를 보지토록 해줄 것이다. 그렇긴 해도 개인적 제재 행위를 질서 안에서 유지하고 적대자들이 손을 쓰기 전에 중재를 제안하며, 조정협의회를 주관하고, 형을 집행하기 위하여 검을 쓰며, 명령받을 경우 연약한 희생자들을 구조하러 달려가는 것은 '평화를 유지하는' 왕의 권능에 속한 일이다. 악의 세력에 짓눌리는 모든 사람을 구조하는 일은 왕의 일차적 사명으로 대관식에서 그의 칼과 군기에 부여된 축복 행위인데, 이는 마치 무장한 신을 환기시켜 주는 듯하다. 왕이 이같은 목적으로 이끄는 원정은 합법화되고 축수된다. 1066년 성유물인 묵주를 목에 걸은 노르망디 공작 기욤이 영국 왕과 전투를 벌였을 때 교황 자신이 '그와의 서약을 어긴 자에게 과감히 무기를 쳐들 것을 명한 것이고, 사도 베드로의 깃발을 그에게 보내어 그를 모든 위험으로부터 보호토록 한 것이다.' 합법적인 지배자의 군사 행동은 '평화의 위반,' 즉 선한 그리스도교인이라면 그 누구나 축소하고자 애를 쓰는 우주 질서의 균열을 막기 위한 대응으로서 표상되기 때문에 그것은 적절히 말하자면 성화된 행위이다. 이는 평화를 이루기 위한 과업이고, 평화는 그리스도적 속성으로 서약을 통해 이루어진다. 역사가인 라울 글라베르는 11세기 중엽에 매우 명쾌하게 평화와 성스런 서약 제도의 새로운 결합을 해체 불가능한 결연 관계로 표명하였다. 평화는 서약의 문제이고, 결과적으로 보편 교회의 문제이다. 그럼에도 불구하고 신의 질서가 존중받도록 하기 위해서는 보편 교회의 기능이, 신성한 의도를 지닌 기도의 힘에 의해 왕국의 평화로운 경영이 이루어지도록 하는 체제를 부양하는 것으로 한정되어야 한다.

또는 10세기말 이래 왕들과, 대규모 제후령의 지배자로서 마치 국왕처럼 통치한 자들이 자신의 임무를 적절히 완수하지 못하는 상황이 도래할 수도 있다. 그렇게 되면 제방이 무너지고 혼돈 상태가 나타난다. 성직자들은 1000년이 다가오는 시기에 무질서, 사악한 전투 및 이와 결부된 이단들로부터 초래되는 쇠락 내지 침탈 현상을, 갈리아 남부 등 왕궁으로부터 가장 멀리 떨어진 지방들에서 감지하였다. 이에 성직자들이 직접 나서서 왕의 사명에 해당하는 평화 문제를 떠맡게 되었다. 이를 위해 성직자들은 지방 제후의 지지를 얻어 일련의 공의회를 개최하였다. 그 결과 '신의 평화' 운동이 나타나게 되었다. 이러한 공의회들에서 인간 사회에 대한 전세계적 표상, 즉 왕국의 구성원들이 3위계의 하나에 속하게 되어 3기능 중의 하나를 수행함으로써 왕국 전체를 보지하는 역할을 행한다는 3위계론이 차츰 형성되어 갔다. 기도하는 자와 전투하는 자, 일하는 자로 구분하는 방식은 당시 사회 관계의 실제를 반영하고 있다. 사실상 전투 기술, 정치 관계, 사람들간의 관계에 동시에 영향을 끼친 세속 사회의 전개 과정에서 결국 일하는 농민 집단은 영주제에 의해 영주의 수탈에 종속된 한편, 군사 활동은 차후로 효율적인 무장을 구비한 소수 기사들의 독점물이 되었다. 제후령에 대한 군사적 봉사 내용이 신서와 봉토의 측면에서 정확히 규정되어 간 바로 그 시기에——이 전투의 전문가들은 속어로 기사(chevalier)라 불렸다——위 사회위계론은 무장하지 못하여 취약한 성직자·수사·빈자 등 모든 그리스도교인을 보호하는 방향으로 확대되었다. 이는 이미 훼손되어 버린 왕권의 속성이 아니라 신의 권능이라고 보아야 할 평화 운동을 통해 이루어지게 된다. 그런 한편 이 사회위계론에 의거하여 상당한 부가 전투하는 자들에게 귀속될 것이었다. 이처럼 새로운 이데올로기는 전투의 기능면에서 악한 전투와 그렇지 않은 것간에 한계를 긋고 있다. 이 이론은 각 위계를 엄격히 구분하며 기사들에 대한 강력한 금지 조치를 통해 폭력의 난무를 봉쇄하고, 이 금기를 감히 위반하는 자들에 대해서는 전지전능한 신의 복수가 있을 것임을 환기시키고 있다.

그런 한편 교회는 폭력과 약탈을 일삼긴 하지만, 세례를 받은 이 위험한 존재 모두를 악마 세력의 희생물이 되도록 내버려두어서는 안 되었다. 교회는 그리스도교인들이 자신의 영혼을 구제하도록 돕고, 이들이 순화되도록 노력을 경주하였다. 전사들만이 소지권이 있고, 따라서 이들의 특권적 상징으로 간주된 무기들에 대해 성직자들은 축수를 해주었는데, 이는 그 취지면에서 대관식에서 왕의 칼을 성화해 주는 의례에 해당하였다. 그럼으로써 전투하는 자의 위계에 속한 자들이 왕이 지금까지 개입해 온 방식의 전투가 아닌, 약자를 보호하고 불순한 범죄를 퇴치하며 그리스도교를 확산하는 전투일 경우에만 이를 행하도록 유도하였다. 출생이 고귀하고 상당한 부를 갖춘 이들 기사들에 대하여 교회는 자신이 주창하는 새로운 평화, 즉 신의 평화를 담지하는 보조자로서 왕권의 속성인 평화 기능을 수행하는 데 일조할 것을 요구하였다. 이제 전사들은 정의롭고 성화된 전투만을 행해야 하였다. 1095년 교회는 예수 그리스도의 무덤을 되찾기 위해 이들 전사들을 동원하여 자신들의 호전성을 발휘하도록 하였는데, 그리스도교권 너머에서 원거리의 유익한 원정을 행한다는 단서를 달았다. 그러나 이미 그 이전인 1010년대부터 천년 왕국의 도래를 기대한 집단적 회개의 물결 속에서 기사들에게 음식과 섹스를 금지하는 등 특별한 금욕 행위를 부과하는 관행이 나타났다. 전사들은 정의로운 전투 개념을 적용함에 있어 합법적인 전투와 불법적인 전투, 순수한 전투와 불순한 전투, 흑백간에 구분을 짓고자 하였다. 각 주교구에서 기사들은 참여자 모두가 서약에 의해 유사한 규칙을 준수하도록 정한 공의회 모임에 초대되었다. 이 규칙들은 예를 들어 사순절 기간 동안 속죄를 위해 잠시 자신의 마구를 내려 놓은 전사는 이러한 행위에 의해 신의 평화의 보호를 받는 빈자와 같은 부류에 속하게 되는 것이므로, 이러한 전사에 대해서는 공격하지 못하도록 하였다. 토요일 밤과 월요일 새벽 사이 기간에는 아무도 적을 공격해선 안 된다는 원칙이 처음으로 공식화된 것은 1027년이었다. 그리스도의 수난 기념 주간에는 일요일의 평화가 목·금·토요일에까지 확대되었는데, 이를 '신의 휴전'이라 부른다. 이러한 평화 약정을 위반할 경우 주교는 이를 심판하였다. 평화의 위반자에 대하여는 그리스도교 공동체로부터 그를 제거하고, 그에게 신의 분노가 가해지도록 하며, 회개하지 않을 경우 그를 가장 극렬한 악마에 내맡겨도 관계없다는 다짐을 받는 형태의 저주와 파문을 가하였다. 전투의 새로운 도덕률인 서약 조항은 주교의 권한을 현저히 증대시켰다.

그것은 또한 교황의 권한을 증대시킨 것으로 보인다. 왜냐하면 교회가 11세기중에 개혁을 시행하면서 점차적으로 교황권하에 집결하였기 때문이다. 교황은 평화의 최고 주창자로서 자리매김하게 된다. 1059년 로마 공의회는 '신의 휴전'을 그리스도교 세계 전체로 확산시켰다. 1095년 금욕을 보다 엄격히 시행하려는 회개 움직임이 시작된 클레르몽에서 십자군과 신의 평화의 연장선상에서 성스런 전투를 감행한다는 명분하에 신의 휴전 규정들이 교황 우르바누스 2세에 의해 엄숙히 확인되었다. 1119년 랭스 공의회에서는 칼릭스투스 2세가 평화 기능은 교황권에서 유래했고, 따라서 전 교회에 적용될 것임을 선언한 평화의 교서를 공식화했다. 연대기작가인 오더릭 비탈이 재구성한 이 교서의 선언 내용은 다음과 같다: 그리스도께서는 평화를 위해 오셨습니다; "따라서 평화를 고취하고,

이를 그 구성원들에게(즉 자신의 피로 속죄한 모든 그리스도교인들에게) 존중토록 하는 데 우리의 모든 노력을 경주합시다. 왜냐하면 우리가 신의 위계에 속한 성직자들이고 분배자들이기 때문입니다……." "전투 집단의 소요는 혼돈과 구성원의 분열을 야기합니다……. 정신적인 면들을 고려치 못하게 하며…… 교회를 회피케 하고…… 성직자를 방해합니다……. 또한 정규 계율을 온전히 지키지 못하게 하고…… 통탄할 정도로 불의에 빠져 수치심과 정결함을 욕되게 합니다." 평화는 정신적인 요소가 주축을 이루는 "이성을 갖고 태어난 모든 피조물에게서 드러나는 보편적인 선(善)입니다. 평화는 우주 속 태초의 타락하지 않은 곳에서 표표히 군림하고 있습니다; "이 평화와 불가분으로 결합된 하늘나라의 주민들은 기쁨 속에서 살지만, 지상의 인간들은 계속해서 이같은 관계를 지속하는 것을 소홀히 합니다." 따라서 가시적 세계가 비가시적 세계와 현저히 다르지 않게 하기 위해 교황은 신의 휴전을 엄숙히 준수하도록 조치합니다. "신법에 의해 전투로 인한 혼돈에 종식을 고하고 자신들에게 종속된 사람들과 함께 안전하게 휴식을 취하도록 권장하는 초대를 거부하는 전사들에 대해서는 저주로써 위협을 가할 것이다."

이러한 도덕률의 이름으로, 그리고 지상의 모든 제후들 위에 군림하면서, 교황들은 이후로 악을 교정하고 전투를 정의롭지 못한 방향으로 이탈시킬 위험이 있는 모든 정치적 결정을 바로잡아야 한다. 교황들은, 만약 그래야만 한다면 지배자들에게 정신적 합법성을 부여해 주어야 한다. 12세기 내내, 1123년 라테란에서, 1130-31년 클레르몽과 랭스에서, 1139년 또다시 라테란에서, 1163년 투르에서, 1179년 세번째로 라테란에서 교황의 권위하에 소집된 공의회들은 평화의 규정을 재확인하고 확대하며 내용상의 정확을 기하였다. 1212년에도 교황 인노켄티우스 3세는 오순절의 8일간에 평화와 십자군을 위한 행렬을 조직하였다. 내부적으로 화합을 이루고 외부적으로 모든 그리스도 기사들의 군사적 노력을 계획하는 일은 교황청의 사명이었다. 존엄왕 필리프의 즉위 이래 보다 호전적 강압 속에서 보다 강도 있게, 한 진영에서 다른 진영을 오가며 설교하고 어르거나 협박을 가하는 일종의 발레와도 같은 중단 없는 노력이 경주되었다. 부빈 전투에 즈음하여 평화와 서약의 문제가 주축을 이루던 시대에 군주제적이고 전체주의적인 로마 교회, 즉 인노켄티우스 3세의 교회는 그 어느 시기보다 자신의 영역을 확대하였다.

*
**

그럼에도 불구하고 2세기 이상 서구 전체에 활기를 불어넣은 비약적 팽창은 교회의 평화 이데올로기에 대해 공고한 장애 요소로 작용하였다. 이는 무엇보다 이러한 팽창이 대규모 정치 세력을 강화시키는 방향타의 역할을 했기 때문이다. 초창기에 성직자들이 주창했던 평화 운동은 사실상 제후의 권력이 누수되는 양상과 겸하여 진전되어 갔다. 그렇지만 제후들은 자신의 특권을 결코 포기하려 하지 않았다. 이 이념은 신의 대리자에 의해 마련되었지만, 평화와 전투의 조직 행위는 제후권의 속성에 속한 일이었다. 그리고 이들이 재차 권력을 회복하게 되면서 결국 이 문제에 적극 개입코자 하였다.

1214년 프랑스 왕국 남부의 미디 지방에서는 이같은 제후령의 모습이 거의 나타나지 않았다. 미디 지방의 북부로는 파리와 쉽사리 접할 수 있게 되는데, 이 북부 경계를 통해 투르·오를레앙·샬롱으로 갈 수 있었다. 광대한 영역의 이 미디 지방은 신의 평화와 휴전의 관념이 처음으로 배태되고, 그레고리우스 교회 개혁의 초기 발전이 진행된 곳이며, 순회교황들의 영향이 다른 지방들보다 현저히 드러나고 독특한 방식으로 성속(聖俗)의 관계가 설정되었던 지역으로, 사랑의 서정시의 요람 지역인 동시에 이단 카타르파——12세기에 퇴조하였으며, 클뤼니 수도원장인 가경자 피에르는 이 지방을 '왕도 공도 제후도 없는' 곳으로 묘사하였다——가 널리 분포되어 거주했던 지역이기도 하였다. 이때는 바로 부빈 전투가 벌어진 시점이기도 하였다. 북부 지역보다 광대하나 밀집도는 훨씬 덜한 이곳 제후령의 지배자들은 약 1천의 독립적인 성들 및 성벽으로 둘러싸인 도시들과 마주하고 있었으며, 이들은 신서와 봉토 수수에 바탕을 둔 결연망을 통해 거점을 확보하고자 애를 썼다. 하지만 인적 유대망에 관한 연구가 매우 미진한 이 지역의 경우, 친족구성원간의 결속은 북부보다 훨씬 느슨했던 것으로 보인다. 사실상 이 지역에서는 자유지와 군사적 봉사를 수반하지 않는 봉토 및 다수의 공동 영주들간에 공유된 토지——이 경우 부조를 제공하고 조언을 행하는 의무는 엄격히 부과되지 않았다——가 상당 규모에 달하였다. 항시 상대방으로부터 탈취하고자 혈안이 되어 있었던 일드프랑스 지방 기사들의 눈에 남부 지방의 땅들은 서약을 행하지 않는 사람들과 그 수를 헤아리기 어려운 지역 방랑자들로 가득 찬 것처럼 보였는데, 왜냐하면 이곳 사람들은 자신의 서약을 금세 망각하여 기존의 후원자를 저버리고 또 다른 후원자를 찾아 먼 곳으로 떠나곤 하였기 때문이다. 영국의 마레샬이며 부빈 전투 바로 이후 씌어진 한 무훈시에서 기사적 전투의 영웅으로 간주된 인물인 기욤은, 어느 날 존엄왕 필리프에게 영국 플랑타즈네 왕가에 가졌던 호의를 저버리고 카페 왕조를 선호하게 된 푸아투인들과 관련하여, 지금까지 프랑스에서 화형에 처해지거나 네 마리 말에 끌려 사지가 찢기는 형을 당했던 반역자들이 여전히 지배적인 영주로 남아 있는 이유를 물어보았다. 왕은 이에 대해 "그것은 흥정(달리 말해 거래 행위이며, 따라서 비열한 짓)에 해당한다. 그것은 이들에게 걸레쪽과도 같은 것이다: 사람들은 나중에 이것들을 던져 버린다." 사실상 미디의 기사들은 북부 프랑스인들이 이해하지 못하는 다른 종류의 명예감을 가지고 있었다. 하지만 그러한 행위들은 제후 권력의 토대를 현저히 약화시키고, 무질서를 야기하며, 공작과 백작들의 본연의 임무인 평화 유지 노력을 저해하였다. 이 지역들에서 피어난 평화는 그들에게서 연유한 것이 아니다. 그것은 11세기초처럼 각 지방 기사들이 평화에 관한 모든 문제를 다루기 위해 모이는 전체의 모임, 즉 공의회의 업적이다. 그것은 주교와 교황의 평화이다.

각 주교구에서 자신의 서약을 위반하며 약탈과 잔혹 행위를 일삼는 자들을 징벌할 '그리스도교의 정의 구현' 권리는 오직 성직자에 속한 권리이다. 이들에게 있어 제후란 피의자를 법정에 출두시키고 형을 집행토록 해야 할 필요가 있을 때 성직자들이 도움을 구하는 단순한 **조력자**에 불과하다. 1160년대부터 남부 지방에서 노상 행차가 위험하게 되었을 때, 이로 인해 시장의 가게들이 비고 상업 활동이 고갈되었을 때, 전투 무리들이 곳곳에 모습을 드러내고 확산되며 이단이 온 지방에서 창궐하게 되었을 때, 평화공의회를 통해 금령을 위반하고 신을 거역하며 악을 퍼뜨리는 자들을 상대로 성전을 조직할 책임을 진 것은 혼란 조장자와의 공모를 의심받을 이유가 충분한 제후들이 아니라 주교들이었다. 정의로운 젊은 이들을 부당하게 위협하는 무리를 상대로 '서약에 충실하고, 정당한 방식으로' 전투에 임하는 모든 사람들에게 성직자들은 성지 순례자들에게 제공한 것과 똑같은 면죄부와 보호를 부여하였다. 이단적이면서도 교황의 영향력이 작용하는 프랑스 남부에서 1038년 부르주의 대주교가 시도했던 것처럼, 주교들은 자신들 주위로 기사들을 비롯한 가능한 모든 인원을 전투원으로 집결시키고자 하였다. 이에 각 교구에서 14세 이상의 모든 사람은 평화공의회의 담당자들에 협력할 것을 서약하여야 했다. 제3위계의 사람들인 일하는 자들은 신의 평화의 초기 관념에서는 비무장인으로서만 표출되었지만, 이제 이들 또한 성자들의 기치하에 전투하도록 소환되었다. 그리고 전사 역을 맡을 수 없는 사람들은 매년 마련되는 '평화공의회' 기금에 추렴토록 하였다. 그럼으로써 갈수록 주교의 평화라기보다는 대중적 평화의 성격을 띠게 되었다. 그리고 또한 직인·고물상 등, 일하는 자들이 주축이 되어 평화를 선동하는 행위가 야기되는 국면이 전개되기도 하였다.

1182년 여름 퓌에서 이같은 급작스런 상황이 돌발적으로 일어났다. 육체노동자로서 추하게 생기고 문맹이며, 게다가 가장인 한 목수가 성 처녀

(Vierge)가 나타난 것을 목격하였다는 소식이 전해졌다. 그는 그녀로부터 한 표징과 함께 평화를 설파하라는 명령을 받았다고 하였다. 그의 이러한 주장에 의해 한 종파가 형성되었다. 이 종파는 몇 달에 걸쳐 확산되었다. 이 종파의 추종자들은 가난한 자들이 아니라 제조업자나 상인들이어서 기금을 모을 수 있었다. 이들에게 있어 전투에 따른 혼돈은 분명 그들의 사업을 저해할 수밖에 없었는데, 이들은 자발적인 정결을 상징하는 의복, 즉 두건 달린 망토(capuchon)를 걸치고 다녀서 타인들과 구분되었다. 이들은 주사위놀이와 헛되이 서약하는 것을 금지하고, 구성원들간의 소송을 일체 거부하며, 상호적 도움을 약속하는 회개자들이었다. 이 종파의 구성원 모두는 순결과 자선의 계율을 채택한 한편 나아가 무장도 하였다. 그 구성원 모두는 이른바 성 처녀의 호소에 응하여 혼돈을 야기하는 자들을 상대로 공격할 태세가 되어 있었다. 봄에 이르러 주교는 마지못해 이를 받아들였고, 이들의 움직임을 축수해 주었다. 그는 여기에 제후와 기사들을 연합시키고자 하였으며, 그런 다음 이들을 강도들에 대항해 싸우도록 하였다. 승리한 카퓌푸네라는 이름의 이 종파는 퓌에서 어느 저녁에 강도단 두목의 잘린 목을 효시하였다. 하지만 오래지 않아 이 종파는 신속하고 불가피한 이탈을 하여 사회 질서를 거부하는 주장을 하게 되었다. 이 종파에서는 구성원 모두에 동일하게 부과한 회개 방식에서, 그리고 계층간의 차이를 무시하는 관행을 통해 이 지상에서의 온갖 종류의 구분을 없애고자 하였다. 신의 자녀들은 태초의 창세시에 그러했던 것처럼, 그리고 예수 그리스도가 재림할 영광 속에서 그러할 것처럼, 서로간에 전적으로 자유롭고 평등한 것 아니겠는가? 왜 영주에게 세금을 지불해야 한단 말인가? 잘 알고 있듯이 이 세금들은 보호의 대가로서 전투하는 자들에게 냈던 것인데, 이제 이에 대해서는 전투하는 자들도 보호의 확신을 갖지 못하는 형편이 되었다. 일반인들이 차후로 무장되어 스스로 무장할 수 있게 된다면, 그 기능을 더 이상 전담하지 못하는 기사층에 대해 영주제적 공조를 부담하며 이들을 계속 부양할 이유가 있겠는가? 이

세계의 종말이 다가옴에 따라서 내세를 준비해야 함을 상기하면서 카푸 초네파는 정의롭지 못한 제반 특권, 즉 전투하는 자와 기도하는 자의 특권을 공격할 태세를 취하였다. 또한 이 종파는 사람들에게 진정으로 자신들이 온 세상을 갈아엎을 것임을 천명하곤 하였다. 모든 성직자들과 영주들에게 이 종파의 평화연합회에 집결한 자들은 악마적 종족으로서 흰 제복으로 자신의 검은 악을 가리는 존재로 보였다. 상황이 이렇게 되자 이번에는 성직자들이 기사들에게 도움을 요청하였고, 이에 대해 선하건 악하건 모든 기사가 양자간의 반목을 잊고서 뿌리째 근저가 흔들려 가는 사회 조직을 부지하는 데 진력하였다. 주교들은 그릇되고 변질된 평화단을 상대로 지체없이 군사 행동을 감행키로 하였다. 이들은 이단적인 악취로 가득 차고 전염성이 높은 이 부패 무리들을 박멸하기 위해 칼을 들었다. 하지만 1214년에 이 종파가 재등장하지 않으리라고는 아무도 확신할 수 없었다. 프랑스의 이곳 미디에서 왕국 또한 상호간 적대하며 분열된 상태에 있었다. 평화는 성직자와 빈자만의 화합으로는 견고한 바탕 위에 서 있을 수 없다. 빈자들이 전투의 전문가들에 의해 공공히 보호받지 못한 채로 무장되도록 하면, 창조주가 인간 사회에 할당한 3위계 질서가 신속히 훼손되는 결과가 초래될 것이다. 제후의 협력은 평화의 기능 수행에 필수적 요소이며, 이 지방들에서 부족한 것 또한 바로 이 요소인데, 북부 지방들에서는 이러한 모순이 훨씬 덜하였다. 1212년의 전투에서 '아이들' 무리, 즉 가족을 떠나 유랑하는 굶주린 집단이 징발되어 집결되었는데, 이들 또한 하늘로부터 받았다고 하는 편지를 흔들어 과시하였고 이를 존엄왕 필리프에게 제시하였으며, 왕은 파리대학 교수들에게 자문을 구하였다. 그렇지만 이들 빈자 집단이 동경한 것은 그리스도의 무덤을 구조하는 일이었다. 이들은 검객을 추적하거나 또는 지나가는 길에 헛간을 조금씩 털긴 했어도, 자신의 의도를 이룰 목적으로 영주권을 폐지하려는 의도를 전혀 갖고 있지 않았다. 왜냐하면 이들 지방에서는 오랜 기간에 걸쳐 신적 의도에 부합하는 질서 국면이 자리잡혀서 제후들이 자신의 의중대로 평화의 제도를 관장해 왔기 때문이다.

*
**

　남부에서 처음 조직된 신의 평화 운동은, 곧 1020년경부터 그간 왕이 전혀 질서를 유지하지 못하였던 프랑스 북부로 퍼져 나갔다. 그러나 이 곳에서는 플랑드르 백작령이나 노르망디 공작령의 예에서 보듯이 제후들이 자신의 지배지를 공고히 유지하였기에 신의 평화 운동 또한 제후령 구조 속으로 통합되었다. 플랑드르에서는 1042-43년 테루안 공의회가 개최되었는데, 실제 부분적으로만 신의 평화적 성격을 띠었다. 정작 이 공의회에서 선포된 것은 폭력으로부터 성소와 성직자, 수도사 및 빈자를 보호하는 신의 평화적 성격 내지 금기의 요소를 담고 있는 신의 휴전이었다. 여기서 주된 영향력을 행사한 것은 주교와 연합한 백작이었다. 제후인 백작만이 그러한 특권을 보유하고 있었다. 그는 전투 금지 기간 동안 보호 기능을 행사하였고, 그만이 공동의 선을 위하여 원정을 주도하는 권능을 지녔으며, 그를 수행하는 전사들이 불법적인 징발을 하지 않도록 경계하였다. 평화 서약의 위반자들을 심판하는 것은 더 이상 주교가 아니라 백작의 재판소였으며, 그 앞에서 피고발자들은 12명의 동료와 더불어 서약을 하거나 신명 재판을 통해 자신을 정당화할 수 있어야 하였다. 따라서 제후의 권능은 모든 평화의 원천으로서 작용하였다. 노르망디 공작령에서 미래의 영국 정복자인 기욤이 자신의 권력을 확신하고 유력 교회들의 지지를 얻어 이를 보다 공고히 하기를 원하게 되면서부터, 테루안 공의회의 포고 사항을 근거삼아 평화 규정들을 채택하는 과정에 공작이 주도권을 쥐게 된 것은 자연스런 일이었다. 이곳에서 그만이 신의 휴전을 부여하여 사적 복수를 일시적으로 중단시킬 수 있었다. 또한 성(聖)주일간에는 공작 자신이나 왕이 이끄는 전투를 제외한 모든 전투가 불법적인 것으로 선언되었다. 공의 이러한 권력을 대체할 만한 세력은 없었다.

11세기말 정복왕의 계승자가 이 권능을 상실하고 노르망디 지방에 폭력이 난무하게 되었을 때, 지방 주교들이 루앙에 모여 남부 지방의 것과 유사한 평화 체제를 회복하려고 시도하였다. 즉 교회와 빈자의 보호, 12세 이상 전 남자들의 서약, 성직자들이 주도한 민병대 조직 등의 조치가 취해졌다. 그러나 이에 대해 오더릭 비탈은 "주교들이 최고위 권력의 지원을 받지 못하였기 때문에 대처 방안들이 제 기능을 행사하지 못하였다. 거의 모든 조치가 무효하였다"라고 적고 있다. 사실상 새로이 공위에 오른 보클레르의 치세하에서 평화는 공이 주관하는 평화가 되었다.

왕의 경우 질서를 유지한 탁월한 후견자로서 확립되기까지 오랜 시일이 걸렸다. 즉 자신의 영역인 왕령지에 대한 지배권이 일부 제후가 자신의 영토에 갖는 지배권에 비해 훨씬 덜 공고하였다. 왕령지 내에서 성주들은 카페 왕조의 문전에서조차 독립적인 권한을 행사하였다. 통치자의 첫번째 임무는 이들 경쟁자들을 다스리는 것이었는데, 이는 쉬운 일이 아니었다. 12세기초 존엄왕 필리프의 조부인 루이 6세는 매년 여름 항시 말을 타고, 유년기 이래의 동료로 구성된 소규모 친우 집단의 호위를 받으며 횃불을 들고 보잘것없는 요새들의 방책을 둘러보느라 지쳐 있었다. 훌륭한 미덕을 갖추고 신성하게 왕으로 선출되었다는 면에서 우월한 그가 이끈 소규모의 전투와, 영국의 붉은 수염 윌리엄 왕이 풍부한 재정력에 힘입어(우트르 망슈 지방은 이미 금납화를 이루고 있었다) 상당수 검객을 소집하여 이끌었던 대규모의 전투는 현저히 대비되었다. 하지만 카페 왕조의 왕 옆에는 매우 뛰어난 안목을 갖추고 확고한 신념을 고수한 사부격의 인물이 있었으니, 바로 생드니의 수도원장이었다. 왕국의 영광과 통합이라는 카롤링거의 관념이 그를 사로잡고 있었다. 그는 특히 단일 화로로부터 신성한 사랑의 불꽃이 차츰 주위로 퍼져 나간다는 신학 이론, 즉 권능의 계서제에 관한 신비적 개념을 강조한 위(僞) 아레오파고스의 사상에 영향을 받았다. 수도원장 쉬제는 이같은 질서의 관념을 자신의 관점에서 수용하여, 유일하게 신으로부터 권능을 부여받은 왕은 왕국

내 모든 제후들보다 우월한 신성한 존재이며, 일련의 점층적인 다단계의 봉건 계서제망에 의해 제후들에게 복속된 일반 기사들과도 관계되고 있다는 관념을 배태시켰다. 그리고 루이 왕이 항시 말을 타고 다니는 외관상으로 무용한 행위로 지치게 되었을지라도 쉬제는 다음과 같이 선언하였다: "왕권의 본성에 의거하여, 끊임없는 전투를 일삼아 국가를 분열시키고 약탈을 일삼으며 빈자를 괴롭히고 교회를 침탈하는 폭군적 방약무인함을 강력히 응징하는 일은 왕의 의무이다." 평화 기능을 수행하는 신의 대리자로서의 왕을 보좌해야 할 지방 무장 집단의 우두머리들이 탐욕과 약탈의 욕구에 사로잡혀 있을 때, 왕이 교회 및 그 자신이 보호해야 하는 농민의 힘에 의거하여 정도에서 벗어난 자들을 정의로 이끄는 일은 그의 임무였다. 이같은 군주로서의 사명, 통치자로서의 의식이 부빈 전투시 프랑스 왕의 인품에서도 배어 나왔다. 쉬제는 루이 6세의 전기에서, 폭압적인 영주 소유의 퓌제 성을 공격하는 왕가의 기사들을 돕기 위해 교구민인 농민군을 데리고 온 마을 주임 사제를 크게 부각시킨 바 있다. 이는 거대한 혁신의 길을 열어 놓은 셈이었다. 당시 카페 왕조의 영역 내에서 진정한 평화와 연관한 코뮌들이 조직되었다. 1038년 부르주의 대주교가 구성한 군이나 이보다 훨씬 뒤 미디 지방의 주교구들에서 결성된 군과 아주 유사한 교구군이 일반인으로부터 결성되었다. 그렇지만 한 가지 차이점은 뚜렷이 부각된다. 이 경우 코뮌 사람들은 주교가 아니라 통치자를 추종하였다. 그리고 이들의 동원은 질서에서 벗어난 것이 아니었다. 왜냐하면 왕이 신으로부터 백성을 통치할 책무를 받아 빈자들을 무장시켜 세계 질서를 방해하지 않은 채 정의로운 전쟁을 이들이 이끌어 나갈 수 있었기 때문이다. 왕은 신성한 존재이다. 노르망디의 상황에서 관례적으로 등장하는 코뮌군에 대해 오더릭 비탈은 거의 놀라고 있지 않다. 루이 6세에게는 폭도와 강도 집단의 폐해를 억누를 군대가 태부족하였다고 그는 적고 있다. 따라서 왕은 주교들에게 눈을 돌릴 수밖에 없었는데, 당시 주교들은 "포위나 전투에서 성직자들이 교구인들과 함께 깃발을 들고 왕군을 추종했던 것과 유사한 형태로 프랑스에 민중 공동체를 세웠다." 아모리는 자신의 주군인 루이 6세를 다음과 같이 독려하기조차 하였다: "폐하 왕국의 주교, 백작과 여타 남작은 폐하 주변으로 재결합하고 있습니다. 교구민을 거느린 사제들도 폐하의 지시를 따라서 왕국의 적을 상대로 복수를 행하게 될 것입니다." 그리고 주교들은 "만약 주교구 내의 사제들과 교구민들이 국왕의 원정에 따르라는 포고령에 서둘러 대응하지 않을 경우 이들에게 파문을 가하는 식으로 왕에게 철저히 복종할 것입니다." 프랑스 왕은 회합한 온갖 종류의 사람들을 최종적으로 심판하는 자이다. 그는 자신이 신의 팔에 해당하는 만큼 하늘과 직접 연계하여 신의 휴전 기간에도 싸울 수 있을 뿐만 아니라, 전투가 직업이 아닌 사람들을 왕을 위한 전투에 징집하여 그가 펼치는 신성한 깃발하에 집결토록 하는 권능이 부여된다. 부빈에서 프랑스 국왕기가 코뮌인들에 의해 관리된 사실은 우연이 아니다. 국왕기의 존재는 이들의 참여를 합법화해 주고 코뮌군의 효능을 보증해 주는 기능을 한다.

조상들보다 덜 나약했던 카페 왕조가 왕권의 강화 시점부터 자신의 곁으로 끌어들이기 시작한 것은 다름 아닌 주교의 평화 운동 기능이었다. 이에 기반을 둔 전투는 모두가 공의회에 의해 처음부터 정당한 것으로 인정받았다. 1115년 교황 사절은 평화 운동의 위반자들을 다루기 위한 수아송 공의회를 주관하였고, 왕을 이 자리에 초대하여 위반자들의 수괴인 토마를 척결하는 행동을 취하도록 엄숙히 권유함과 동시에 이 합법적 전투의 참여자들에게는 그리스도의 기사들에게 약속하는 특별한 은전을 베풀어 주었다. 그런데 성별받은 원정의 귀환길에 왕을 보좌했던 느베르 백작이 블루아 백작 티보에 의해 포로로 잡히는 일이 발생하였다. 이에 루이 6세는 주교 재판정에 호소하였고, 1119년의 랭스 공의회에서는 직접 교황 앞에 진정하였으며, 교황은 이를 이유 있다고 판정하였다. 이때부터 프랑스 왕의 군사적 행동은 신성한 것으로 간주되었다. 또한 생드니 수도원에 보관된 국왕기에 대해, 그리고 전투시의 군호 사용법에 대해 특별한 관심이 기울여졌다. 군호는 몽조아생드니(이 명칭은 최초의 파리 출신 순교인이며 교황의 후원을 받았던 인물의 이름으로 특별한 보호 의미——몽조아는 로마로의 여행에서 마지막 단계의 거점이고, 순례가 종착에 다다랐음을 뜻한다——를 담고 있다)이다. 신의 이름으로 카페 왕조는 **후견**을 책임진다. 루이 6세가 로마와 긴밀한 관계에 있었던 클뤼니 수도원을 '자신의 보호와 후견' 하에 두게 된 것도 바로 1119년 랭스 공의회에서였다. 왕은 1124년 모든 대봉신들을 이끌고 왕국을 침탈하고자 하는 하인리히 4세를 상대로 **왕국의 수호를 위해** 행군해 나아갔다. 그는 1127년 궁극적인 **보호** 책임자로서 공의회의 조언에 따라 샤를 선자백의 암살을 복수하고자 플랑드르 백작령에 들어가 암살자·신성모독자·대역범인들을 척결하였다. 이 행위는 플랑드르 지방이 "징벌과 살상에 의한 피에 의해 재차 세례받고 깨끗이 되었다"고 적은 쉬제의 표현대로 '가장 고귀한 통치 행위'였다. 사가인 아리에는 샤르트르의 주교 이브의 서한에 기초하여 루이 6세가 1114년 이전에도, 1111년 테루안 공의회에서 평화 운동을 확약한 플랑드르 백작 로베르의 예를 따라, 프랑스 왕국 전역에 걸쳐 평화 체제를 세우려 하였었다는 가설을 내건 바 있다. 이는 국왕의 사법권이 신으로부터 직접 위임받은 것이기에 제후의 사법권보다 우월하다는 이념을 적용하려 시도한 것이다. 어쨌든 '왕관'——통치자 개인과는 무관하게 왕권에서 비롯된 불멸적 권능의 상징으로서 부에서 자로 대대로 전수되며, 생드니 수도원에 보관되는——의 개념이 형성되기 시작한 것은 바로 이 당시였다. 그리고 왕권의 속성 중에는 공공 평화의 상징적 이미지에 해당하는, 일체의 성들에 행사하는 탁월한 지배권이 포함된다. 자신의 왕령지로부터 원거리이긴 하지만 왕국의 경계 내에 위치한 클뤼니 수도원을 보호하겠다고 약속한 외교 문서에서, 루이 6세는 "프랑스 왕관의 필요와 보호를 위해 성과 요새 및 성채를 공공연히 프랑스 왕의 수중에 보존하기로 했음을 적시하였다."

12세기 중엽 필리프 6세가 출생하기 이전 루이 7세가 통치할 시기에, 즉 부빈 전투 이전 60년간은 왕들이 자신의 수중에 평화와 전쟁의 지휘권을 넣기 위해 벌인 지속적인 활동면에서 결정적 전환점으로 작용하였다. 분명 아키텐 백작령의 상속녀 엘레오노르의 불행한 남편인 루이 7세가 전통적으로 프랑스 사가들에 의해 평가되어 온 대로 평가 절하를 받을 이유는 없을지라도, 이 변화에 대해 왕 자신이 별다른 역할을 행한 바는 없었다. 이 변화는 연이어 대규모 성당 축조 작업이 개시되고, 일드프랑스에서 제반 교통량의 폭증, 포도밭의 확대, 왕령지의 번영을 배경으로 파리의 학교들이 번성하는 등 곳곳에서 비약이 이루어지는 매우 유리한 시기에 나타났다. 카페 왕조는 통행세 부과, 수확물에 대한 대규모 징수에 따른 최대 수혜자로서 매우 원거리의 상황에도 개입이 가능하였기에 어느 누구보다도 번영을 구가하였다. 왕령지 내의 성주들은 차츰 복속되어 가고 차후로 궁정의 일을 맡아 왕에 봉사하게 되었으며, 그 외부 지역에서도 보다 강력한 봉신들인 샹파뉴 백작이나 앙주 백작의 저항을 제재해 나갈 수 있게 되었다. 동시에 도유받은 왕으로서 의례적 기능을 충만히 완수하고 과거의 경건왕 로베르처럼 원거리 순례에 참여하기도 하였는데, 이번에는 과거와는 전혀 다른 심경으로 그렇게 하였다. 임종에 임박하여 최후의 회개를 하기 위해서가 아니라 주앵빌이 성왕 루이와 관련하여 언급한 바대로, 백성 전체의 평안을 간구하기 위해 "몸소 모험을 감행한 것이다." 그는 그리하지 않으면 안 될 것으로 느꼈다. 루이 7세가 왕국 경계를 넘어서 샤르트르와 산티아고데콤포스텔라, 나아가 예루살렘에까지 성지 순례를 감행한 것도 이같은 목적 때문이었다. 이러한 장거리 순행은 결코 프랑스 왕을 만나지도 접촉해 보지도 못하였으며, 그와 말을 나누지도 함께 먹거나 마셔 보지도 못한 영주들에게 군주 자신을 과시하는 이점을 제공해 주었다. 그리고 특히 이들이 왕을 호위하며 순례를 계속 추종할 경우 로마 교회가 성지 순례자에게 부여하는 제반 특권을 얻을 수 있었다. 그런 결과 십자군 원정이 계속된 2년간 전 왕국이 교회의 보호하에, 즉 신의 평화 속에 놓이게 되었다. 그리고 루이 7세가 귀환길에 1155년 6월 랭스와 상스 대주교, 부르고뉴 공작, 샹파뉴와 플랑드르의 백작들, 즉 당시 프랑스 왕국 이러한 지방에서 강력하였고 차후 부빈 전투에 참여하게 되는 인물들 모두를 수아송에 집결시킬 수 있다는 자신감을 갖게 된 것도 분명 이같은 이유 때문이었다. 이곳에서 '교회인들의 요청, 남작들의 조언에 따라…… 악을 근절하고 약탈자의 폭력을 억제하기 위해' 그는 왕국 전체에 걸쳐 평화 기능을 제도화하였다. 교회·농민·상인 및 '그 누구건 정의를 행하려는 통치자 앞에 출정할 준비가 되어 있는 모든 사람에게 온전한 보호를 약속하는' 10년간의 평화 조치가 시행되었다. 집단 서약이 이를 뒷받침하였다. 그렇지만 이같은 움직임에서 왕은 가장 우선적인 보호자로 자처하길 원하였다. "공의회 석상 모든 참여자 앞에서 왕의 말씀에 따라 우리는 이 평화를 위반하지 않으며, 또 평화 규정의 위반자에 대해서는 우리의 권리에 따라 정의를 행할 것이다." 바로 이같은 측면에서 현저한 변화가 이루어졌다. 신의 평화 운동이라는 외양은 변하지 않았다. 하지만 왕이 평화 제도의 전 체계를 왕국의 질서 안에 통합시키기 위해 이를 자신의 입장에서 운용해 나갔다.

부빈이 속한 북부 프랑스에서 군사적 경합이 다른 색채를 띠게 된 것은 이 시기부터이다. 지역적인 수준에서 분규는 여전히 결코 억제되고 있지 않았다. 각 성주령 내에서는 항시 복수를 행하고 약탈할 준비가 되어 있으며 안절부절못하는 소규모 기사 무리들이 들끓었다. 그러나 갈수록 대규모 수익을 얻기 어렵게 된 이들의 수장들은 피골이 상접한 말과 녹슨 무기 이외에는 이들에게 제공할 수 없게 되었다. 이에 비해 왕은 가장 현대적인 마구를 비롯한 번쩍거리는 무장으로 빛나 보이지 않는가? 모두가 교회에서 축수받은 카페 왕조의 위엄 앞에 고개를 수그리게 되었다. 루이 7세가 1166년과 1171년에 두 차례, 다음으로 필리프가 왕위 등극 해인 1180년에 부르고뉴 남부 지방에서 신의 이름으로 국왕 차원의 전쟁을 이끌어 갔을 때 이 지역에서 무슨 일이 발생했던가? 그 목적은 무엇이었던가? 다름 아닌 빈자를 보호하고 이들의 복수를 해주는 일이었다. "부르고뉴 지역이 오랫동안 왕이 부재하여 규율이 서지 않고 왕의 정의로운 지시가 시행될 수 없었기 때문에 왕군이 이곳에 왕림한 것이라고 왕의 외교문서 서두에 기록되어 있다. 이 지역 권력자들은 상호 공격을 일삼고, 약자를 억압하며, 교회 재산을 침탈하였다. 이에 이같은 악행을 참다 못한 우리는 신에 대한 경외심으로 충만하여 복수를 행하고, 이 지방을 개혁하며 평화를 심기 위해 부르고뉴에 내왕하였다." 이에 대해 저항하려는 기색은 전혀 없었다. 각자는 왕과 남작들 앞에 자신의 온갖 고충을 말하기 위해 왔다. 당시에 검이 아니라 재판에 의해 정의가 부여되었다. 그리고 교회인들은 모든 땅 곳곳에서 비옥의 활기를 재생시킬 수 있는 유일한 인물인 신성한 권력의 대리자를 축수코자 하였다. 루이 7세는 원정 후 마콩 지방 내 자그마한 아브나 교회에서 그 자신이 새로운 설립자로서 성소를 자신의 보호하에 둔다는 의미로 제단의 성물을 좌중에 내보였다. 이는 사람들의 눈에 통치자를, 우주 질서의 중앙에서 사도들에 둘러싸여 권좌에 영광스레 앉아 있는 그리스도의 모습으로 표상하는 것처럼 보였다. 이후 오래 된 평화 이데올로기와 이를 지탱한 전 평화 제도 체계가 적법하게 국왕의 정책이라 할 만한 목표를 위해서, 온전히 선의로 이를 이용하는 왕들의 수중에 놓이게 되었다.

국왕의 정책은 시일이 경과할수록 보다 널리 펼쳐지게 되었다. 카페 왕조의 군이 도움을 주고자 왕림한 부르고뉴 지방의 곤경은, 보다 먼저 왕국의 경계 너머에서 프리드리히 바르바로사 황제와 교황이 충돌하는 훨씬 광범위한 범주의 투쟁이 가열되면서 생겨난 문제였다. 제3차 라테란 공의회와 존엄왕 필리프의 대관이라는 연관된 두 사건 사이에 역사적 추이가 상당히 변모하는 상황이 전개되기 시작하는데, 독일·영국·프랑스 왕들간에 대규모 전쟁이 발발하고 교황의 역할은 이들간의 한 파트너 기능에 그치게 되며, 이런 상태로 각 권력자들이 부빈 전투를 예비하게 된다. 교황 평화의 대리인인 교황 사절이 어느때보다 더욱 빈번히 이러한 양상에 개입하여 나름의 역할을 행하고자 하지만, 1198년 겨울부터 1199년까지 사자심왕 리처드와 필리프 왕간에 평화를 주선하려 한 피에르 추기경의 경우처럼 종종 냉대를 받고 실패하게 된다. 《윌리엄 르 마레샬의 노래》는 영국의 입장에서 이 문제를 다음과 같이 바라보았다.

> 프랑스 왕은 미묘하고
> 여우보다 더 간특한데
> 일찍이 자신을 지배자로 지칭하였다.
> 그리고 그는 하품한다.
> 로마에서 그가 일할 필요를 느끼는 것은
> 오로지 유물이 있어서이다.
> 왜냐하면 로마의 궁정에서는 항시 손바닥에
> 기름칠하는 게 어울리기 때문이다.
> 로마의 선한 순교자들인 성 루피누스와
> 알뱅의 유물이 여기서는 매우 가치 있다.
> (루피누스는 빨간색 금이고 알뱅은 흰색 돈이다)
> 그렇지 않으면 사과를 원하지 않는다.
> 법과 법률가가 말하는 것은…….

이미 이익을 얻은 교황은 사자심왕 리처드에게 파발로 추기경을 파견한다.

> 당신들은 그토록 커다란 죄를 짓고 악을 행하여
> 양자간에 대규모 전쟁을 벌이고 말았으며
> 성지에서 아무런 성과도 거두지 못하였다.
> 당신들간에 장기 휴전이 맺어지면

은혜가 내려질 것이다…….
그러면 아무도 잃을 게 없고
각자는 얻은 것을 자신의 몫으로 삼을 수 있다.

영국의 사자심왕 리처드는 분노를 치켜세웠다. 그는 이전에 십자군 원정에서 돌아오는 길에, 따라서 교회의 보호하에 놓인 상황에서 신성 로마 제국 경유시 포로로 잡혔으며, 그럼에도 불구하고 교황은 구조를 위한 어떠한 조치도 취하지 않았었다. 그리고 이번에는 필리프 왕의 어려운 처지를 들어 교황이 그에게 접근하여 평화를 유지할 것을 부드러이 종용했던 것이다. 교황 사절인 피에르는 뒷전에 내몰리고 있었다. 그가 그나마 무사했던 이유는 로마 교회의 추기경이었기 때문이 아니라 '특사' 자격이었고, 이런 사절은 전쟁의 세속적 관행에 따라 보호받았기 때문이다. 로마도 정치 권력이란 측면에서 유지되었다. 세력가들은 로마가 적절한 음모 대상으로 고려될 경우 필요하다면 이를 이용하곤 하였다. 달리 말해 이들은 로마에 적대하는 데 주저하지 않았고, 교황청이 왕들의 문제에 개입할 권리를 부인하였다. 얼마 후 존 왕의 재산을 탈취하였다는 이유로 자신을 비난한 교황 인노켄티우스 3세에 대해, 프랑스의 필리프 왕은 자신의 개입을 전적으로 정당화해 주는 봉건법을 환기시키면서 교회 측의 주장을 일축하는 응답을 하였다. 부빈 전투 이전 시기에 통치권의 강화가 평화 기능을 세속화했다고 생각지 말자. 사실 로마의 주교라는 또 다른 통치권자의 의지에 직면하여, 신성한 요소를 공유하는 주교들로 둘러싸이고 이들로부터 도유받음과 동시에 이들을 부양하는 왕들은 이제 평화가 자기 본유의 기능에서 비롯된 것임을 드높이 확인하게 되었다. 즉 신이 자신들에게 이 권능을 부여한 것으로 여겼다. 이들은 차후 왕권을 정당성을 부여하는 최종적 권위로 당연시하면서 총수권을 당연히 자신들의 몫으로 여겼다. 이같은 권리 주장과 행동 방식은 한 세기간 지속된 흐름의 자연스런 귀결이었다. 이런 흐름이 도도하게 분추되던 당시는 또한 개간지와 정기시가 무대가 되어가는 등, 이론이 아닌 실제의 일상과 생산면에서 그리고 교환면에서 또 다른 양상의 역사가 전개되어 가던 시점이다. 즉 결정적이고 심원한 파장을 불러일으킬 돈의 역사가 전개되어 간다.

게 르*

　　1214년경은 돈이 전쟁의 모든 메커니즘을 결정하는 시기였다. 존엄왕 필리프가 왕위에 등극하고 3차 라테란 공의회가 개최된 해에 영국 왕의 재무 책임자는 《재무록》에서 다음과 같이 못박듯이 썼다: "돈은 전쟁시 뿐 아니라 평화시에도 필요하다." 평화시에는 제후의 자선 활동에 기여하고(이야말로 당시 돈의 기능을 정확히 표현한 것이다) "전쟁시에는 성을 공고히 하며 전사들의 봉급을 지불함과 동시에 필요한 경우 왕국의 방어를 위한 필요 자금이 된다." 이는 실제의 재정 담당자의 생각이기도 하지만, 휴전을 권하려는 자들이 염두에 두어야 할 대목이다. 휴전은 자선 행위를 증가시키고, 그럼으로써 하늘로부터 떨어지는 것이라 여겨지는 은총의 비를 더욱 흩뿌리게 된다. 이보다 30년 전 적절한 예산안을 마련하는 데 심혈을 기울였던 최초의 클뤼니 수도원장인 가경자 피에르는 이와 거의 비슷하게 생각한 바 있었다. 자신의 위치를 보다 확고히 하길 원하였던 그의 선임자 퐁에 대해 그는 수도원 재정을 고갈시킨 점을 유감스레 여겼다. 어떤 방식으로? 퐁은 자신의 권위를 회복하기 위해 용병을 차출하고 이들에게 돈을 지불하였는데, 용병들은 그들의 행군을 뒤따랐던 여성들과 함께 수도원 내부를 통과해 갈 정도로 악의 극치를 보여 주었다. 아주 가까이에 위치한 한 성주와 벌인 투쟁에 대해 피에르는 다음과

---

*　서문의 각주에서도 언급하였지만, 일상적으로 '전쟁'이나 '전투'로 혼용되어 번역되는 '게르'와 '바타유' 용어를 저자인 뒤비는 구분하고, 그 각각의 의미를 이장과 다음장에서 분리 기술하고 있다. 이에 역자는 두 장에 등장하는 이 원어들을 그대로 '게르'와 '바타유'로 표현하겠다. 〔역주〕

같이 말하였다: "이웃한 부르고뉴 공작과 백작들, 성주와 기사 모두가 돈 냄새에 감염된 사람들처럼 돈으로 인해 나에게 무장할 것을 권고하고 있음을 문득 발견하였다." 그리고 이 돈 냄새로 인해 이미 일찍이 1127년 플랑드르의 전 기사가 플랑드르 백작의 엄청난 재산을 탈취코자 하는 욕구에 사로잡힌 바 있었다. 봉신으로서의 서약이나 우애 이상으로 돈에 대한 탐욕이 이 기사들로 하여금 암살당한 샤를 백작의 복수에 참여토록 해주었다.

그렇다면 결국 게르가 시골의 소영주 저택에서는 항시 태부족하고, 그렇지만 갈수록 필요가 증대되어 간 화폐를 얻기 위한 최상의 방책이었겠는가? 분명 라틴 그리스도교 세계 중 화폐가 풍족했던 앵글로노르만 영역에서 군사 활동상 화폐를 사용하는 관행이 11세기말 이래 나타나고 있었다. 이 지방에서는 공의회에서 확립된 회개 방식을 볼 때, 1070년 이래 봉토의 수수 대가로 군사 임무를 수행하는 봉신 기사와 그렇지 않은 용병간에 구분이 있었다. 로베르 쿠르퇴즈는 부왕인 정복왕 기욤에게 오래 '용병'으로 남는 것을 거절하였다. "나 자신이 나에 봉사하는 사람들에게 지불해 줄 수 있는 무언가를 갖기를 원한다"라고 그는 말하였다. 12세기초 이 지역에서 용병의 사용은 매우 일반적이었다. 이미 말한 대로 쉬제는 '경탄할 만한 상인과 같은 존재로서 전사를 염가로 대여하는' 영국의 붉은 수염 윌리엄 왕과 대비하여, 프랑스 왕을 청빈하면서도 순수한 인물로 자족적인 의미를 담고서 묘사하였다. 용병의 거래가 저지대 지방에서도 이미 보편화되어 있었다. 1103년 앙리 보클레르는 플랑드르 백작에게 12만 드니에의 연금을 수여하는 대가로 1천 명의 기사를 제공받는 약정을 맺었다. 이러한 관례는 당시 제후의 재정 운영이 갖는 전략적 중요도를 나타내 준다. 그것은 가히 결정적인 요소로 작용하였다. 앙리 보클레르의 돈을 수중에 넣고, 그 돈으로 차출할 수 있게 된 플랑드르인들 덕에 블루아 백작 에티엔은 승리를 거둘 수 있었다. 그러나 1139년 이후에는 용병들이 지불금의 증대를 지속적으로 요구함에 따라 자금은 감소되어 고갈될 정도에 이르렀다. 이 시기부터 돈은 전쟁의 중추신경이 되었고, 승리는 자금 동원 능력이 출중한 제후들에게 돌아갔다. 또한 12세기 전반기에 교환 경제에 눈을 뜨고——겸하여 제후의 과세 제도면에서 금납화 과정의 최초 진보가 이루어진다——그것의 영향을 받게 된 곳 어디에서나, 상위 귀족들은 용병에 의존함으로써 봉건적 군사 봉사의 불확실성을 줄여 나가기 시작하였다. 봉신 중 일부는 군사 임무 수행을 선호하지 않았다. 이들은 일정액의 대가 지불로 군사 임무를 대체하였다——1127년부터 플랑드르 백작령에서 기사들은 매년 2백40드니에를 지불함으로써 그 의무를 면제받았다. 이렇게 모아진 자금은 부가의 반대 급부에 대한 조건으로 주군의 호소에 응하여 주군에게 비교적 지속적이고 열성적으로 봉사할 준비가 되어 있는 봉신들에게 분배되었다. 이런 방식하에서는 제후가 타인들에게 보다 관대함을 과시함과 동시에 더 많은 봉사를 받으려고 한다. 왜냐하면 전사의 봉급은 애초에 주군의 시혜, 즉 이 사회에서 가장 견고한 권리축이 되는 증여 내지 은대지의 명목으로 부여되는 것이기 때문이다. 이에 대해 수혜자는 봉토를 수여받을 때 부담해야 하는 봉사와 같은 성격의 보답을 행한다. 봉급은 봉신 본연의 충성을 담보해 준다. 이같은 이유로 봉급을 주는 관행이 기사도의 왜곡 없이 쉽사리 도입되었다. 주군이 관대하게 베푸는 행위는 일반적으로 이루어지는 일이다. 게다가 자신의 명예를 드높이는 일이기도 하다. 더욱이 봉급받는 은급 기사들이 충성을 다른 주군 쪽으로 옮겨 바치길 원할 수 있으므로 주군은 보다 관대해질 필요가 있었다. 슈루즈버리의 포위시에 은급 기사들은 항복 요구를 받아들이지 않고, 마지막 순간에 이르기까지 장기간 저항하였다. 한 노르만 수장이 은급 기사들에게 호소한 것도 다음과 같은 동일한 기사도 정신이었다: "용병 집단은 수적으로 우월한 적을 상대해서 싸움을 주저해선 안 된다. 그런 모습을 보이면 자신의 봉급과 함께 명예를 상실하게 되고, 이후로 왕의 빵을 먹을 수도 없게 된다." 13세기말에 정규적으로 지급되는 돈은 수장의 깃발 밑에, 대체로는 소규모로 소집된 전사 집단들에게 보다 결속력을 부여하여 이들이 쉽사리 흩어지지 않도록 해주었다. 이 봉급은 당시의 표현대로 사람들을 "붙들어 잡았다." 부빈 전쟁터에서 영웅과 다를 바 없이 용감히 싸운 기사 대부분이 여기에 참여하는 조건으로 돈을 받았으며, 또한 받길 원하였다. 문제는 전투 참여를 거절한 봉신들에게 과징된 돈이 전쟁에 참여하여 열의를 보인 기사들에게 보상되지 않고 귀족이 아닌, 즉 보통의 전사들에게 제공된 데에 있다. 이러한 용병의 채용을 현저히 늘리는 행위는 빈축을 사지 않을 수 없었다.

성의 내부와 포위군의 진지 내에도 돈의 힘이 미치기 시작한 12세기 초부터 용병의 존재가 점차적으로 발견된다. 오더릭 비탈은 노르망디 전체가 혼돈에 휩싸였던 로베르 쿠르퇴즈의 시절에 산적 무리와 '떠돌이 소년들'을 규합했던 한 '유명한 궁수'에 대해 말하고 있다. 그는 자신의 무리와 함께 한 영주에게 고용되었으며, 그리고 그가 죽었을 때 평소 그를 충실히 추종했던 무리들은 그의 영혼을 위해 보시하였다. 그의 보호를 받던 지방 농민들도 평소 그를 아꼈었기에 마을 교회 사제의 인도를 받아 그의 죽음에 복수하기 위한 전투를 벌였다. 1127년 갈베르가 플랑드르가 혼돈에 빠진 상황을 기술하면서 상세히 묘사한 궁수 역시 이와 같은 부류의 전문적 전사였는데, 그는 활 솜씨가 매우 정교하여 적을 두려움에 떨게 하였다. 그의 무리는 몹시 두려운 존재였다. 그렇긴 해도 이 인물이 이룬 훌륭한 과업에 대해서는 사람들이 칭송을 아끼지 않았고, 그들의 도움을 고마워하였다. 그러나 어쨌든 이 무리는 원래 상인들이었고, 금령을 위반한 존재였다. 또 여러 층의 소속 구성원들이 각자의 조건에 따라 구분되어 무장하지 않고 혼합하였는데, 이는 계층간의 구분을 깨뜨리는 행위였다. 게다가 출신이 미천한 이들 용병은 코뮌군과는 달리 평화의 유지를 위한 전투에는 참여할 수 없었다. 이런 이유로 이 무리는 악령이 깃든 집단으로 치부되었다. 이들은 붙잡히는 족족 죽임을 당하였다. 연대기들에서 언급된 이런 부류의 무리들은 모두가 동일한 결과로 끝을 맺었다. 이들은 일찍이 처치되었어야 마땅할 타락의 씨앗으로 간주되었다. 사실 이같은 부류의 용병들 존재가 나타난 것은 그리 오래 되지 않았다. 이들은 혼란의 현장에서나 발견되곤 하였다. 그러다가 12세기 중엽, 즉 루이 7세가 왕국의 평화를 복구하려고 시도한 바로 그 시기부터 상황이 돌변하였다. 놀라울 정도의 속도로 용병이 급증하였다. 오더릭 비탈의 표현에 따르면, 이후 '약탈만을 염두에 둔 채' 멀리는 밀라노 지방까지 원정하는 '훈육받지 않은 부랑자 집단'이 곳곳에 출현하였다. 정확히 바로 이 시점에서 전투는 전혀 다른 양상을 띠게 된다.

전투를 하청받은 사람들을 가리키기 위해 처음으로 나타났고——1127년 플랑드르 지방에서 갈베르가 처음 묘사하였다——이후 가장 일반적으로 쓰여진 용어는 '코트로(cottereau)'이다. 이같이 명명된 까닭은 어쩌면 극빈 소작농들, 즉 대영지 경계에서 일하는 '코티에(cottiers)'와 이들이 동일시되었기 때문인지도 모른다. 보다 명백한 이유는 이들이 귀족의 검 아닌 보통의 칼 '쿠토(couteau)'로 무장하였기 때문이다. 나중에 와서는 용병들이 '루티에(routiers)' '리보(ribauds)' '팔리아르(palliards)' 등으로 불리곤 하였다. 그러나 이 어휘가 가장 명백히 담고 있는 특성은 이방인, 즉 해당 장소의 말을 이해하지 못하는 사람들이라는 의미와 관련된다. 이들 모험가들은 부빈에서처럼 종종 브라반트인으로 불리거나 아라곤·나바라·바스크·갈리아 사람들로 지칭되었다. 사람들은 두 종류의 지역에서 이런 족속이 간헐적으로 배출되는 것으로 여기곤 하였다. 우선 조야하고 빈궁한 산악 지방, 양치기와 사냥꾼이 많은 비문명 지역이 그러하다. 이곳 사람들은 건초를 거두고 포도를 비롯한 농산물의 수확기에 평원으로 내려오는 날품팔이꾼과도 같이 계절적으로 이동하는 자들이다. 이들은 동일하게 브라반트 출신으로 간주되며, 모든 저지대 사람도 이 범주에 포함된 것으로 본다. 노르망디 공작과 영국 왕들에게 일급 용병으로 활동한 사람들도 이 지역민들이다. 이곳에서는 가문의 차남들이 한 몫을 찾아 자신의 자그마한 영지를 자발적으로 떠나곤 한다. 그런 한편 위 조건의 지역들보다 더 염두에 두어야 할 곳은 인구가 많은 도시로서, 박탈당한 농민들은 굶주림을 면키 위해 평판이 좋지 않은 대규모 도시로 몰려들어 온갖 종류의 일, 심지어는 살인까지도 받아들일 태세가 되어 있었다. 보다 무질서한 도시들에서는 코뮌의 젊은이들이 인근의 산림으로 활을 당기러 오가곤 하며, 왕래하는 상인 무리도 언제든지 칼을 빼들 준비가 된 호위대를 거느렸다. 이런 상황을 놓고 볼 때 그토록 굶주려 보이는 용병들이 귀족층에서 차출된 것 같지는 않다. 가난한 기사들의 경우 은급을 받기는 해도 명예롭게 싸우고자 하였다. 코트로는 빈자, 하역부, 선원, 푸주한, 환속한 낮은 지위의 성직자 등 일반 대중 사이에서 차출된다. 기욤이라는 이름의 한 인물은 처음에는 프리드리히 바르바로사에게, 이어서 사자심왕 리처드에게 자신의 무리를 용병으로 제공하였다.

사실 대규모 자금을 동원하여 용병을 끌어들일 수 있는 자들은 부유한 대제후들이었다. 프랑스 제 지방에서 사악한 용병 무리들이 전염병처럼 점차 널리 분포하게 되었는데, 기록상으로는 1159년 영국 왕 헨리 2세가 최초로, 이어 1162년 샹파뉴 백작이 이들을 고용하였다고 전해진다. 특히 샹파뉴 백작이 고용한 용병은 교회 영지를 침탈하여 36개의 마을을 방화하며 살육을 일삼았기 때문에 랭스 주교의 저주 대상이 되었다. 2년 후에는 그리스도교 세계의 양대 기둥인 프랑스 왕과 신성 로마 황제가 양 국가의 경계에서 만나 카롤링거 왕조의 전통이었던 우의를 나누는 회견을 가졌다. 양자는 라인 강, 알프스 산맥과 파리 사이 각자의 영역에서 보병·기병 할 것 없이 브라반트인이나 코트로를 더 이상 고용하지 않기로 서약하였다. 만약 누군가가 이들을 이용하게 될 경우 용병 사용으로 인한 폐해에 대해 그 손해 평가액을 변상할 때까지 해당 대주교나 주교가 파문을 내리고 금령을 가하기로 하였다. 이러한 약속에도 불구하고 얼마 지나지 않은 1165년에 샬롱 백작이 주님을 시험해 보라는 악마의 목소리를 들은 듯 클뤼니 수도원에 무력을 동원하였고, 제 정황으로 볼 때 황제 또한 이에 자신의 비용을 들여 공모한 것이 분명해 보인다. 천박하게 브라반트인이라 불리고 4백 명으로 구성된 이들 무리는 신을 전혀 흠모하지 않았다. 이 무리는 이미 상당한 무력을 지녔고, 10년 내지 14년 후에는 더욱 공고해지면서 악랄한 행위를 일삼았다. 이들은 서서히 플랑타즈네 왕가의 영역인 남서쪽으로 이동하였다. 사자심왕 리처드는 아키텐 영역에 대한 자신의 권리를 공고히 하길 원했을 때 이들을 용병으로 고용하였다. 그후 이 집단의 수괴는 '강도단의 제후'로 지칭되었는데, 연대기들에서는 1180년경부터 이 칭호가 인용되기 시작하였다. 출생이 모호한 수괴들은 제후들과 거래를 하며 재산을 모았다. 또 그 중에는 이들의 조력으로 영지를 획득한 영주 가문과 혼인하거나, 그 영지에 거주지를 마련하는 경우도 간혹 발견된다. 나아가 세월의 경과 속에 축적한 부를 바탕으로 영지에 교회를 짓고 성직자단을 세우기도 하였다. 이들 역시 나이가 들면서 경건해지려는 마음이 일어나곤 했던 것이다. 그런데 용병들과 연계한 상급 영주들이 봉착하는 큰 문제는 용병이 과시하는 효율적인 전투 솜씨에 비례하여 과도할 정도의 봉급을 그들에게 제공해야 하는 일이었다. 그런 만큼 용병 고용자는 고용 비용을 에누리하려는 노력을 기울이는 게 상례였다. 이 경우 용병은 고용주의 적대 제후가 보다 유리한 고용 제안을 해왔다는 사실을 흘림으로써 제후간의 경합을 유도하였고 그러한 방식의 통용에 의해 윤택해져 갔다. 용병은 후하게 대접받았고, 이들의 고용비는 가히 위협적인 수준이었다. 1183년에 리처드의 형제인 연소자 헨리는 피고용 용병을 만족시킬 수단을 찾느라 고심하였다. 마침내 그는 그 방책으로 그랑몽 수도원을 침탈하였다. 또한 리모즈의 부르주아에게 24만 드니에를 마련토록 하였다. 이것으로도 충분치 않았다. 그는 생마르티알 수도원 금고를 노략질하지 않으면 안 되었다. 코트로 집단이 행한 경제적 역할은 명백하다. 이들은 당대에 화폐의 유통과 거래를 원활히 지속시켜 주는 활력소로 기능하였다. 고용주들은 용병을 곁에 두기 위해 많은 돈을 갹출하여 사용해야 하였고, 비용이 엄청난 만큼 원정이 끝나면 이들을 해고하지 않을 수 없었다. 그렇다고 이들이 축출된 것은 아니다. 이들 무리는 새로운 계약을 기다리며 마을에서 안락하게 살아갔다. 그 중 한 집단이 1200년 보르도 주교구의 성직자들로부터 평화의 대가를 받아냈다. 수도원은 눈엣가시였던 이들 각자에게 1백20드니에의 연금을 지불해야 하였다. 대주교가 이에 동의하였고, 어쩌면 그 자신이 이에 일정 역할을 행하였을 가능성도 있다. 이처럼 '악마가 타락 도구로서 세상에 던진' 재앙인 용병은 기생적인 당대 사회에서 계속 유지되고 차출되었다. 규모는 기껏해야 수백 명밖에 되지 않는 무리들이지만 이들이 가한 피해는 심대하였다.

이들 무리는 집단적으로 통행하기 쉬운 길을 이용하여 느리게 이동하였는데, 그 이유는 아이와 여자를 실은 짐수레를 대동하였기 때문이다. 자료에 따르면 여러 갈래의 '길'이 마주치는 베리 지방의 덩르루아에서는 평화단이 이들을 포위하여 7백 내지 1천 명의 코트로를 살해하였을 때, 당시 살육 현장에서는 "5백 내지 9백 구에 달하는 창녀의 시신이 발견되었으며, 이들 창녀가 걸친 장신구의 값어치는 상당액을 호가하였다 한다." 이처럼 용병은 성적 방종을 일삼고 부당한 돈을 축적한 점에서, 또한 이들이 벌이는 천박한 전투 방식으로 인해 수치스러운 존재로 간주되었다. 이들은 보병으로 싸우면서 코뮌군과 자리를 함께하였고, 교활하고 명예롭지 못하게도 백병전을 치르지 않고서 멀리서 적을 공격하는 활류의 무기를 사용하였다. 또한 과거 퓌의 카푸초네파 구성원들이 사용했던——그런 까닭에 휴대가 금지된——칼과 단검을 사용하여 몰래 하반신의 연한 틈새를 찔러 기사를 살해하였다. "이들은 전투 기술과 용기면에서 귀족, 예컨대 **플랑드르 백작 가의 족보에 등장하는** 귀족들보다 열등하지 않다"는 점에서 더욱 가공할 만한 존재였다. 실제 이들만이 성과 장벽으로 둘러쳐진 도시를 침입하는 제반 전략을 활용할 수 있었다. 이들은 전투의 중앙부에서 팔꿈치로 촘촘히 연결된 채 창들을 치켜들어 난공불락의 움직이는 장벽을 세워, 그 안으로 이들을 고용한 영주가 잠시 숨 돌리러 들어오도록 하거나 여기로부터 화살이나 창을 적진으로 날려 상대의 말을 죽이고 적의 대오를 흩뜨려 놓는다. 이처럼 사탄의 사주를 받는 자들의 존재는 가장 정의로운 전투에서조차 무질서를 야기하여 규칙과 신의를 지켜야 할 경기를 혼탁하게 한다. 어떤 방어도 이들에 저항할 수 없고, 어떤 무기도 이들의 공격에 무력하며, 기사들이 거의 손쓰지 못하고 당할 수밖에 없는 상황에서 경기의 모든 규칙이 준수될 여지는 없다. 진실로 용병의 존재는 이단만큼이나 그리스도교 세계를 오염시키고 타락시킨다. 1179년에 개최된 제3차 라테란 공의회는, 이단과 동시에 이들을 상대로 동일의 포고문을 발하여 성스런 전투를 권고하였다. "가스코뉴·알비·툴루즈 및 여타 지방에서 카타르파·파타리노파·퓌블리캥 등으로 불리는 패륜적인 이단들이 창궐하여 상당한 피해를 입혔을 뿐 아니라, 공적으로 자신들의 그릇된 주의를 표명하고 단순한 자들과 연약한 자들을 끌어들이기 때문에, 우리는 이들을 옹호하고 이들에게 은신처를 제공하는 자들을 파문시키기로 결정하였다. 또한 자신의 집이나 영역 안에 이들을 은닉시키거나, 이들과 관계하는 자들에 대해서도 파문을 가한다……. 브라반트인·아라곤인·나바라인·바스크족·코트로 및 트리아베르댕인도 교회와 수도원, 나아가 과부·고아·노약자 등 약자를 전혀 배려하지 않아 그리스도교인을 몹시 욕되게 만들며, 자신의 본분을 잃고 이방인의 방식으로 모두를 타락시킨다……. 동일하게 이들이 활동하는 지방에서 이들을 보호하고 은닉하거나 부양하는 자들은 일요일과 축제시에 교회 출입이 공적으로 거부되고 이단을 보호한 자들과 유사한 징벌을 받게 되며, 이단적이고 오염을 끼치는 무리들과 관계를 끊지 않을 경우 교회의 성체 배령 의식에 입회하지 못하게 한다. 이들은 불순한 행동을 지속할 경우 신서하고 성실 서약할 권리를 박탈당한다. 우리는 모든 신도에게 죄의 사면 대가로 이같은 재앙에 적절히 대처하고, 나아가 무장하여 그 폐해로부터 그리스도교인을 보호할 것을 명한다.

그런데 몽펠리에 지방에서 '소떼'들이라 불리는 이러한 부류의 한 무장 집단과 접하는 과정에서 그리스도교군은 세 번의 군사적 피해를 입게 된다. 첫번째의 경우 집단적으로 살육을 당하였다. 루이 7세의 전기에 따르면, 1166년 이들 중의 한 무리를 밀어내려 시도했던 클뤼니의 부르주아 5백 명이——랑그도크에서 신의 평화가 선포되고, 교구인들 중에서 평화군이 차출되었다——단 한 번의 타격으로 죽임을 당하였으며, 이를 복수하기 위해 왕이 이 지방에 들어왔을 때 일단의 과부와 고아들이 왕을 에워쌌다고 한다. 위 무장 집단은 용병이었고, 따라서 전투는 유래가 없는 잔혹한 면모를 띠었다. 이 무리에는 가난한 노상강도도 포함되어 있었다. 리고르는 필리프가 이런 무리를 고용한 적이 없음을 알리고자 하면서, 이들 무리가 묶인 남편의 눈앞에서 아내들을 겁탈하였고, 성직자들——미디 지방의 병사들 사이에서 '캉타두르(cantadours)'라 불린 사제들——을 강요하여 자신들을 위해 미사를 드릴 때까지 이들을 채찍으로 때렸다는 사실, 즉 일면적으로는 진실이나 어떤 면에서는 허위적 내용을 담고 있는 사실을 적고 있다. 왜냐하면 이단으로 불리고 방탕한 생활을 일삼아 온 이들 무리는 자발적으로 찬송가를 부르지 않았기 때문이다. 그렇지만 이러한 요인들 이상으로 가장 엄중한 고발 사유는, 이들 무장 집단이 점차 신성모독을 일삼았다는 것이다. 클뤼니의 수도사들은 무기가 아닌 십자가와 성유물을 들고 선한 마음으로 노래하며 브라반트인 앞에 끌려 왔다. 수도사들이 성수를 뿌리고 자신들의 코 밑에 십자가를 들고 있었지만 악마들은 꿈쩍하지 않았다. 오히려 브라반트인들은 이들을 밀어젖히고, 수도사들의 옷을 벗겨 되돌려보냈다. 인노켄티우스 3세는 성직자의 법복과 성물함 속의 돈을 빼앗고, 교회를 불태우며, 성찬 그릇을 땅에 집어던지고, 헌물을 내동댕이쳤으며——이들은 성배를 훔침과 동시에 자신의 손으로 성물을 감히 직접 만지려 하지는 않았다——성체 포를 '자신들의 여자들과 비루한 자들을 위한' 보자기로 사용한 죄목으로 이들을 고발하였다. 덩르루아에서 이들의 야영 진지는 성물함으로 가득 찼고, 이 무리들은 9백 명의 여성을 강간하였으며, 평화군을 살육하였다. 또한 성직자의 제의를 입고 으스댔다. 이른바 이들은 가장 혐오스러운 집단이었다. 각종의 경계 지역들, 사회 내의 음울한 장소 및 왕국 내 거의 알려지지 않은 곳에서 등장한 해충과도 같은 이들 존재는 가장 금기시한 것들조차 무시하였다. 이들은 제단의 헝겊을 여성의 의복으로 사용하는 일까지도 벌였다. 쇠와 불로써, 세계를 긴급히 이들의 오염으로부터 구출하지 않으면 안 되었다.

사실상 산 채로 포로가 된 브라반트인 모두가 박멸되었다. 신의 교회에 반대하는 진영에 복수하기 위해 선한 군주인 루이 7세는 1166년 이들 포로 중의 일부가 제시한 상당량의 몸값을 거부하면서 그 모두를 쇠사슬에 매달았다. 1182년 사자심왕 리처드는 일단의 용병을 사로잡아 그 중 일부는 학살하고 80명의 가난한 일당은 방면하되 두 눈을 빼내어 길거리로 내보냈다. 다음해 덩르루아 전투가 벌어진 날 저녁에 땅을 정화할 목적으로 시체가 무더기로 소각되었다. 그렇지만 이들의 침투는 완강하였다. 제후들이 현금 동원 등 온갖 수단을 이용하여 상호간 광분적으로 경쟁을 벌인 결과 끊임없이 곳곳에서 혼돈이 이루어졌다. 부빈에서도 브라반트인은 사악하고 비난받는 모반자의 진영에 참여하였다. 그리고 국왕 편에서는 여성과 코트로의 모습을 전혀 찾아볼 수 없었다. 보병 중에 패륜적인 용병은 없었다. 그 모두가 주교의 축수를 받고 선의로 참여한 코뮌군이며, 이들은 신의 평화이자 군주의 평화——상호 결합되어 있는——를 회복하려 애쓰며 질서의 확립에 기여하였다. 승리자는 결코 불결한 손으로 승리를 이루지 않는다.

12세기 프랑스의 군사 활동면에서 전자와 마찬가지로 선풍을 일으킨 두번째 혁신이 나타나는데, 이는 획득을 위한 계략의 성격을 띠며, 교회의 비난 대상이 되었다. 그것은 '마상 시합(tournois)'으로서 부빈에서 싸운 전사들의 행동거지에 지대한 영향을 끼쳤다. 그간 마상 시합의 역사는 잘못 이해된 바 있었다. 이 용어 자체는 1066년 투르의 생마르탱 수도원 연대기에서도 나타나고 있다. 여러 명의 남작이 앙제 주변에서 살해당하였으며, 그 중 1명인 조프루아에 대해서는 그가 "마상 시합을 만들었다(torneamenta invenit)"는 언급이 나온다. 이 사람을 마상 시합의 창시자라고 믿을 수는 없다. 사실 전쟁에 상당한 의미를 부여하는 사회에서 이 위장적인 전투의 관행은 분명 오랜 전통을 지니고 있었다. 게다가 사가인 니타르트가 9세기에 스트라스부르에서 대머리왕 샤를과 루트비히 독일 왕간에 맺어진 평화 협정에 뒤이은 축제에서 과시된 아라비아 기병의 기예를 묘사한 바 있었다. 중요한 사실은 12세기초 루아르 강과 에스코 강 사이 지역에서 이런 종류의 여흥이 이미 널리 알려져 있었다는 점이다. 1125년에 씌어진 플랑드르의 선자(善者)백작 샤를에 대한 칭송의 글은 다음과 같다: "백작령 내 제 지방의 명예와 기사단의 훈련을 위해 노르망디와 플랑드르의 일부 백작 및 제후들간의 전투를 꾀하였다. 2백 명의 기사단 선두에 서서 그는 자신의 명성, 자기 백작령의 힘과 영예를 드높이기 위해 마상 시합을 벌였다." 전투를 오락으로서 즐기기 위한 이같은 우호적 대결은 이때부터 결과적으로 정규적이고 연례적인 행사가 되었다. 그렇지만 연대기상에서 마상 시합의 시초로 여겨지는 획기적 연대는 1130년이다. 이해 랭스와 클레르몽 공의회에서 교황청은 기사들이 관행으로 삼고 있는 이같은 개탄할 회합(교회법의 구절을 인용하면서 제3차 라테란 공의회는 '일반적으로 천박하게 마상 시합이라 불리는'이라는 주해를 부가하고 있다)과 정기시를 고발할 필요를 절감하였다. 그렇지만 이에 대한 제재는 여타의 평화 규정 위반 조치보다는 덜 엄중하였다. "마상 시합에서 죽어가는 기사는 고해성사와 종부성사는 거부되지 않고, 다만 교회의 묘소에는 묻히지 못한다." 그 이유는 마상 시합은 사람을 죽이고 영혼을 위험하게 하는 '기회'이기 때문이었다. 요컨대 그리스도의 전사들을 헛되이 죽이지 않는 것이 중요하다. 이같은 죽음은 원한을 사고, 상대의 복수를 야기한다. 즉 살해 행위는 신의 평화 운동이 축소시키고자 노력하는 내적 알력을 초래한다. 본질적으로 이런 행위는 예루살렘을 향하고 성지를 보호해야 할 군사력을 약화시킨다. 게다가 오락을 위해——기욤은 "증오감 없이 오로지 육체적 힘의 과시만을 위해"라는 표현을 쓰고 있다——전투하는 자들은 합당한 이유 없이 신의 판단에 호소하는 주사위놀이와 마찬가지로 허영을 과시할 따름이며, 그런 행위는 신성모독에 해당하므로 그리스도교인은 이를 행하는 것이 금지된다. 이같은 악마적 행위의 이면에는 세속적 영광을 얻으려는 욕구가 자리하고 있다.

12세기 내내 마상 시합에 대한 금지 조치는 철회되지 않았다. 1149년 제2차 십자군 원정이 끝나갈 무렵 성 베르나르는 쉬제에게 "우리를 위협하는 악마적 관행이 확대되는 것을 막기 위해 새로이 정신의 칼로 무장할 것을 권고하였다. 여행에서 돌아온 지 얼마 되지 않아 샹파뉴 백작의 아들인 앙리와 왕의 동생인 로베르는 상호간 부추겨 유월절 축제의 후렴을 위해 저주받을 마상 시합을 마련하여 서로 죽을 때까지 싸우기로 약속하였다." 대십자군 원정군이 성지로 떠날 준비를 하던 1190년이나, 잠시 경기가 중단된 시기를 제외하면 교회의 비난이 아무런 효력을 지니지 못하였다. 제후들은 마상 시합을 관용하였다. 또 이들이 이를 조직한 경우도 종종 있었으며, 그들 자신이 직접 참여하기도 하였다. 마상 시합의 번창을 이들이 막으려는 경우는 찾아볼 수 없다.

마상 시합이 유행한 데에는 기술적인 면도 작용하고 있다. 즉 마상 시합은 검부터 창에 이르기까지 새롭고 어려운 무술 기예를 습득하는 데 기여하였다. (맨 처음 기사의 마상 시합 장면을 묘사한 앙굴렘 성당의 부조가 최초의 마상 시합 금지 조치와 정확히 동시기에 제작된 점도 이를 반영한다.) 실제 이후로 적을 쉽사리 낙마시킬 수 있었던 영웅들은 마상 시합이 번창했던 지역 출신들이었다. 또한 분명 바로 이와 동일한 이유로 사자심왕 리처드는 영국에서 마상 시합의 중지를 철회하였다. 하지만 이러한 행동 양식의 성공은 정치 구조의 전개 양상, 즉 제후령의 강화와 평화의 확보에 주력했던 대제후들의 성공과 연관지어 고려되어야 한다. 이 경기가 제후의 권한이 가장 견고하게 유지된 곳들에서 발달한 것은 결코 우연이 아니다. 전투욕의 배출구, 안전의 확보책, 고정관념을 깨뜨리는 장소로서의 마상 시합은 실제의 전투에 참여하지 못하여 할 일 없이 지내는 기사들에게 자신의 무용을 뽐낼 수 있는 기회를 제공해 준다. 플랑드르에 평화를 보다 공고히 확립한 인물로 칭송받는 선자백작 샤를은 질서가 확립된 백작령의 경계 너머로 계절적 원정을 벌여 자기 기사단의 호전성을 외부로 우회시킨 바 있었다. 헨리 2세와 루이 7세가 결국 휴전을 맺기로 결정하였을 때, 노르만 전사들이 어떤 행동을 취했던가? 이들은 '마상 시합을 벌였다.' 그리고 귄 백작의 아들인 아르눌이 당대 최고의 영예를 얻고자 하는 욕망으로 마상 시합에서 쓰러진 상대에게 칼을 겨누었다면, 그것 또한 그의 부친이 전투를 강력히 제한하고 있던 지방에서 '호전적인 전투욕'을 펼칠 수 없던 참에 무력함을 달래기 위한 의도를 담고 있었다. 그러나 모의 전투라 할 수 있는 마상 시합은 또 다른 상징적 기능을 지녔던 것 같다. 즉 그것은 재확립된 평화와 오랜 원한의 종식을 기념하기 위해 젊은 기사들을 초대하여 벌이는 일종의 의례적 행사가 아니었겠는가? 마상 시합은 대개 질서가 확립된 곳 너머의 경계 지역에서 대가를 들이지 않고 호전적 기질을 배출하는 도구로서, 또한 필요한 유희로서 기능하였다.

이처럼 특이한 형태의 기사간 사교 행위가 가장 잘 관찰되는 시기는, 제3차 라테란 공의회가 개최되고 프랑스의 필리프 왕이 즉위하는 시점인 12세기 7,80년대이다. 당시 중간 규모의 영주 가문을 기리기 위해 찬사의 기록이 작성될 정도로 세속적 찬사를 담는 기사문학이 신속히 확산되어 나갔는데, 그러한 두 영주 가에 대한 기록을 통해 위 사실을 확인할 수 있다. 그 중 하나인 아르드르의 영주인 아르눌──그는 장차 부빈의 전사가 된다──에 대한 찬사의 글은, 그의 부친의 가계인 백작가 출신의 한 성직자가 쓴 것이다. 두번째의 것은 부빈 전투에 참여하진 않았으나 이를 유감스러워한 기욤 르 마레샬의 기록으로, 속어로 씌어진 찬사의 글이며 전투에 참여한 전사들의 기억을 토대로 작성되었다. 이러한 기록을 통해서 당대 프랑스가 마상 시합의 천국이었음을 알 수 있다. 영국의 연대기작가들에게 마상 시합은 '프랑스적'·'갈리아적' 전투였다. 기욤 르 마레샬의 젊은 주군인 기욤은 그에게 영국을 빨리 떠나도록 조언하였다. 영국은 봉신들과 과거의 실수를 회복하길 원하는 자들에게 바람직한 나라가 아니었다. 마상 시합을 원하는 자들은 망슈를 지나야 한다. 이후로 미래의 마레샬을 어디에서 볼 수 있는가? 노르망디·앙주·일드프랑스·에노 지방에서이다. 그리고 시합 참가자들은 모두가 파리·발루아·브리·샹파뉴·플랑드르·앙주·투르·노르망디·부르고뉴·푸아투 지방 출신들인데, 이 영역들 중 푸아투를 제외한 나머지 지방은 북부 프랑스의 대제후령들이다. 그렇지만 기사들의 조우는 이들 영역의 핵심부가 아니라 영역의 경계들, 예컨대 브리·루지·몽바르와 루즈몽 사이, 수아송·샤르트르·드뢰·구르네·라니·조이니 주변 등 항시 대도시와 성 외부에서 또는 기존 주민 거주지의 경계에서 이루어졌다. 갈리아 곳곳의 이런 장소들에서는 평화 회담이 열리고, 고위 영주들이 신서를 행하기 위하여 오가며 부빈에서처럼 전투 공간을 갖춘 삼림 공터들이 있었다.

  마상 시합 참가자들의 인적 상황과 사회에서의 그들의 위치를 고려해 보면, 이처럼 경계 지역이 고려되는 이유를 확연히 알 수 있다. '참가자들'은 대부분 '젊은이들'이었다. 수련 기간과 귀족 혈통의 한 남자가 결혼한 가계의 가장으로서 영지 책임자로 자리잡는──일가를 이루어 세습 재산을 소유하고, 가문의 구성원을 감독하는 안정된 지위를 갖추는──시기 사이의 다소간 오랜 간격 내지 '단계'에서, 마상 시합은 정상적으로 기사로서의 존재를 확인하고 기사적 열망을 충족시키는 데 일조하였다. 즉 마상 시합은 확립된 질서 외부로 이들의 불만을 방출하고 혼란을 막기 위한 도구로 기능한다. 그것은 주로 이미 기사 서임식을 거쳐 성인이 된 젊은이들의 관심사이다. 이들 젊은이들은 가문의 사정상 아내를 둘 수도, 그것을 희망할 수도 없고, 경제적으로 자립할 수도 없기에 부계의 가문에서 거추장스러운 존재로 치부되거나 때로 추방될 수밖에 없는 처지에 놓이기도 하였다. 요컨대 안정적인 **영주들** 틈에 낄 수 없는 상황에 놓여 있었다. 아르눌의 경우를 고려해 보자. 그가 미래 전사의 훈육에 참여할 나이에 이르자 그의 부친은 자신의 주군인 플랑드르 백작에 그를 위탁하게 되고, 이에 그는 집을 떠나게 되었다. 플랑드르 백작의 궁정에서 그는 용감성을 기르고 탁월한 무예를 갖추며, 항시 봉사할 준비를 갖춤과 동시에 관대하고 정중하며 온유하고 **우아한** 사람으로 성장한다. 그의 후견인은 그 자신이 아르눌을 기사 서임하길 바랐겠지만, 그 '영예'를 아르눌의 부친에게 정중히 양보하였다. 1181년——오순절날 그의 전기에서 확인되는 유일하게 정확한 날이며, 이 사실을 통해 오래 전 이래 이 의식이 갖는 중요도를 인지할 수 있다——에 열린 그와 동료의 기사 서임식은 아르눌과 4명의 동료 젊은이들에게 '성사와도 같은 의미를 지니는 의식'으로서, 당사자들을 완전한 남성으로 드높이는 계기가 된다. 식후의 연회에서는 희극배우들이 좌중을 즐겁게 하고, 음유시인들은 축하 노래를 읊조린다. 사람들은 먹고 마신다. 이튿날 새 기사는 아르드르 교회에서 수도사와 성직자들의 응접을 받는다. 그리고 동시에 그는 재출발하게 된다. 그의 집은 또다시 그를 내보내며, 그의 부친은 2년간 그에게 생활비와 활동비를 제공하는 등 '원조와 후원'을 한다. 이제 아르눌은 '많은 지방을 방랑하고' '마상 시합과 자금의 사용에 대해' 그에게 조언해 줄 인물을 찾아나선다. 그는 한때 영국 왕실의 젊은 헨리 왕자와 동료로서 무수한 경험을 쌓은 바 있는 전문적인 전사였던 만큼 이 점을 고려하여 그를 미숙한 수련 기사의 지휘자로 삼아 줄 스승을 선택한다. 아르눌은 활력이 결여된 노년의 영주로서는 행할 수 없는 무예를 과시하고 선심을 쓰는 인물로 성장하였기에, 지방의 아마추어 전사들은 자기 자신과 백작 가문의 영광을 획득하기 위해 아르눌 주변으로 몰려들었고, 아르눌은 이들 젊은이들에게 제후와도 같은 존재로 부각되었다. 약속된 2년이 경과한 후에도 상당 기간 동안 아르눌은 부친의 뜻에 반하여 자금의 지원 없이 여전히 이 일에 몰두했던 것 같다. 1190년 그는 부친인 권 백작이 아들의 십자군 참여를 희망해 그에 따른 모든 비용을 제공해 주었기에 이번에는 상당량의 자금을 갖고 '방랑하였다.' 하지만 그는 성지로의 십자군 원정에 마음이 이끌리지 않았으며, 선물과 장식비로 그 돈을 모두 쓰는 데 골몰하였다. 그는 십자군 원정 준비를 마상 시합에서의 막간 여흥 정도로 여겼다. 그렇지만 그 사이에 그는 유명한 인물이 되었다. 곳곳에서 사람들이 그를 영웅으로, 그리고 권 가의 영광으로 찬양하였다고 그의 전기는 적고 있다. 그의 부친은 자신이 일찍 죽을 것으로 여기지 않아 아들에게 상속분을 넘겨 주고자 했으며, 이에 아르눌은 자신의 성에서 자리잡고 이로운 결혼을 하여 안정적 지위를 누릴 준비를 하였다. 당시 그는 동분서주하며 자신의 무예를 과시하였고, 그러던중 유복한 상속녀인 부르고뉴 여백작의 마음을 끌었으며, 그녀를 유혹하는 모든 정중한 형식을 갖추었다. 그리고 그의 부친은 멀리서 이를 조종하였다. 그러나 이 시점에서 그는 자신의 먹이를 르노에게 가로채이게 된다. 이 전체 과정을 살펴봄으로써 결혼에 이르기까지 마상 시합 참여 기사의 활동 양상을 알 수 있다. 그는 달리 행동하는 방법을 알지 못하였다. 실제 이와 매우 유사한 일이 이보다 먼저 영국에서 있었다. 20년간 영국을 통치하던 헨리 왕은 장남에게 1년 6개월의 편력 기사 생활 비용을 제공하였는데, 왕자는 그 주변에 다수의 젊은이들을 끌고 다니는 스포츠적 편력 생활을 7년간 연장하였다. 끊임없는 원정 기간 동안 기욤 르 마레샬은 그의 편력 생활을 조언하고 인도하였다. 기욤 자신은 1184년까지 20년 이상 '편력하고' 나서 3년간 성지 순례를 행하였으며, 돌아오는 길에 2

년간 헨리에게 봉사하다가 1190년에야 편력 생활의 종지부를 찍고 결혼하였다. 즉 40세가 지나고 나서야 안착하게 된 것이다. 마상 시합은 나이와 특히 경제와 관련된 문제이다. 참가자들 대다수는 때로 장기적 안목을 갖고 세습 재산과 혼인 문제를 가문의 세력 유지 차원에서 결정해야 했던 가문들 출신이었다.

일반적으로 영주는 마상 시합 참여를 자신의 아들에게 대리 위임시키는 경향이 있었다. 그렇지만 노년의 영주 자신이 이에 참여해야 되는 경우도 있었다. 예컨대 몸의 단련을 겸한 봄의 편력 원정에서 그를 대신할 장남이 여러 지방의 젊은이들을 이끌고 나설 수 없을 경우가 그러하였다. 그가 이 권리를 포기할 경우 젊은이들의 충성과 봉사를 얻기가 쉽지 않고, 당대의 혼란을 억제할 수단을 잃을 수도 있으므로 가능한 한 이 기회를 회피하려 하지는 않는다. 플랑드르 백작 샤를은 매번 자신의 기사단을 이끌고 마상 시합에 참여하였고, 에노 백작 보두앵 역시 마찬가지였다. 에노 백작은 즉위하던 해인 1171년 한 겨울의 크리스마스날에 축제를 열어 귀족 출신의 대식가들을 초치하였다. 그런 다음 날씨가 조금씩 풀리는 상황이 되자 편력을 시작하였고, 80명의 기사들이 그를 추종하였다. 이들은 샹파뉴와 브리까지 가서 두 곳의 마상 시합에 참여하였다. 그 이상의 원정은 주변에서 모두 말렸으므로 그는 사순절에 돌아와 은거하였다. 유월절이 돌아오자 그 이튿날부터 그는 새로이 1백 명의 정예 기사단을 이끌고 부르고뉴의 경계로, 나아가 르텔까지 편력하였다. 그에게나 그와 유사한 지위의 사람들에게 통치란 우선적으로 이러한 활동이었다. 기욤 르 마레샬의 이야기에서 언급되는 마상 시합들에 플랑드르 백작, 부르고뉴 공작, 클레르몽·불로뉴·생폴의 백작을 비롯한 제후들이——이들 모두는 장차 부빈 전투에서 나타나는 수장들로서 아직은 청춘기에 있거나, 결혼하여 위 전투에 참여할 아이를 둔 가장으로 있었다——참여하였으며, 북부 프랑스 제후들 중 이에 나타나지 않는 경우란 거의 찾아볼 수 없다. 유일한 예외가 있다면 바로 왕이었다. 1194년 기사의 전형인 사자심왕 리처드가 영국에서 마상 시합을 개최하였을 때 그는 이에 직접 참여하지는 않고 이복형제인 솔즈베리 백작을 대리시켰다. 주교들이 이같은 세속적 만족을 악한 행위로 보는 만큼 도유를 통해 신성을 부여받은 왕이 이에 참여할 것으로 여기는 사람은 없었다. 카페 왕조의 왕들은 자신의 형제에게 대리 참여를 허용하였으나, 자신을 계승하고 칼에 흠집이 있어서는 안 될 장남에게는 이를 허용치 않았다. 부빈 전투에 참여한 전사들 중 존엄왕 필리프는 편력 생활을 하지 않은 유일한 인물이었다. 대신에 그는 북부 프랑스의 '젊은 귀족' 전체를 위해 영구적인 마상 시합 장소를 마련하였다. 참여자들은 "매년 보름 정도 근거리의 장소들을 이전하며 마상 시합을 벌였다." 참여자들은 매우 빽빽한 경기 일정 중 사순절에만 비교적 긴 휴식을 취하며, 그 휴식 기간마저도 가능한 한 줄이려고 애를 쓴다. 금식 기간이 지나면 각자 채비하느라 분주하며, 사순절 마지막 3일이 다가오면 모두가 식사량을 늘린다. 훌륭한 경영자인 기욤 르 마레샬이 작성케 한 한해 동안의 부기 내용을 살펴보면, 그가 마상 시합을 통해 벌이는 획득 행위가 오순절을 걸쳐 사육제의 최종일까지 지속됨을 알 수 있다. 이러한 스포츠적 축제는 겨울에도 멈춰지지 않으며, 비와 추위도 대수로운 장애가 아니었다. 마상 시합 편력은 열정 그 자체이다.

마상 시합은 실제의 전투와 마찬가지로 집단간의 전투이다. 클레르보 근처에서 하루를 보낸 다음 헛되이 전투하는 행위의 어리석음과 악 퇴치에 대한 성 베르나르의 설교를 듣고 나서 젊은이들은 시합을 벌이기 위한 집단을 형성하였다. 이런 측면에서 마상 시합이란, 울타리로 엄격히 한정된 좁은 구역 내에서 두 기사가 창을 겨누어 대적하는 특이한 방식의 경기라는 기존의 인상을 버려야 한다. 마상 시합에 대한 이같은 이미지는 14세기 중엽까지 왜곡되어 나타난 것이다. 필자가 말하고 있는 당대의 마상 시합은 결투가 아니며, 전혀 일 대 일로 싸우는 것이 아니라 집단적 전투였다. 각기 자신의 깃발과 수장을 둔 집단간에 조우가 이루어진다. 자기 자신과 조상의 영광을 위해, 그리고 자신의 지고한 사랑을 바치는 귀부인을 위해 마상 시합의 수장은 최상의 그리고 가장 강력한 전투 집단을 이끌기를 원한다. 에노의 보두앵은 처음에는 80명의 동료만을 지휘하였으나 2년 후에는 훨씬 많은 수의 전사단, 즉 2백 명의 기사와 1천2백 명의 보병을 이끌고 참여하였다. 연소 헨리의 경우 그가 이끌고 싶어한 용감하고 노련하며 훌륭한 기사가 전혀 없었다고 전해지지만, 라니 마상 시합에서 15명의 영주급 기사가 각기 자신의 기사단을 이끌고 와 그를 위해 분투하였다.

그는 영국·노르망디·앙주에서도 전사를 차출하였다. 그러나 그 대부분은 일드프랑스, 즉 적의 본거지에서 끌어왔는데, 이곳은 다름 아닌 뛰어난 마상 시합 선수들을 널리 배출한 지방이었다. 이처럼 출전 전사 집단의 구성은 잡다하였다. 이들의 통합성은 표식이나 공통의 외침 소리 또는 말에 표시된 상징물에 의해 드러나며, 이 시기에 이르러 마상 시합에서 가문의 문장을 표식하는 보다 진전된 방법이 사용되었다. 이들의 결속은 상당 부분 충분한 자금 지불에 따른 것이었다. 왜냐하면 마상 시합의 전사단에 속한 자들은 적절히 말해 고용되었기 때문이다. 연소 헨리를 추종한 자들은

그들이 자신의 땅을 떠난 때부터
일당 85수를 받고 편력하기도
머무르기도 하였다.

구르네에서 어느 날 저녁에 '상위급 수장들'은 타격을 받아 타박상을 입었으나 명성을 자랑하던 기욤 르 마레샬을 '자기 편으로 끌어들이기 위해 경쟁하였다.' 플랑드르 백작과 부르고뉴 공작은 각기 그에게 24만 드니에의 연금을 제공하는 제안을 할 정도였다. 인기 전사들은 곧바로 목돈 제의를 약속받았다. 영원한 경쟁 관계, 끊임없는 영광 추구욕으로

인해 가장 부유한 자들은 돈을 철철 넘치게 쓸 준비가 되어 있었다. 실제의 전투 못지않게 거의 끊임없이 전개된 마상 시합은 제후들이 축적한 돈을 빈한한 기사들에게 재분배하는 기능을 행하였다. 그리고 돈의 유통은 다른 부류의 사람들에게도 작용하였다. 왜냐하면 각 집단의 회합 이전에 깨지기 쉬운 용품 등 장비를 마련하고 말을 사두어야 했기 때문이다. 기욤 르 마레샬은 두 마상 시합 사이 기간에 라니의 겨울철 정기시에서 최상의 군마를 선택하러 갔다. 그는 말 판매상에게 값비싼 가격을 지불해야 하였다. 한참 젊고 이제 막 첫번째 마상 시합에 참가하려는 그로서는 기사 서임받던 날 증여받은 귀중한 망토를 훌륭한 말의 대가로 지불하지 않을 수 없었다. 참가자들은 마상 시합이 전개되지 않는 막간에 자금을 마련해야 했다. 마상 시합이 벌어지는 각 장소 주변에는 평소에 비해 엄청난 양의 교통 증가가 이루어지며, 보다 훌륭히 기술하기 위해 각고의 노력을 기울이는 교회의 작가들이 마상 시합을 지칭하는 말로 새 어휘인 **토르나멘툼**(torneamentum) 용어를 쓰기 전에 정기시(foire)를 의미하는 **눈디나이**(nundinae) 용어를 사용한 것도 바로 이같은 이유에서이다. 마상 시합은 정기시의 제반 특성을 담고 있다. 참여하는 자 모두에게 안전이 보장되고, 수일간에 걸쳐 작물 생산자·상인·선술집 주인·제철공·여흥가·창녀 및 돈을 대출하거나 교환하는 자, 돈을 빼앗거나 도둑질하는 자들이 자리를 잡고 세우는 천막이 우후죽순 늘어나는 모습 등이 그러하다.

> 왼편에서도 오고 오른편에서도 오며
> 지방 전체가 사람으로 득실거리고……
> 스페인, 롬바르디아, 시칠리아에서 가져온
> 말들을 여러분은 볼 수 있다…….

그리고 이곳에서는 화폐가 거대한 규모로 유통된다.

마상 시합 한참 전에 장소와 날짜가 확정되고, 소식이 궁정에서 궁정으

로 전 지역으로 퍼져 나간다. 경기 전일까지 수장들의 거처에는

　방마다 기사들로 넘치고
　밤새 기사들은 겉갑옷을 흔들어 보고
　신발을 문지르며
　안갑옷, 목걸이, 덮개, 안장, 박차,
　말의 가슴덮개와 배끈을 정비한다

　도시와 인근 마을 또는 마상 시합터의 바로 가까이 임시로 마련된 일단의 정자 주변에 참여 집단별로 숙소를 정한다. 사람들은 이곳저곳을 오가며 방문한다. 모두가 마시고 주사위놀이를 한다. 혼담이 오가고 대시합 동안에 취할 전략을 논하기도 한다. 종종 일종의 **중개인**이 선도하여 젊은 기사들의 조우를 시도하는 모습도 보이는데, 이는 오락 차원의 것 이상은 결코 아니었다. 예정일 새벽 전사들은 생울타리――겁쟁이들은 경기 도중 이 뒤로 숨기도 한다――앞으로 무장하여 나아갔다. 그런 다음 참가 집단들은 두 진영으로 구분되는 강력한 대오로 결합·구성된다. 즉 일 대 일의 시합도, 폐쇄된 공간에서의 시합도 아니었다. 정해진 시간에 출발 신호가 내리고――일부 모리배 기사들은 사전에 좋은 위치를 파악해 놓고, 그쪽을 차지하기 위해 움직인다――전사단은 경계 없는 드넓은 공간에서 싸움을 벌이며 편끼리 짜고 매복을 깔거나 도망치기도 하였다. 예컨대 아네 마상 시합에서 프랑스인들은 파괴된 성의 언덕에 위치한 예전의 해자로 잠시 물러섰으며, 패주한 15명의 기사는 한 헛간――당시 시골 가옥은 개선되고 있었다――으로 도피하였다. 전투는 마을의 거리까지 연장되기도 하였다. 시몽은 그의 전사들과 함께한 거리에 들어섰다가 사로잡혔다. 그를 끌고 가던 마레샬이 말의 재갈을 잡아 한 바퀴 돌자 그는 더 이상 안장에 앉아 있질 못하고, 그의 갑옷이 지붕 끝 부분에 걸려 매달리게 되었다. 이같은 마상 시합은 즐거움을 위해 행하

1 기사들의 마상 시합. 앙굴렘 성당의 부조(1130년경).
지로동(Giraudon)의 사진.

2 기사들의 전투 장면. 부리우두(Brioude)의 기둥머리(12세기 중엽).
부부넬(Boubounel)의 사진.

4 루이 7세의 인장.
  파리국립고문서보관소 소장.
  국립고문서보관소측 사진.

3 13세기의 투구.
  파리군사박물관 소장.
  박물관측 사진.

5 툴루즈 백작 레몽(Raimond; 1156-1220)의 인장.
  파리국립고문서보관소 소장.
  국립고문서보관소측 사진.

6 윈체스터(Winchester)판 성경 속의 세밀화. 성당측 사진.

7 전투. 하인리히 5세의 〈아이네이스〉 속 세밀화.
   벨데크(1222년경). 베를린국립도서관. 국립도서관측 사진.

8   둠아트(Dumyāt)에서 십자군과 사라센군이 전투하는 장면.
마티외의《연대기》속 세밀화. 파리(13세기 중엽).
케임브리지의 코퍼스크리스티대학 소장. 대학측 사진.

9 무장과 전투 장면. 결혼함. 반(Vannes) 성당의 성물보관소(13세기초).
　로제 길모-C. D. A.-에이미디어대학 소장.
　대학측 사진.

10 생드니로부터 국왕기를 받는 전사.
샤르트르 성당의 스테인드글라스.
지로동의 사진.

11 성왕 루이의 것으로 알려진 왕관(1260년경).
파리루브르박물관 소장. 박물관측 사진.

12 베르네(Horace Vernet) 작품. 〈부빈 전투〉, 1824.
   베르사유궁전 소장.
   뷜로(Bulloz)의 사진.

13 전투의 축정. 부빈의 스테인드글라스 속 장면.
파리국립도서관 소장. 랄랑스(Lalance)의 사진.

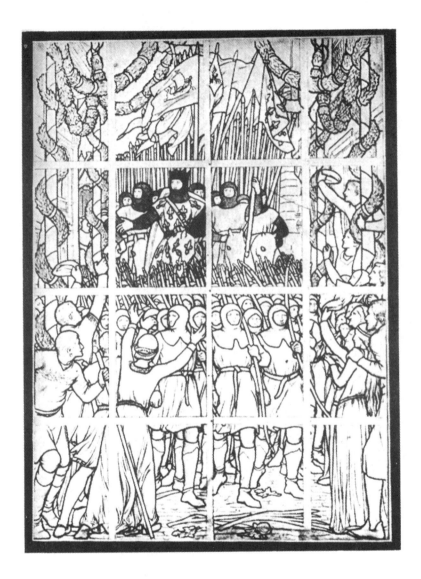

14 승리의 행렬. 부빈의 스테인드글라스 속 장면.
   파리국립도서관 소장. 랄랑스의 사진.

GRAV. 18. — **Bataille de Bouvines.**

15 프랑스사 속 삽화 〈부빈 전투〉. 파리국립도서관 소장. 랄랑스의 사진.

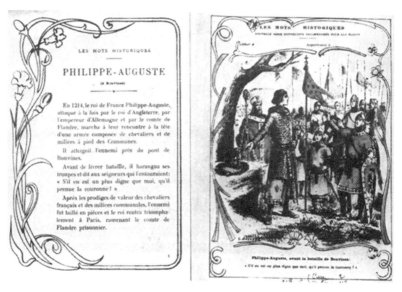

16 학생용 노트 표지: 〈역사 용어〉. 파리 A. T. P. 박물관 소장. 랄랑스의 사진.

는 매복과 기습으로 가득 찬 실제의 전투였다. 전투와 마찬가지로 수장들은 보병도 고용하며 창과 활을 활용하기도 한다. 그렇지만 역시 실제 전투와 마찬가지로 기사야말로 진정한 선수였다. 기사들이 가끔 경솔하게 홀로 나서 위험을 무릅쓰기도 하지만, 판단력을 잃지 않는다면 10명, 20명, 최대로는 30명 정도씩 분리하기 어려울 정도로 긴밀히 짜여진 대오를 형성한다. '콘로아(conroi)'라 불리는 이 대오는, 그 안으로 장갑을 던질 경우 그것이 누군가의 말이나 기사 위에 떨어질 정도로 촘촘히 짜여진 하나의 통합체이다. "이들이 든 창 사이로 바람조차 뚫고 지나갈 수 없다"라고 묘사한 《아스프르몽의 노래》보다 이를 잘 알려 주는 표현을 찾기 힘들다. 마찬가지로 편력 기간 동안 젊은 기사는 브르타뉴 지방의 이야기들에서 묘사된 만큼 고독하지는 않으며, 몇몇의 동료를 대동하지 않는 경우는 거의 없다. 분노나 탐욕으로 제정신을 잃지 않는다면, 전사는 결코 친우로부터 멀리 떨어져 싸우지 않는다. 전사들은 덩어리처럼 엉켜 전투를 행하며, 그렇기 때문에 적을 공격할 때에도 지속적으로 상대 집단을 분리시키는 데 전력을 기울인다. 승리는 기다리고 결속을 유지하며 상대를 지치게 하고 분산시킬 줄 아는 전사단에게 돌아가며, 상대의 대오가 흐트러지고 상대가 패주하게 되면 마상 시합은 대체로 끝나게 된다. 1182년 구르네에서는 이같이 진행되지 않은 사실에 사람들은 놀랐다.

여기서 훌륭한 모험이 개시되고
어느쪽도 몰리지 않았지만
서로 동의하여 각자
자진 해산하였다…….

일반적으로 장시간에 걸친 매복 대치 후 한편이 갑작스레 패주하며, 흐트러진 상대의 대오가 필사적으로 도망하고 나면 전리품들을 수거하게 된다.

왜냐하면 진정한 전투에서처럼 시합 참가자들이 원한 것은 '획득하는 것'이었다. 영광도 영광이지만 우선적으로는 돈이었다. 이들은 자신의 비용으로, 그리고 보다 부유해져 귀환하길 원하였다. 내기를 수반하지 않은 싸움은 거의 없었다. 그런 식으로는 기사들의 관심을 끌어들일 수 없는 것이다. 기사들은 도박장에 가듯이 '전부 잃거나 따겠다는 심정으로' 마상 시합에 참여하였다. 무엇보다 매력적인 먹이를 사로잡기 위해 여러 방책을 마련하고, 그로 하여금 패배를 시인토록 강제하며 약속을 받아낸 다음 그가 경기를 계속하도록 해준다. 결과적으로 한 기사가 같은 날 수차례나 적을 사로잡는 경우도 종종 있었다. 저녁이 되면 각 진영에서는 자신의 친족이나 친우와 획득 내지 상실의 여부를 상호간 묻게 된다. 패배한 자는 그간 획득한 군마를 승자에게 인도하기도 한다. 포로들은 복수를 생각하고 상당량의 돈을 모으고자 애를 쓰는데, 여기에는 상당한 어려움이 뒤따른다. 그 결과 경기를 통해 참여한 모든 전사가 가진 돈보다 훨씬 많은 액수의 돈이 풀리게 된다. 사람들은 어느 날 저녁 기욤 르 마레샬이 수백의 드니에가 든 돈주머니를 가지고 와 대가를 지불하는 것을 보고 심히 놀랐다. 포로는 익숙하게 담보를 제공하고, 친족 중에서 보증금을 제공해 줄 인물을 찾는다. 따라서 정기시가 철시할 무렵과 마찬가지로 승자와 패자간에 보상·계약·양도, 또는 다음 회합 때까지 부채 상환의 연기 및 본인의 명예를 걸고 이를 확고히 이행하겠다는 약속 등의 모든 일련의 조치가 취해진다. 상호간에 말이 오가고 구두에 의한 돈의 지불 약속이 널리 이루어지는데, 이는 상인들의 경우와 마찬가지로 부족한 금전을 나중에 지불하기 위한 것이다. 그리고 멀리 떨어진 곳에서도 가장 확실한 담보가 되는 것은 포로로 잡은 전사이기에, 이를 목적으로 적을 지나치게 손상입히는 경우도 있었다. 공의회는 마상 시합에서 전사가 살상되는 사실을 인지하고 있었기에 이를 비난하였다. 결과적으로 이 스포츠는 전투에서만큼 적잖은 희생을 낼 가능성이 충분히 있었다. 오늘날 재구성된 족보상에서 용맹을 과시하다 죽은 **젊은이들**의 이름을 열거해 보면 이를 족히 알 수 있다. 그러나 이런 죽음들은 대개가 우연적이며, 싸움터에서 포로로 잡혀 과중한 부담의 몸값을 지불하는 것보다 훨씬 애통한 일이었다.

따라서 마상 시합에서——바로 이 점에서도 정기시와 유사하였다——상당히 영리적인 활동 분위기를 감지할 수 있는데, 이곳이야말로 부가 거대한 규모로 이전되던 당시에 기사들이 상인 못지않게 빨리 부유해질 수 있는 유일한 장소이며 기회였다. 12세기 경제에 있어서 마상 시합의 기능은, 그간 성직자들의 직접적 영향권하에 있던 계층 사람들 사이에서 경건한 기증이 지녔던 기능과 견줄 만했다. 교회가 마상 시합을 비난하는 부가의 이유는 그것이 교회에 대한 헌납과 경쟁 관계이고, 당시에 이윤 추구 정신이 귀족의 심성 속에 파고 들어갈 수 있는 유일한 통로였기 때문이다. 분명 전사들은 비겁·불운·과실로 인해 마상 시합에서 파산할 수도 있었다. 그러나 이 모든 것을 고려하여 제후들은 모든 손실을 보지해 주는 역할을 하였다. 이들은 축제 비용을 대고, 비교적 수월하게 부르주아에게서 차용한 돈으로 불행한 전사에게 보상해 주며, 사망한 기사와 떨어진 갑옷을 대체할 뿐 아니라 원한을 치유하고, 전사의 은급을 제공하는 데 이 자금을 활용하였다. 그렇지만 이익의 상당 부분은, 베르트랑이 찬사의 글 일부에서 능란한 기예를 과시하고 급속한 상향 유동을 이룬 점을 칭송하고 정당화해 주었던 일부 **기사들**에게 귀속되었다. 사실 훌륭한 마상 시합 기예를 갖춘 자들은 수년 내에 최상위급의 재산을 축적할 수 있었다. 기욤 르 마레샬은 바로 그러한 출중한 마상 시합 선수 중 1명이었다.

그가 자신의 가치와 무예를 드높이기 시작하여 저 높은 단계에까지 다다랐을 때, 그는 연소 헨리 가문의 비호를 받았던 플랑드르의 한 기사와 연계하였다. 이 두 기사의 관심사는 최고가 되는 것이었다. 이들은 2년간 시합에 나아가 '획득하는 일에 전념하기로 하였다.' 연소 헨리의 재정 담당자는 이들에게 지출된 비용과 양자가 벌어들인 수입액을 정확히 계산하여 부기하였다. 수입은 엄청난 규모여서 단지 포로의 몸값만을 기록하고, 말과 장비 가격은 소홀히 하였을 정도이다. 이들은 10개월 만에 3백 명을 포로로 잡는 전과를 올렸다. 경탄할 만한 수준의 포로 목록과 더불어 셀 수 없을 정도의 현금이 들어왔다.

그렇지만 이같은 돈의 경기가 한참이었던 바로 그 당시에, 그것도 다름 아닌 마상 시합에서 형성된 기사도를 통해 볼 때 이런 방식의 현금 획득은 비난의 대상이었다. 마상 시합은 상인과 용병의 탐욕을 위협적인 수준으로 증대시켰고, 귀족은 그것이 자신들의 우월한 물적 기초를 위험하게 할 여지가 적잖음을 인지하고 있었다. 휼륭한 기사는 이익에 연연해선 안 된다. 관대하게 베푸는 마음 없이는 칭송받는 기사가 결코 될 수 없다. 따라서 마상 시합의 세계도 획득이 아니라 '가치' 즉 영광을 추구하도록 권장해야 한다. 플뢰르의 마상 시합에 단독으로 출전한 기욤 르 마레샬은, 그에 대한 찬사의 시에 따르면

한때는 획득하는 일을 지향하였지만
이제 그와는 무관한 일이 되었다.
그는 보다 가치 있는 것을 추구한다.
왜냐하면 명예를 정복하고 획득하는 자는
부보다 훨씬 많은 것을 얻는 것이기 때문이다.

그는 얼마 후 조아니 마상 시합에서 자신의 수입 일부를 십자군 병사에게 분배하면서

그리고 포로로 잡은 기사들을
막대한 몸값을 받을 수 있음에도 불구하고
유치장으로부터 풀어 주었다.

최상의 가치는――게다가 이를 인정받으면 이익을 얻게 되는데, 왜냐하면 수상자 명단의 상위에 오르면 수장에게 값비싸게 고용되기 때문이다――시합 말미에 '상위 귀족'의 논의를 거쳐 최고의 선수로 인정받는데에 있다. 그리고 상징적인 보상을 받는다. (예컨대 플뢰르에서는 브로치가 수여된다. 한 귀부인이 부르고뉴 공작에게 이를 바치러 오며, 공과 주변의 수장 모두가 이를 거부한다. 결국 2명의 기사와 1명의 시종이 엄숙히 이것을 들고 기욤 르 마레샬에게 다가간다.) 13세기 벽두에 이러한 상이 어떠한 중대한 '의미'를 갖는지 살펴볼 필요가 있다. 마상 시합에 명예를 위한 경쟁의 색채를 부여하는 것은 바로 이 상이다. 부빈 전투 무렵에까지 기사의 행동을 서서히 변화시켜 나간 제반 움직임의 근저에는 마상 시합에서의 상 획득이라는 핵심적인 요소가 자리하고 있다. 이는 두 가지 이유 때문인데, 우선 당시는 용병이 증가하던 시점이었고 까닭에 귀족 전사의 윤리를 조성할 필요가 있었다. 다른 한편 월계관의 수여는 여성의 참여하에 이루어졌다. 폭력을 즐기는 이 축제에서 여성의 참여가 배제되지 않았다. 플뢰르 마상 시합에서 보듯이 빈번히 여성은 승자에게 수훈의 상징을 수여하였다. 조아니 마상 시합일 아침 준비중이던 기사들은 여백과 시녀들이 나타나는 것을 보았다. 이들은 투구를 그 자리에 내려 놓고서 달려나가 춤추기 위해 여성들의 손을 잡았다. 그 중 한 사람이 묻는다.

그 누가 노래를 부를 수 있을 정도로 세련되었을까?

기욤 르 마레샬은 이를 확신하고 있었다. 그가 한 소절을 노래하자 모두가 따라 불렀다. 이처럼 당시 마상 시합은 기사도의 학교로 기능하였다. 각자는 여기서 여성의 사랑도 차지할 기회가 있음을 알고 있었다. 어떤 태도에 의해 이를 감지할 수 있는 것이다. 게다가 이 시점에서 '전령이라 불리는' 전문적인 '모사꾼들'이 개입한다. 이들은 영광을 거래하는 공적 대리인 내지 흥행사이다. '이들이 참가자 중에 남성다움과 기예를 발휘하는 기사를 발견하였을 때' 그의 영광을 위한 노래를 작곡한다. 조아니 마상 시합일 아침에 불렸던 노래도 그러한 것이다.

······작곡가는 새로운 전령이 되고

곡의 후렴 부분은 교활하게도 다음과 같다.

마레샬을 칭송하노니, 그는 나에게 말을 주었다.

그리고 기욤은 진정 전투중 탈취한 말을 작곡자에게 주려는 의도를 갖고 있었다.

중요한 것은 이같은 축송을 통해 개인의 영웅적인 업적이 그때부터 존중된다는 것이다. 이런 식으로 마상 시합장은 또 다른 커다란 변화를 야기한 장소가 되었다. 물론 적과의 접전을 위해서는 기사들이 촘촘히 대오를 지어 함께 행동할 필요가 있다. 그러나 참여 개개인은 그 와중에 탁월한 무예를 발휘하여 상승의 사닥다리를 올라가게 된다. 이야기나 헌시에서 거론되는 선수 중에 '저명한 기사들'은 부빈의 전투 장면들에서 보듯이 최고의 전력을 다한다. 분명 이들의 상승 욕구는 물질적인 면이 강하다. 이들은 획득을 하고 칭송자들에게 보답한다. 그러나 이들이 얻는 이익이 고상한 목적을 위해 쓰여지기도 한다. 부유한 부르주아 및 성실하고 진지하게 싸우는 코트로나 브라반트인과 대비하여 기사는 관대함을 통해 자신의 입지를 견지하고자 하였다. 이들은 비록 깃털 장식을 달지 못하는 경우에도 스스로의 용기와 용맹·저돌성을 명예롭게 느끼고 있었다. 이 용기에 대해 심판을 내리는 귀부인들은, 때로 기사가 자신의 방어를 무너뜨리고 상대방으로부터 정복당할 위험을 무릅쓰면서까지 용맹을 발휘하는 열정에 감동하게 된다. 귀족이 갖추어야 할 첫번째 덕목은 바로 용기를 겸비한 수훈이었다──사실 이러한 면에서 당시 사람들은 서서히 용맹성을 상실해 가는 경향이 있었다. 그리고 차후로 일부 전투 활동은 결속을 요하는 대오의 형태로 이루어지긴 하나, 기사는 승리에 따른 영광을 자기 고유의 것으로 삼을 수 있었고, 나아가 그를 소속 집단에서 벗어날 수 있게 할 정도의 부를 획득하여 개인의 수익을 증대시킬 수도 있었다. 그것은 마치 상인이 대상의 무리 사이에서 지고 운반하는 돈주머니가 그에 속한 것과 마찬가지이다. 개인이 아닌 전사단과 돈이 열쇠인 경기의 특성을 지님과 동시에 극히 세속적인 면모를 띠고 참가자들에게 공짜로 즐길 수 있는 기회를 제공하며, 교회의 징벌을 받을 위험을 무릅쓰고 시행되는 마상 시합에서 기사의 용맹한 수훈은 자유와 자기 정체감의 표출이라 할 수 있다. 개인은 이같이 자신의 무예를 마음껏 발휘하여 가문과 우의 집단으로부터 받는 중압감과 때로 질식할 것 같은 답답함으로부터 벗어나고자 한다. 편력하는 수많은 퍼시벌과 고뱅이 꿈꾸는 영광스럽고 들뜨게 하며 가상적인 고독, 바로 그러한 고독감의 환상이 무용의 처절한 과시로 나타난다.

부빈 전투가 갖는 사건적 의미는, 12세기 도중에 군사 활동의 형태를 변모시킨 제 진보라는 장기적 진행 과정 안에 이 사건을 적절히 자리매김할 때 확연히 드러나게 된다. 군사 기술의 진전이 완숙 단계에 이르러 기사들은 끊임없이 방어를 강화하고, 둔중하긴 해도 공격에 덜 취약하며 위협을 덜 느끼는 중무장 기병 형태로 경기에 임하게 되었다. 대제후들이 통제력을 갖고 평화를 유지하는 정치적 안정 국면이 서서히 나타나면서 진정한 전투는 차츰 억제되고, 대신 제후들은 마상 시합을 적극 장려하였다. 화폐의 위력이 점차 확대되는 와중에서 기사들은 용병과 경합해야 하는 초조감을 갖고, 상인의 부에 불안해하며, 섬세한 사람이라면 피

지배층의 근저에서 감지할 수 있는 미세한 반동의 분위기를 느끼면서 더 더욱 자신의 특권을 보지하는 데 부심하였다. 그런 한편 문화의 발전이 중단 없이 이루어졌다. 1214년경 읽을 줄 모르는, 또는 시를 전혀 암송하거나 노래할 줄 모르는 기사는 드물었다. 바로 이 점을 통해 전사와 또 다른 특권적 위계인 기도하는 자들의 관계에서 전사들의 자율권이 확고하게 되는 방향으로, 3위계 이데올로기가 완숙되어 나가는 양상을 확인할 수 있다. 부빈 전투 시기에 성숙 단계에 이른 이같은 표상·관념·이미지와 의례적 상징 체계에 관하여, 학자들은 그것의 보다 고대적 형태 내지 그것의 성장을 예비했던 전초적 이데올로기를 밝혀내는 데 애로를 겪었다. 그 이유는 12세기초에 이르기까지 매우 오랫동안 유지되어 온 ──그리고 오늘날 우리에게까지 전달될 정도로── 견고한 문화 요소들과, 씌어진 것이건 그렇지 않은 자료건간에 모든 논증적 자료는 성직자와 수도사들의 업적이었고, 사가들은 이들이 표명한 내용들을 검토하여 당시 전사들의 심성을 밝혀내야 하기 때문이다. 이 작업은 결코 쉬운 일이 아니다. 부빈 전투에 앞선 반세기도 채 안 되는 동안에 전사 집단에 대한 교회의 태도는 전체적으로 볼 때 공격적이고 비난 일색이었다. 적어도 이 시기까지의 증거들──가장 풍부한 정보는 항시 전반적인 교회 체제를 좌우하고, 회개를 주창하며, 세속 세계에 대한 비난을 감추지 않았던 수도원으로부터 유래한 것들이다──에 의해 판단하건대 그러하다. 교회는 당시 완전한 '개종'만이 유일한 선택의 길이라는 주장을 기사들에게 설파하였다. 기사는 정신적으로 치명적인 위험 상태에 있는 만큼 전사 기치를 내리고 수도원에 입문하여 성 베네딕투스 계율을 따라야 한다. 기사는 종국에 죽음과 심판을 맞이하게 될 것임을 알지 못하고 있다. 오더릭 비탈은 12세기초에 위그가의 전속 신부였던 제롤의 예를 통해 이처럼 전사 이데올로기를 거부하도록 촉구하는 활동가에 대해 묘사한 바 있다. "이 인물은 여러 기사에게 과도한 육체적 욕망의 추구가 오류임을 일깨우고, 이를 시정토록 하였다. 그는 대부분 기사가 신의 뜻을 지나치게 소홀히 여김을 질책하면서 남작과 기사 및 편력하는 젊은이들에 대한 유익한 조언을 열거하였다. 《신약 성경》과 그리스도교 관련 역사 기록으로부터 그는 찬미할 가치가 있는 성스러운 전사들의 예를 추출하였다." 그는 조르주 · 테오도레 · 세바스티앙 · 데메트리우스와 같은 성스러운 기사와 성 모리스, 성 유스타슈와 같은 순교자의 삶에 대해 언급하였다. 이에 부가하여 그는 '오랜 전투 경험을 겪은 후 속세를 거부하고 정규 수도원에 들어가 주님을 위해 영광스레 봉사했던 전직 마상 시합 선수 기욤'에 대해서도 칭송의 말을 늘어 놓았다. 음유시인들이 일상적으로 '성자의 노래'를 부르곤 하였다는 사실을 오더릭은 부가하고 있다. 그런데 그가 가장 많은 분량을 할애한 대목은, 교회의 박식한 현자들이 언급하였고 그 자신이 전거가 확실하다고 판단한 원체스터의 한 수도사에 대한 무훈시이다. 여기에서의 영웅은 우선적으로 정의로운 전쟁에만 참여하였다: "그는 해외의 이민족과 주변의 사라센족을 상대로 수많은 전투를 벌였다. 신의 가호로 그는 자신의 검을 사용하여 신의 사람들을 구제하였고 그리스도교 제국을 확대하였다." 그러나 어느 날 주위 귀족들의 온갖 간청에도 불구하고 그는 속세를 버리고 생줄리앙 수도원에 자신의 무기를 맡기기로 하였다. '순교자의 묘역에서 그는 신에게 자신의 투구와 아름다운 말을 바치기'로 하고, 이곳의 중심 구역 지하에서 자신의 방어용 무기를 벗었다. 그는 자신이 젤론에 세운 수도원을 위해 고행시에 입는 발까지 내려오는 모직옷을 걸치고 성지를 향해 순례를 떠났다. 그곳에서 그는 비천한 일을 떠맡으며 자신의 삶을 끝마쳤다. '결과적으로 그는 주님의 무적 전사라는 영광스런 칭호를 얻었으며, 때로는 온화함으로 때로는 위협으로 그와 함께 살아가는 사람들 및 여타 전사들에게 자신과 같은 삶을 영위할 것을 권면하였다.' 그의 권면은 매우 설득력이 있어서 이들 기사 중 5명이 오더릭이 글을 쓴 장소인 생테브룰 수도원에 입문하였다.

당시 성 베르나르 역시 동일한 견해를 취하고 있었다. 랭스와 클레르몽 공의회가 마상 시합을 비난하던 바로 그 시기에 그는 《새로운 기사단에 대한 칭송의 글)을 썼다. "여러분은 여러분의 말을 명주로 된 모포로 씌웠고, 셀 수 없을 정도의 천조각으로 갑옷을 뒤덮었다. 여러분은 도끼, 말과 안장을 그림으로 장식하였다. 여러분은 재갈과 박차 부분에 돈·금·보석을 아낌없이 썼다. 이것은 전사의 신분을 드러내 주는 표징들인가? 이런 장식물은 또한 여성에게 어울리는 것 아니겠는가? 여성들과 마찬가지로 여러분은 활동이 어려울 정도로 머리를 길게 기르고, 발까지 내려오는 긴 옷으로 자신의 몸을 가리며, 길고 큰 소매 안에 자신의 여린 손을 감쌌다⋯⋯." 기사들이 척결하고자 했던 것은 '싸움에 손을 담그는 어리석음' 내지 오만이었다. 또는 "당신은 적을 죽일 때와 동일한 타격을 가하여 당신의 영혼을 죽이거나 자신의 영혼과 육신이 동시에 죽임당하는 것을 두려워하는가?" 최근 '동틀 무렵 태양이 하늘 저 높은 곳으로부터 비추는 장소'인 성지에서 신의 은총으로 설립된 신전 기사단과 병영 기사단이라는 종교 전사단의 성격을 띤 '새로운 기사단이 이 땅 위에 탄생하였다.' 결과적으로 새로운 기사단은 자신의 강력한 검으로 어둠의 세력에 승리를 거둔 그 장소에서 감연히 그 위성 세력, 즉 불신자들을 박멸할 것이다. 이 기사단은 새로이 신의 사람들을 구속하고 우리 눈앞에 있는 신의 아들 다윗의 집에서 태양빛의 영역을 확대해 나갈 것이다. 신전 기사단은 속세, 사치와 허영을 거부하였다. "이들은 사도의 행적을 통해 머리에 신경을 쓰는 것은 남자에게 수치라는 것을 알아차리고 자신의 머리카락을 잘라내었다." 그럼으로써 자신의 경박과 세속적 욕망 추구욕을 버렸다. 이들은 게랭 신부가 오랫동안 그러했던 것처럼 공동체 속에서 계율을 따르고, 신중함을 몸에 익히며, 스스로를 다스리는 싸움을 벌였다. 이들은 한편으론 육신을 상대로, 또 다른 한편으로는 세상에 퍼져 있는 악한 정신을 상대로 이중의 투쟁을 벌였다. 만약 기사로서의 전투 욕구를 완전히 버릴 용기가 없다면 이런 기사단을 따라야 할 것이다. 성 베르나르는 그 자신이 젊은 기사 생활을 떨쳐 버리고 수도원에 입문하였었다. 입문시에 그는 자기 주변의 사람들을 불러들여 순수하고 청빈하며 회개하는 전사들로 가득 찬 수도원을 만들 꿈을 꾸었다.

　동시에 수도원 구조는 세속적 무장을 포기한 성인들을 맞이하는 방향으로 변형되었다. 매우 일찍이 베네딕투스 수도원은 공동체 안에 임종을 앞두고 수도복을 입기 원하는 기사들을 받아들인 바 있었다. 12세기중에 이 교단은 평화롭고 경건한 은퇴를 추구하는 기사와 노년의 몸이 불편한 기사에게, 수도원 내의 직책을 요구하지 않고 맡은 바 일에 불평하지 않는다는 조건으로 문호를 개방하였다. 이것은 주로 신전 기사단과 병영 기사단의 형제단을 설립하고 세를 확대하는 데 일조한 전사들을 위한 것으로, 이들 중에는 '젊은이'로서 편력 생활을 마감하고 약 40의 나이에 신전 기사단에 실제 입문한 것은 아니되 이 기사단에 몸을 담았던 기욤 르 마레샬의 경우처럼 단순한 의도로 이 기사단에 참여한 자들이 대종을 이루었다. 기욤은 수도사용의 망토를 단 하루 입었을 뿐인데, 이날은 다름 아닌 그의 장례식날로 그의 유해에 이 망토가 씌어졌다. 사실 수도원의 삶과 세속의 삶 사이에 뚜렷한 경계가 있는 것이 아니어서, 기사는 속세를 떠나지 않고도 신이 그에게 부여한 기능을 수행하면서 수도사적 무결의 삶에 이를 수도 있었다. 12세기 중엽이 지나자 수도원 제도가 퇴조하기 시작하였다. 차후로 교회에서 주도적 역할은 성직자의 수중으로 넘어갔다. 사실 성직자들은 항시 군사적 사회와 밀접한 관계를 유지해 왔었다고 해야 할 것이다. 성당 참사회원들이 성당의 재산과 주교를 용병들로부터 지켜내기 위해 검을 들고 용감히 싸운 예들은 간혹 발견된다. 필리프는 부빈 전투에서 무기를 들었던 인물로 《기욤 르 마레샬의 노래》에 따르면, 이보다 15년 전에는 '성직자가 아닌 투구 등의 무장을 완전히 갖춘 기사로서' 한 코트로의 수장에게 붙잡힌 바 있었다. 프랑스 북부에서——성과 속이 현저히 분리되어 기사 문화, 음유시인(troubadours, servientes)의 애정적이고 정치적인 노래가 교회의 압박에서 한결 벗어나 있는 남부와는 달리——일단의 성직자들은 대소의 제후 가문에서 무술 연습을 행하면서 즐거움을 위해 자신들을 초대하는 젊은이들과 빈번히 접촉하였다. 이들은 자신의 주변에서 시적 운율을 제공해 줄 수 있는 지적 보고를 갖추어 젊은이들에게 즐거움과 교육을 제공할 능력이 있었으며, 결과적으로 튼튼하게 쌓아올린 한 문화적 스타일을 형성하였다. 즉 바실리카 수도원의 입구에서 듣는 설교나 지루한 종교 강좌와는 전혀 상이하며, 전적으로 '젊은이'들의 취향을 고려하여 편력하며 마상 시합에 참가하는 독신 기사들의 열망과 좌절을 그린 독자적 영역을 구축한 것인데, 이들 연령의 계층은 수가 많고 광범위하며, 그들의 문화적 지평이 결혼한 **연장자들**과는 판이하게 달랐다.

　권 백작인 보두앵의 문화는 고대 왕들의 경우처럼 쓰는 전통의 문화로서, 제후들은 과거 왕들의 전유물인 쓰기 전통을 모방하여 가문의 역사를 기록하기 시작하였다. 그는 읽을 줄은 몰랐다. 그렇지만 학교에서 교재로 사용되는 박식가들의 책, 즉 종교적 색채를 띠고 교부들의 사고 편린을 담고 있는 책들을 가정에 비치하고 있었는데, 이 책들은 라틴어를 속어로 번역한 것이었다. 실제 백작에게 있어 이 책들은 과시적인 장식물이 아니라 식자의 설명을 통해 자신의 계급이나 동년배가 갖는 정서, 예컨대 성경 또는 예배식에 관한 동년배의 느낌을 인식하게 해주는 지식의 보고였다. 한편 '젊은이'로서 마상 시합을 즐기는 그의 아들 아르눌의 문화는 구전 문화이고, 전적으로 세속적이며, 가상적인 면을 띠고 있다. 그는 감성이 매우 풍부하다. 그의 동료 전사 집단은 방랑벽을 억제하고 권 성의 홀에서 이틀 낮과 하룻밤 동안 심심히 보내는 정적 생활을 하도록 강요받는다. 전사들은 자신들이 동일시하려는 대상인 영웅들의 모험담을 이야기하며 가능한 한 시간을 축낸다. 모험담에는 세 가지 유형이 있다. 첫번째는 '바다 건너 안티오키아, 아라비아, 바빌로니아의 포위 이야기나 성지 예루살렘' 십자군 이야기가 있으며, 아르눌의 한 동료인 필리프가 이 무용담의 주 화자였다. 두번째로 무훈시 전통의 이야기가 있다. 로베르는 '로마 황제들의 역사, 샤를마뉴, 롤랑과 올리비에의 이야기, 아서왕의 이야기와 브르타뉴 지방의 우화 내지 무훈시, 고르몽과 이장바르의 이야기, 트리스탄과 이졸데 이야기, 메를랭 이야기'등을 말한다. 마지막으로 가문의 영웅에 관한 이야기로 젊은 아르눌 가문의 한 친족이 고티에에게 직접 가문의 영웅적 이야기를 늘어 놓는다. 즉 신검을 사용한 조상의 영광에 관한 이야기를 전설과 마법 이야기 색채를 담아 장황하게 서술한다. 이 모든 이야기는 '젊은이들'의 기억 속에 저장되어 입에서 입으로 전해진다. 젊은이들은 그들 사이에 연로한 자들을 모시고 접대한다. (아르눌은 동년배의 젊은이들과 함께 기거하였지만, 또한 '연로한 사람들을 초빙하여 오래 된 모험담을 듣곤 하였으며') 성직자까지도 초대하였다. 어린 시절 이래 그 집에서 양육되고 자발적으로 전사단을 따라 나선 이들 성직자들이 떠맡는 역할 중 하나는 일실될 수도 있는 구전문학, 예컨대 성지의 역사나 수염이 번지르르한 황제와 그의 12명의 동료 이야기, 혹은 마법의 힘을 갖춘 삼림을 편력하는 기사들의 이야기, 특히 주로 조상의 업적에 관한 이야기들을 문자화하여 글을 통해 이를 영구히 하는 일이다. 12세기중에 가계 문학은 가문의 영웅적 인물에 대한 인물 묘사에 강조를 두는 쪽으로 초점을 변화시켰고, 그럼으로써 가문의 후손에게 모범적 행동 규범을 제시코자 하였다. 가문의 조상에 대한 기억은 대대로 전수되는 영예로운 보배로 간주되어, 각 구성원은 어느 경우에도 이를 소홀히 하지 않고 영예를 더욱 드높이려 애썼다. 결과적으로 족보에 대한 훈육은 용감성을 키우는 교육의 장으로 활용된다.

프랑스 왕국의 북부에서 이러한 가계문학의 전형을 마련한 것은 성직자들이었고, 그런 만큼 이들은 어느 정도 교회 이데올로기를 따르는 면이 있었다. 이들은 사실 매우 신중히, 특히 십자군 정신에 입각한 편견을 갖고서 이런 일에 임하였다. 그런데 1150년 이후 이 문학은 새로운 기사단 관념──세속적이면서 기사뿐 아니라 사회의 여타 모든 집단에 포괄 적용되는──을 강화하는 방향으로 나아갔다. 퍼시벌은 기사단을 진실의 토대 위에 건립된, 그리고 '신이 설정한 최상위의 우월한 계급'이라고 선언한다. 명예의 전당은 진정 사회의 유일한 축대인 성실, 즉 친족이나 전사단 등 우애 집단간의 충성과 서약의 존중 위에 건립된다. 부빈 전투보다 한 세기 전 보몽의 부백작이 결연을 깨뜨리거나 자신의 동료를 포기하지 못했던 이유도 그로 인해 수치를 당하고 자신의 전 친족을 오욕스럽게 만들 것이라는 두려움 때문이었다. 그러나 차츰 세 가지의 다른 미덕이 강조되면서 성실만을 주로 강조하던 분위기가 변모해 나갔는데, 그 세 가지는 여성에 대한 '공경' 내지 '예절' 그리고 특히 무예와 관대함이다.

두 가지 자질은 상호 연관적이다. 당시의 시와 노래는 각운에 묘미를 두며, 이 덕목들의 가치를 강력히 표명하고 있었다. 《기욤 르 마레샬의 노래》를 쓴 솔즈베리 백작이 긴칼의 기욤에 대해 묘사한 찬사의 글 내용 중 "어머니에게는 장한 일을 했고, 자신의 기수에게는 관대히 베풀었다"는 대목은, 이보다 75년 전에 씌어진 《브뤼의 이야기》에 나오는 '덕성과 관대함'의 표현 대목을 따온 것이다. 용기는 12세기중에 기사도의 중심 가치가 아니었다. 그것과는 거리가 있었다. 한 참여 기사의 직접적인 증거에 바탕을 두고 씌어진 《익명의 1차 십자군 역사》에 나오는 전사들에 대한 평가를 통해 이를 알 수 있다. 십자군 원정 전사단에 대한 설명에서──그것은 집단의 문제일 따름이며, 개인에 대한 묘사는 항시 해당 인물이 스스로의 책임하에 전사단을 이끄는 수장과 관련되기 때문에 등장한다──이 자료는 용기의 덕목을 치하하고 있다. (게다가 이 어휘는 육체적 힘이나 정적인 자질인 신중함과 관련되고 있다.) 그러나 용감성을 두려움이 전혀 없는 상태로 보고 있지는 않다. 반면 무모함은 비난받아 마땅한데, 그것은 오만──신의 뜻을 위배하는 점에서 중범죄로 여겨지는──으로 화할 맹목적인 성향으로 간주된다. 따라서 힘과 지혜인 용기는 신뢰에 바탕을 둔 인내, 신의 뜻에 대한 복종, 열망이라는 수동적 덕목으로서 나타난다. 왜냐하면 만약 인간이 신의 목적 실현을 보조해야 한다면, 그것의 진행 과정에 영향을 행사하려 하는 것은 엄중한 죄과이기 때문이다. 경건한 전사는 자신이 인식하는 존재 앞에서 마음을 추스리는 경향이 있다. 따라서 용기는 장신구처럼, 사람들이 단지 부사나 형용사

같은 수식어를 동반하여 표현하는 행동면에서의 하나의 장식에 불과하다. 용기는 행동의 동인이 아니다. 반대로 동사나 동명사적 표현이 첨가되어 그 의미가 뚜렷이 부각되는 두려움이야말로 실제의 동인으로 작용한다. 항상 끊임없이 사람을 괴롭히는 두려움이 거기에 작용한다. 전사들은 전투 전에 상대의 기병과 보병의 수를 어림셈할 때 그 군사력을 과장하여 평가하면서 스스로 두려움을 조장하게 된다. 그리하여 전투가 개시될 때면 공포심이 증폭된다. 첫 공격을 행할 때는 격앙된 분위기 속에서 두려움을 억제할 수 있지만 집단의 결속이 현저히 약화되었다고 느끼는 순간 두려움이 재차 몰려든다. 그리고 도망을 치면서 타격을 받을 것이라는 두려움은 어느 정도 사라진다. 놀라운 사실은 이 감정이 종종 비난받기보다는 정당화된다는 점이다. 즉 신중함, 또는 신의 뜻을 헤아려 행한 겸손이기에 진정한 용기를 발휘한 것으로 여겨질 때도 있었다. 그리고 《1차 십자군 역사》에서 드러나듯이 당대 대부분 기간 동안 그러한 두려움은 굳이 설명을 달 필요도 없이 전혀 불명예스럽지 않으며, 어느 전투에서나 나타나는 항상 요소로서 간주되고 있었다. 그러나 한 세기 후 부빈 전투에서는 상황이 완전히 변하였다. 차후로 용기는 어느 덕목보다도 기사의 가치 척도가 되어, 비열한 행위로 여겨질 어떠한 단서를 보이거나 가증할 무기를 사용하는 것은 금기시되었다. 이미 1197년에 플랑드르 백작을 수종하던 기욤 르 마레샬은 존엄왕 필리프의 군과 전투한 적이 있었다. 남작들은 대규모의 플랑드르 코뮌군을 이끄는 전차들 뒤로 몸을 숨길 것을 제안하였다. 즉 그 뒤에 숨어 가다가 때를 보아 프랑스군 앞으로 돌진한다는 전략을 고려하였다. 이에 대해 기욤은 신이 이를 기뻐하지 않을 것이라고 말하였다. 코뮌군을 대동하지 않고, 또는 피난처 없이, 다시 말해 퇴각을 고려함이 없이 완전히 개방된 공터에서 싸움에 임할 것이다. 기사도적 덕목 중 저돌성이 신중함보다 높은 덕목으로 자리 잡으며, 저돌성과 함께하는 덕목인 호탕함 또한 그러하였다. 이 시기에는 교회에서 설교하는 도덕률 또한 유사하게 변모하여 죄악 중 첫번째 자리를 차지하는 것은 이제 오만이 아니라 탐욕이었다. 결과적으로 용기로부터 획득이 이루어진다. 그러나 획득 자체는 비난의 대상이다. 현자는 관대히 베풀기 위해서만 획득하고자 한다. 만약 베풀기 위해서가 아니라면 전쟁으로부터 획득하는 이윤을 아무도 정당화하지 않는다. 다시 한 번 기욤 르 마레샬의 예를 인용해 보자.

> 그는 전투의 모험과 상을 위해
> 곳곳을 돌아다녔으며
> 종종 부유해져 돌아왔다.
> 그러나 그는 획득한 것을 쓰는 데
> 탐욕하지도 인색하지도 않았다…….
> 영웅적인 행위와 호의 그리고 관대함은
> 괄목하여 왕과 왕비, 공작과 백작들은
> 그를 높이 평가하여 옆에 두고자 하였다.

부빈 전투 세대의 훌륭한 기사들은 편력 생활이나 마상 시합, 혹은 왕이 선한 신의 뜻에 따라 평화를 확립하기 위해 이끄는 정의로운 전쟁에서——이 덕목들을 따르고자 했는데, 이 덕목들은 습득하기 극히 어렵고 비용이 많이 드는 것들이었다. 그리고 이 덕목들은——함께 참여한 사회 집단구성원간에 분유되지 않고 개인에게 적용되는 자질이나 영예 또는 장식적 표현이었다. 기사들은 수입을 획득하며 그것도 많이 획득한다. 그런 과정에서 기사들은 세상의 다른 경우와 마찬가지로 일정 부분 바람직하지 않은 측면과 관련된다. 실제 기사가 쇠사슬 갑옷 위에 걸치는 명주 망토처럼, 무모한 용기와 관대히 베푸는 덕목을 강조하는 이면에는 돈의 획득을 바람직한 모습으로 보이게 하고자 내심을 숨기고 안심시키기 위한 이데올로기적 의도가 내포되어 있다. 이처럼 탐욕은 용기라는 덕목으로 변장되며, 여성을 만족시키는, 그러면서도 신을 덜 만족시키는 것은 아닌 열정적인 무모한 용기 밑에 자신의 본성을 숨긴다.

*
**

　마상 시합과 실제의 전투간에 유일한 차이점은 그 의도에 있다. 전쟁은 '증오' 그리고 방어하고 복수하려는 욕구에 의해 촉발된다. 전쟁은 금기를 존중하며, 선하게 인도된다면 정의로운 행위가 된다. 전쟁은 일시질서를 깨뜨리지만, 보다 나은 질서를 재회복하게 하며 상처를 치유하고 각자 본연의 권리를 되돌려 준다. 또는 보호하거나 징벌해야 할 자를 제약할 수 있는 사법적 권위가 여기서는 작동하지 않기 때문에, 또 달리는 희생자가 고발하고자 하지 않거나 범죄인이 중재재판소의 결정을 요청하지 않는 점에서 전쟁은 합법적이다. 또한 즐거움을 위해 벌이는 마상 시합보다 훨씬 정당한 행위이다. '과시'나 헛된 영광의 추구가 아니라 재산을 탈취해 가려는 적을 상대로 벌이는 필요한 무력의 행사이다. 공격은 엄중한 것으로, 적으로 하여금 탈취물을 양보하도록 하고 사과의 말을 하게 하며 그들이 야기한 고통을 경감하는 조치를 취하도록 강제한다. 그리하도록 위협하고, 이 편의 합당한 주장을 관철하기 위하여 적의 땅을 침범하러 가는 것보다 더 좋은 방법이 있겠는가?
　이같은 변명하에 행하여지는 당시의 전쟁은 구래의 매우 오래 된 모습, 즉 매년 상대 부족을 공격하는 약탈 행위의 모습을 띠고 재차 전개된다. 각 집단은 확고한 목적 의식을 갖고 심혈을 기울여 '자신의 능력을 최대한 발휘함으로써' 전리품을 획득하고자 한다. 수장은 스스로의 노고에 대해 보상받고자 하고, 그를 추종하는 종사단은 오로지 획득하려는 일념만을 품고 있다. 이들이 그토록 기민한 것은 다름 아닌 탐욕 때문이다. 1127년 플랑드르에서 갈베르는 수백 명의 기사와 차출된 도시의 코뮌군이 암살된 백작의 원한을 갚는다는 유일의 고결한 목적 때문에 서둘러 집합한 사실을 제시해 주고 있다. 이들은 마침내 브뤼주 성 내 교회에서 암살자들을 척결하게 되었다. 이들은 여기서 "자신들 앞에 포위된 자들을 바라보며 대담한 전투욕과 용기를 과시하고, 또 자신의 부친과 백작령을 위해 죽으리라 여기면서 승리하는 우리에게 영광이 있을 것임을, 그리고 모반자들이 성전을 자신의 소굴로 삼는 극악한 범죄자임을 선언하였다. 그렇지만 이들은 자신들의 주군인 백작의 재산을 탐내고 있었기에, 포위된 자들을 압박하면서 자신들이 차지하려는 전리품을 내심 정하고 있었다. 탁월한 관찰자인 갈베르는 "오직 이것만으로도 그들의 열정을 북돋우기에 충분하였다"라고 부언하고 있다. 전사들 모두가 각기 자기 개인을 위해, 그리고 각 집단은 각자의 집단을 위해 약탈에 나선 셈이다. 그것은 약탈 시장의 모습을 띠어서 전쟁 지휘자들이 전리품을 공정히 분할하려 시도하기도 했지만 그다지 성공을 거두지 못하였다. 따라서 전투에 참여한 원대한 명분이 타인에게 전리품을 빼앗길 수 없다는 약탈욕에 의해 봉쇄될 위험이 항시 도사리고 있었다. 또한 브뤼주에서 암살자들이 교회를 피난처로 삼아 바리케이드를 친 이유 중 하나는 결정적인 순간에 그들의 눈앞에 펼쳐진 보고에 현혹된 추적자들이 자신들에 대한 공격을 중지할지도 모른다는 바람 때문이었다. "……이들은 백작의 보화와 성 안에 위치한 저택의 동산을 탐내어 백작의 저택에서 프레보의 저택으로, 공동 침실로부터 성당 참사원 경내에 이르기까지 기웃거리면서 약탈물을 찾느라 혈안이었다…… 이들은 자신들이 죄를 범하지 않고 대의를 펼치고 있다고 믿으면서 비품들을 자신의 소유로 하였다. 프레보의 저택에서는 이들이 백작·프레보·성당참사원의 창고에서 약탈한 거대한 분량의 곡식·육류·포도주와 맥주에 대해서는 언급할 필요도 없다. 값비싼 의복으로 가득 차 있는 성당참사원의 공동 침실에서는, 이들이 성내에 들어와서 밤이 되어서까지 약탈물을 획득하러 오가는 행위가 끊이지 않았다." 당시 세계는 굶주림에 대한 공포를 심히 느낄 정도였고, 금속이나 직물이 귀하였으며, 돈을 만져 볼 기회가 드물었기에 위 약탈물들은 적잖은 가치를 지니는 것이었다. 부족한 것이 많은 사회에서는 거의 모든 것들이 가치 있는 것이 된다. 전투가 벌어지면 농민들은 숲이나 늪지 혹은 도시 장벽 뒤로 도망친다. 어쩌면 성소야말로 최상의 은신처일 수 있었다. 전사들은 교회 안으로 몰려들었다. 그 중 한 교회 건물은 선자백작 샤를의 시해자들을 수일간 보호해 주었다. 상대가 접근한 순간부터 광주리와 포대 및 온갖 용구로 벽을 친 이 건물은 '정당한 방어 기회를 빼앗긴 사람들의 가게' 처럼 풍전등화의 상태가 되었다. 추적 결과 일단의 쫓기는 자들은 숨을 헐떡이며 교차점에 있는 십자가로 몰렸다. 그런데 추적하는 자들이 용병이 아니라 신을 두려워하는 기사들이었던 관계로 쫓기는 자들은 일시 구출되었다. 마상 시합에서나 전투에서나 고려할 대상은 상대 진영의 기사들이었다.

상대의 퇴각을 이끌기 위해서는 피난소 역할을 하고 있는 대소규모의 모든 성을 포위하고 압박을 가해야 하였다. 그런데 이 성들을 상대로 창 공격을 감행할 경우 오히려 창이 쉽사리 망가지곤 한다. 보다 효율적인 것은 쇠갈퀴와 보병의 이용이다. 그렇지만 보병은 적이 포위되었을 경우에만 효과를 볼 수 있었다. 적은 사슴처럼 떼지어 달린다. 포위군의 목표 대상은 살아 있는 전사이기 때문에 상대를 살상하는 데 상당히 요주의하지 않으면 안 되었다. 전투에서 기사가 전사하는 경우는 매우 드물며 어쩌면 기사가 스스로의 열정을 과도하게 발휘하는 마상 시합에서보다 그 가능성이 적었다. 마상 시합에서도 전사는 우연적인 일이었다. 양 진영간에 해묵은 증오감이 증폭되고 골이 깊어지면서 정도 이상으로 싸울 때에도 이는 드문 일이었다. 노르망디에서 어느 날 13명의 기사가 한 상대 기사를 추적하는 일이 발생하였다. "이들은 그를 산 채로 붙잡기로 하였다." 그러나 도망자는 황급히 서둘다 창에 찔리게 되었고, "타격을 가한 기사 입장에서는 대단히 애석하게도 용감한 기사는 그날 사망하였다." 추적 기사들의 수장이었던 고위 영주는 "자신의 기사들이 중대한 범죄를 저질렀고, 살인으로 인해 그의 영토에 큰 재난이 가해질 것으로 느껴 구래의 원한을 풀기로 하였다." 동시에 '이같은 그릇된 행동이 시발이 되어 수많은 분쟁이 야기될 것을, 또한 전염병처럼 끊임없이 재발되는 분쟁으로 보다 심대한 사태가 전개될 것을 두려워하여' 그는 신속히 희생자의 조카와 평화 협정을 맺었다. 12세기의 전투는 바로 이와 같았다. 전투로 인한 살해는 평화시의 살인보다 적법적인 것으로 간주되지 않았고, 그 여파가 간단하지 않았다. 이는 우연적인 재난, 즉 전투로 인한 사망이 매우 드물었다는 사실을 설명해 준다. 1127년 선자백작 샤를의 시해 이후 플랑드르 전역에서 전쟁은 1년 이상 지속되어 수많은 기사들이 상호 적대하였다. 갈베르는 일련의 메모를 통해 매일매일 전개 상황의 매우 소상한 관계들을 기록하였으며, 사망은 이 사건에서 중심적으로 다루어지고 있었다. 그런데 사건 전체를 통해 7건의 사망밖에 발견되지 않는다. 이 중 1명은 화살에 의해, 다른 1명은 기둥에서 뚜껑이 떨어져 사망하였다. 5명의 귀족 전사 중 1명만이 추적 도중 상대에 의해 타격받고 죽음을 당하였다. 나머지 4명은 우연한 사고로 사망하였다. 즉 말에서 추락하고, 성벽을 오르는 도중 발을 헛디뎠거나, 천장이 무너지거나 하여 사망하였다. 브뤼주군이 시해자들에게 최종 공격을 가하는 결정적인 시점에서 여기에 참여하여 사건을 목격했던 갈베르는 그 자신이 신의 특별한 은총에 의해 아무도 살해하지 않고 상황을 넘긴 것을 다행으로 여겼다. 그가 '살육'이란 말을 사용하였을 때, 그는 이 말의 의미를 정확히 하고 있다. "나는 큰 타격을 입고 피를 흘리는 일군의 사람들을 묘사하려는 것이 아니다." 아무도 죽지 않았다. 용병 궁수의 활이 공포의 대상이었다면, 그 이유는 그로 인해 죽을 염려 때문이 아니라 장비를 변변히 갖추지 못한 보병이 중상을 입을 가능성 때문이었다. 무장을 잘 갖춘 전사들의 경우 이같은 부상을 당하지는 않으며, 오히려 타박상을 종종 입게 되는데 그리되면 두려움을 갖고 도망을 친다. 최상의 갑옷으로 보호받는 기사들은 신중히 기다리며 적절한 시기에 구조받는다. 이들은 흉터투성이 상태로 전투로부터 귀환하는데 여하튼 돌아오긴 한다.

전투는 경험 많고 휘하 전사들의 공고한 보호를 받는 수장들이 이끄는 추적의 형태를 띠는데, 이들은 선한 그리스도교인이기 때문에 적을 박멸하는 것이 아니라 사로잡아 몸값을 받아내려 한다. 획득을 위해 모험에 나서는 일은 행복한가? 이번 전투에서는 포로를 잡을 수 있을까? '남자 감옥'에서 포로를 종종 발견하게 되는데, 포로 획득자는 몸값을 얻어내기 위해 압력을 행사한다. 예컨대 기욤은 3개월간 감금된 적이 있는데, 그를 포로로 잡은 자들은 겨울철에 물로 축축이 적신 내의 하나만 입힌 채 그를 차가운 북풍에 노출시켰다. 그러나 이같은 처사는 기사를 다룸에 있어서 비열하고 불명예스런 방법이었다. 존 왕은 시농에서 포로들을 지나치게 추잡하게 다루어 그와 함께했던 전사들이 이를 수치스럽게 여겼다. 훌륭한 제후는 붉은 수염 윌리엄 왕의 예를 따라 "쇠고랑을 풀어 주고, 감옥 밖 성 내에서 충분히 먹을 것을 제공하며, 포로의 맹세를 들은 다음 식사 후에 마상 시합일의 저녁처럼 자유로이 행동하도록 해주었다." 그리고 자기측 사람들이 포로가 도망가지 않을까 우려하자 그는 화를 내며 다음과 같이 말하였다. "훌륭한 기사가 스스로의 약속을 저버린다는 생각을 뇌리 속에서 지워 버려라. 만약 그가 도망간다면 그는 범법자와 마찬가지로 경멸의 대상이 된다." 실제 기사들은 상호간 예의를 지키는 훌륭한 동료 집단에 속하였다. 적어도 원정이 끝나가고, 각자가 자신의 전리품을 확실히 하며, 모든 주의 조치가 취해졌을 때는 그러하였다. 아무도 자신의 전리품을 소홀히 하고자 하지는 않았다.

이같은 염려는 모든 행군 기사들에게 적용된다. 깃발 뒤에 대오를 지어 모인, 혹은 모험을 지휘하는 수장이 고위 귀족일 경우 여러 깃발 밑에 상당수 대오가 결집한 전사단의 형태로 기사들은 영주의 영역에서 추적하고 침입하곤 했으며, 이에 대해 영주가 이들을 제압하여 평화를 지키도록 해야 한다는 원성들이 있었다. 이들은 상대를 탐지하는 척후병을 앞세우고 미로를 따라 경무장한 채 전진해 나간다. 추적자들은 자택에 결코 오래 머무르지 않고, 항시 길의 구석구석을 답파하기에 발자국까지 정확히 가려낼 정도로 남이 생각할 수 없는 곳곳을 훤히 알고 있었다. 이들은 최상의 정보를 제공받아 적절한 도로 내지 훼손 정도가 덜한 도로, 때로는 오래 된 로마 도로를 이용하여 전리품을 가득 싣고 돌아오는 수레를 추적할 수 있었다. 발걸음이 무거운 기사는 마지막 순간까지도 어떤 대가를 치르고라도 달려들 기회를 엿보는 군마의 추적 대상이 된다. 추적자는 무거운 마구를 장치할 때 보조하는 시종을 대동하여 짐을 가득 실은 말을 공격하고 추적하며 획득한 다음 신속히 도망치려 한다. 보병은 떨어져 먼지 속에서 걸어간다. 행군해 가는 길 내내 매복이 있을 수 있다. 행군자들은 지나가는 길에 농민의 변변치 못한 재산조차 망가뜨리기도 한다. 또한 적을 발견하면 가능한 곳까지 추적해 가며 숨어서 매복을 하기도 한다. 주목적은 상대를 공격하고 놀라게 하며 가능한 한 산 채로 사로잡는 것이다. 따라서 전리품이 무겁고 귀중한 정도에 비례하여 보다 신중한 행군이 이루어진다. 전사는 자신이 이미 획득한 것을 조금이라도 잃지 않으려 기를 쓴다. 전쟁은 마상 시합이 아니다. 이 점이 문제이다. 아무도 자신의 영광을 위해 위험을 감수하려 하지는 않는다. 전리품이 훌륭할수록 공격 대상이 되므로 각자는 정신을 바짝 차려 경계한다. 공격 대상이 줄어들고 추적자에게 위험이 닥칠 경우 그들은 즉각 별다른 수치심 없이 되돌아온다. 이제 수레는 장애를 피하면서 최단의 가장 안전한 지름길을 통해 포획된 말과 포로와 함께 목표지로 향한다. 이상의 내용이 부빈 전투 전날 존엄왕 필리프가 취했던 행동이다. 그뿐 아니라 카페 왕조의 선왕들 모두가 매년 여름 그와 동일한 행동을 취하였었다. 또한 이 시기에 국왕의 입장에서는 이 기회를 반역한 봉신의 영지를 침탈하는 방편으로 이용하곤 하였다. 왕은 동맹자들을 이끌고 공격할 준비를 갖춘다. 그렇지만 왕도 남작들도 지나치게 큰 위험을 무릅쓰려 하지는 않는다. 자신의 입지가 어느 정도 안정되었다고 느끼는 순간 일부 신중한 사람들은 후퇴하기로 결심한다. 7월 27일 이른 새벽 투르를 우회한 군은 마르크의 늪지 뒤편에 대오를 숨긴다. 아직은 태양이 떠오르지 않아 갑옷이 후덥지근하게 느껴지기 전이었지만, 명령에 따라 그리하였다. 오랫동안 사자심왕 리처드에게 시달림을 받으면서 '많은 군사적 경험'을 축적한 프랑스 왕군은 '전투'에서 이처럼 대오를 밀집하여 퇴각하는 일에 익숙해 있었다. 가장 무겁고 귀중한 전투 장비와 왕군기를 꽂은 수레는 앞자리에 배치하고, 코뮌의 보병군으로 하여금 이를 에워싸도록 하였다. 후면에는 만약의 사태를 대비하여 가장 공고한 대오를 배치하였고, 척후병들은 상대군의 움직임을 멀리서 탐지하였다.

적군은 기회를 잡고자 하였다. 무장군은 퇴각시에 가장 큰 약점을 보인다. 공격군은 약탈하기 위해 상대에 가까이 추적하여 카페 왕조의 영역까지 침투해 가며 받은 것과 동일한 타격을 가하여 복수하고, 약탈물을 가득 실어 돌아오고자 하였다. 그런데 누가 황제와 백작들에게 프랑스군이 두려워한다고 말했던가? 프랑스군이 정돈되어 있지 않을 때에는 이 말이 사실이었다. 그러나 부빈 전투 당시 이 말은 잘못된 것이었다. 존 왕이 살포한 돈이 진정 효과를 발휘하는 순간이 종장에는 오지 않을까? 많은 봉급을 제공해 주는 자에게 보다 나은 봉사를 제공하려는 용병들은, 전리품을 얻는 데 혈안이 되어 있는 위그의 입을 통해서 적극적인 전투 의사를 표명하였다. 오토가 주관한 회의에서 르노는 오랜 경험을 통해 일드프랑스의 군이 퇴각시에 일방적으로 도망가지도 무질서해지지도 않는다는 사실을 알고 있었기에 신중을 기할 것을 주장하였다. 그럼에도 불구하고 막대한 전리품의 유혹과 해묵은 원한 및 지방간의 적대심——아르투아와 피카르디 지방에 대한 플랑드르의 관계에서 보듯이——이 극도로 강렬하게 작용하여 무모함을 과시하는 결과를 초래하였다. 이 일요일에 자신의 모든 것을 거는 모험이 감행되었다. 황제와 동맹군은 전투를 선택하였다.

바타유

　바타유는 게르가 아니다. 나는 감히 그 반대라고 말하고 싶다. 바타유
는 평화의 한 절차에 속한다. 게르(werra, guerre)는 계절적 모험이고 약탈
행위이며 정규적이면서 대담한 일종의 수확 행태이다. 이는 신중하게 농
민층을 이끈다는 명분하에 이루어지며, 수렵 문명 또는 경쟁 세력간에
적대 관계가 끊임없이 분출되고 이 못지않게 탐욕이 넘치는 사회에서 당
연한 요소로 받아들여진다. 이같은 영구적 분쟁 와중에서 게르란 적대 진
영간에 이루어지는 다툼이며 조정이다. 다른 시기라면 적대 가문간에 혼
인, 즉 여성의 교환을 통해 조정이 이루어지게 된다. 예컨대 존엄왕 필리
프와 르노는 장기간에 걸친 상호간의 투쟁을 끝맺으면서 마련된 양측간
의 결혼 피로연에서 격렬한 언쟁을 벌였다. 분노를 폭발하여 상대방을
괴롭히는 게르는 상대의 저항을 약화시키고 귀중품을 획득하며 담보를
얻어내려는 속셈으로 양 진영이 상호간에 급작스레 가하는 타격 행위이
다. 게르에 뒤이어 반드시 이보다 덜 격한 회합이 양자간에 이루어진다.
적대 상호간은 무기를 내려놓고 자신의 친족과 수행원을 동반하여 떠들
고 고함지르거나 맹세함과 동시에 거래하며 문제를 중재에 회부한다. 중
재에서는 각 사항에 대해 동의하면서 조금은 양보하고 중대한 부분은
강력한 요구를 통해 좀더 챙기려고 시도한다. 최종적으로 참석원 전체가
포옹하고 먹고 마신다. 또한 예배식에 참석하며 항상 재폭발할 여지가
있긴 하지만 잠시나마 그동안의 적개심을 털어 버린다. 게르는 게르들 사
이에 전개되는 일련의 담판에 의해 중지되곤 하는데, 양 당사자는 전쟁
을 중지하거나 상호 관계를 깨지 않으려는 염려에서 항시 담판을 준비하

고 실행한다. 왜냐하면 담판 조정은 결코 게르를 통해 이루어지는 게 아니기 때문이다. 조정은 상호간의 담판이나 재판 후에 서약의 교환을 통해 이루어진다. 약탈 원정은 '부드러운 담판'을 깨뜨리는 폭언적 행위 그 이상이 아니다. 반면 바타유는 평화로운 논의의 와중에서 확립된다. 그것은 연장자 또는 통치자가 다루는 진지한 문제로서 비교적 조용히 진행된다. 그것은 재판정 앞에서 이루어지며 궁극적으로 신의 심판 앞에 모든 것을 맡기는 신명 재판이다. 바타유가 갖는 기능은 신으로 하여금 스스로의 목적을 선언하고 확증하며, 모두를 위해 논쟁의 여지없는 명백한 방식으로 어느 진영이 진정 정의로운지를 드러내도록 압박을 가하는 것이다. 바타유는 신탁과 마찬가지로 신의에 의해 이루어진다.

　바타유는 결투 재판과도 같다. 당사자 어느쪽도 싸움을 피하려 하지 않고, 분쟁 원인이 불분명해 보일 경우 재판정은 공동으로 이 소송 절차를 이용한다. 참석자들로 둘러싸인 한정된 공간에서 양 당사자는 무장하여 처음에는 말을 탄 채, 곧이어 말에서 내린 상태로 칼을 들고 싸운다. 다음으로는 무기 없이 백병전을 벌여 한쪽이 패배를 인정할 때까지 안면을 주먹으로 가격하거나 하복부에 타격을 가한다. 신은 승자의 곁에서 싸우고 판결을 내리며, 패배자는 신의 심판을 받는다. 12세기초부터는 점차 논리적 정신이 성숙되면서 이러한 신명 재판에 대한 의문이 생성하기 시작하였다. "신명 재판은 판결이 아니라 심증에 의해 이루어지는 것"이라고 성 베르나르는 적고 있는데, 이 점에서 그는 흥미롭게도 의지와 행동을 구분하고자 애썼던 아벨라르와 견해 일치를 보이고 있다. "그리스도 교인은 게르 속에서 달리는 것을 위험으로, 그곳에서 획득하는 것을 승리로 판단한다. 그 이유는 그가 옹호하는 명분이 선하다면, 그가 치르는 게르가 어떠한 형태의 것이건 악한 것일 수 없기 때문이다. 마찬가지로 게르의 동기가 선하지 않고 게르를 행하는 자들의 의도가 정의롭지 못하다면 그 승리 또한 선할 수 없다." 하지만 이같은 제한적 사고들이 나타났음에도 불구하고 독특한 결투 재판 관행은 그다지 억제되지 않은 것 같다. 최상위 제후들조차 자신의 권위에 도전하는 자들에 대해 최종적 해결책으로 결투 재판을 서슴지 않고 제안하곤 하였다. 예컨대 플랑드르 백작 기욤 클리통은 그의 필생의 경쟁자였던 한 기사의 설전에 대해 "나는 당신을 상대로 전투를 벌여 내가 지금껏 능숙하고 정의롭게 백작령을 보유해 왔음을 입증하길 원한다"라고 응수하였다. 또한 당시 십자군 원정중이었던 멘 백작 엘리는 그의 상속 재산을 탈취기도했던 기욤 르 뤼를 상대로 그리스도의 이름으로 결투를 신청하였다. 영국 왕 헨리 2세와 존엄왕 필리프가 서로 오만하게 대하여 평화에 도달하는 데 어려움을 겪던 1188년 지조르 회담에서 한 남작의 생각은 다음과 같았다.

스스로를 지키고 누가 승자인지를 입증하기 위해
왜 양측은 4인의 기사를 선발하지 않는가?

따라서 전투가 장기화되고 효과적인 해결 희망이 보이지 않을 때, 결투 재판에 의거하려는 양상이 자연스럽게 나타난다. 특히 사안이 중대하고 분쟁의 대상이 통치권과 관련 있을 때 그러하였다. 하지만 제후들이 이 소송 절차를 수용하기로 했을 때조차도 이들은 보통 당사자간의 일 대 일 대결은 주저하였다. 이들은 자신의 동료들과 함께 또는 전력을 동원하여 결투 재판에 임하기를 선호하였다. 이런 식으로 확대되다 보면 결투가 바타유에 이를 수도 있었다. 그러나 그렇다고 해서 결투의 성격이 바뀌지는 않는다. 왕들은 이곳 부빈에서, 대체로 곤경에 처하였을 때 그러했던 것처럼 보병과 기병를 대동하고, 또한 망루를 옆으로 끼고 자리했던 것 같다. 그 형태는 각 구성 요소들의 발전 양상과 상당 부분 연계된다. 그렇지만 그것의 목표는 한 가지, 즉 결투에서와 마찬가지로 적대적인 두 왕 중 1명을 꼼짝 못하게 하는 것이다. 그러한 목적이 완수되지 않을 수도 있다. 그러나 이 최종의 타격에 의해 바타유는 종식을 고하게 되고, 그 결과는 변경 불가능한 것으로 간주된다. 부빈 전투 역시 마찬가지였다. 어느 진영이 정의로운가? 교황 진영인가? 존엄왕 필리프의 진영인가? 파문을 가하고 존 왕의 상속권을 박탈한 쪽인가? 아니면 다른 쪽인가? 신이 판별해 줄 것이며, 신의 뜻에 의해 어느 한쪽으로 운세가 기울 것이다. 바타유를 선택하게 되면 선택한 자의 몫 전부를 빼앗기고 어쩌면 살해당할 위험도 있다. 결투 재판시 폐쇄된 공간에서 결투하여 패배당한 후 맞는 죽음의 의미는 바타유의 전쟁터에서도 패배한 진영에게 동일하게 작용한다. 다만 전사 중의 오직 1명, 즉 반대 진영의 수장에게만 공격의 초점이 맞추어진다는 점에서 차이가 난다. 우리는 이 점을 바이외 지방의 자수품에 묘사된 장면을 통해 이를 명백히 확인할 수 있다. 노르망디 공작 기욤의 전사들이 추적하여 살해하려고 혈안이 되었던 대상은 해럴드였다. 이 전투에서 가히 분기탱천하는 신의 분노로 인해 전쟁터는 아수라장이 되었다. 바타유는 양 진영이 상대를 처단하려는 극한 투쟁의 상황에 이르렀다. 양 진영은 싸움을 종식시키기 위해 필요하다면 상대를 완전 제거하는 데까지 치달았을 것이다. 이는 부빈 전투 이튿날 떠돌기 시작하여 이후 증폭된, 그리하여 연대기작가들이 수용한 온갖 종류의 소문들을 설명해 준다. 소문의 진상은 필리프가 오토에게 자신의 본거지인 오를레앙을 약속하였고, 양 동맹자들은 왕국을 예비 분할하였다는 것이다. 이는 가능한 일이었다. 바타유가 소규모의 신중한 충돌과 다른 점은 그것이 다른 영역에까지 끝까지 밀고 나가 침투하려는 그 절대성 내지 그것이 갖는 운명적 무게에 있다. 바타유는 아무도 전율 없이는 감행할 용기를 갖지 못하는 영역이다.

바로 이같은 이유로 바타유는 매우 드물었다. 11세기말 앙주 백작 풀크 레챙은 자신의 조상과 그 무훈에 대해 자신이 알고 있는 바를 기술하였다. 이 위대한 영주 가문이 4대에 걸쳐 치른 바타유는 단 여섯 차례에 불과하였다. 987년에 사망한 조프루아는 푸아티에 백작과의 바타유에서 승리하였다. 1040년에 사망한 풀크 네라는 가문의 두번째 바타유에서 브르통 백작을 살해하였고, 가문의 세번째 바타유에서 블루아 백작을 패주시켰다. 이후 가문이 치른 바타유의 영웅은 망스 백작과 푸아티에 백작을 사로잡은 조프루아 마르텔이었다. 풀크 레챙 백작 자신도 '바타유에서' 자신의 형에 승리를 거두고 그를 사로잡았으며, 그 결과 백작의 권좌를 확고히 하였다. 이같은 바타유들은 상대방을 포로로 잡건 패주시키건 사망으로 이끌게 하여 끝을 맺었다. 각 싸움들에서 동등한 자, 즉 왕 대 왕, 백작과 백작간의 대결이 이루어지며, 이같은 경쟁은 항시 제후령 내에서의 통치권의 향배와 관련된다. 바타유는 가문의 영광을 더해 주는 칭송할 만한 과업으로 간주되지만 게르의 경우는 그렇지 않다. 게르는 해로운 결과를 낳을 수 있다. 조프루아 마르텔이 자신의 아버지를 상대로 벌인 게르로 인해 "수많은 악한 행위들이 자행되었으며, 그는 이후 혹독히 회개하지 않으면 안 되었다." 바타유는 결코 그렇지 않다. 게르는 서서히 곪아갈 때는 치유책이 될 수 있는 반면, 바타유는 급진적 치유책으로서 인민까지도 치유하는 효과가 있다. 블루아 백작 티보를 상대로 조프루아가 벌인 게르는 "이들이 바타유에 들어선 순간 약화되었으며, 그 이후 모든 일이 해결되었다." 플랑드르 백작령에서는 한 세기 반 동안 3차례의 바타유, 즉 1071년 카셀 전투, 1128년 악스포엘 전투, 마지막으로 부빈 전투만이 있었다. 정복왕 기욤은 임종에 임하여 '서약과 정의의 준수 및 신법과 평화법의 존중'에 관한 지침을 제공한 바 있다. 그는 자신의 삶에 대하여 다음과 같이 말하였다. "나는 어린 시절부터 전사가 되도록 양육되었고 적잖은 사람을 살해하였다." 그는 먼저 발드윈, 이어 헤이스팅스에서 바타유를 벌여 신의 도움으로 승리를 거두었다. 그는 단 두 번 바타유를 벌였다. 그는 또한 프랑스 왕의 전사들과도 전투를 벌였으나 프랑스 왕은 이에 참여하지 않았었다. 따라서 이 싸움은 분쟁도 바타유도 아니었다. 카페 왕조의 왕들은 부빈 전투 이전에 딱 한 번 바타유를 벌였는데, 그것은 1119년 영국의 헨리 왕을 상대로 브레밀에서 벌인 전투였다. 이 바타유에 루이 6세도 참여하였으며, 이후로는 계승자들이 모험을 감수하려 하지 않았다. 결과적으로 끊임없이 전개되는 봉건 게르들과 비교해 볼 때 바타유는 단 며칠에 그쳤다. 그러나 이 며칠은 중대하고 결정적인 기점으로 작용하였다. 그리고 특히 이런 날의 사건들은 신이 원하는 바를 현시해 주는 것이기에 초자연적인 의미를 지닌 것으로 여겨졌다.

의례적 성격을 띤 바타유는 의식을 통해 성화된다. 신명 재판, 결투 재판과 마찬가지로 바타유도 싸울 '성소(champ)'를 필요로 한다. 이 말로부터 '성소의 전투(bataille champel, praeium campestre)'라는 보다 구체적 표현이 등장하며, 무훈시들에서도 이같이 표현되고 있다. 이 장소에서 양 진영의 수장이 대결하고, 그 중 1명은 죽거나 수치스럽게 도망치며 상대방의 자비를 구할 때도 있다. 여기서 놀라운 점은 전략적인 면이 아니라 성사를 받을 목적으로 좌정해 대기한 사람처럼 긴 시간에 걸쳐 의식을 준비하는 점이다. 양 당사자는 주님의 재단 앞에 나아가 가장 먼저 기도하고, 주님의 면전에서 자신의 의도가 정의로움을 알리며 자신들이 범한 과거의 잘못들을 원상회복하겠음을 약속해야 한다. 1106년 틴취브레이의 한 싸움터에서 정복왕의 아들인 헨리는 채비를 마쳤고, 그에 대항하는 그의 형제 로베르 쿠르퇴즈 또한 그러하였다. 여기서 노르망디 공령과 영국 왕국이 싸움의 목표물이었다. 헨리는 자신을 정당화하고 신에게 속죄하는 기도 내지 구두 변론을 하였다. "나는 비탄에 빠진 사람들을 구조하기 위한 경우에만 싸움을 벌인다. 나는 만물의 창조주를 항시 염두에 두고 산다. 오늘의 바타유에서 신은 사람들에게 보호와 안녕을 가져다 줄 것으로 자신이 믿는 자를 선택하여 그에게 승리를 부여할 것이다." 그는 이어 신의 평화 운동을 위반하여 자신이 저지른 가장 중대한 잘못을 회복하고, 전투 동안 파괴된 교회를 재복구하며, 이 성소에서 붙잡힌 자 모두를 풀어 주겠다고 약속하였다. 이처럼 전투를 벌이기 전에 행하는 자기 정화 내지 정당화 작업은 수장을 따르는 모든 기사들과도 연계된다. 1128년 6월 20일 아침 악스포엘에서 플랑드르 백작령의 통치권을 두고 싸움을 걸어 온 티에리에 대항하기 바로 전에, 기욤 클리통은 그처럼 참을 수 없는 치욕을 당하느니 차라리 죽기로 결심하고 우당베르의 수도원장을 찾아가 자신의 죄를 경건하게 고백하고 사면을 받으면서 차후 교회와 빈자의 충실한 보호자가 될 것과 제후로서의 역할을 충실히 이행할 것을 약속하였다. 그런 다음 자신의 기사단 모두로 하여금 유사한 약속을 하도록, 즉 평화의 서약을 새로이 행하도록 지시할 것을 권면받았다. 이에 기사단 일체는 회개의 복장을 하고 긴머리털을 잘랐는데, 공의회는 긴머리를 명백한 타락의 표식으로 간주하고 이를 파문의 대상으로 삼아 왔었다. "이들은 일상의 의복을 벗어던지고 셔츠와 갑옷만을 걸쳤다." 그런 후 그는 '신에게 겸손히 서약하고 아주 강렬한 열정에 휩싸여' 십자군의 복장과 태세를 갖추고서 평화의 순례에 임하는 자세로 종교적 행렬을 하듯이 전쟁터로 나아갔다. 그리고 한때 면전에서 이들을 파문한 바 있던 주교들은 원거리에서 지지를 보냈다. 이런 사실은 널리 확인되고 있다. 이제 막 개화되기 시작한 무훈시에서도 바타유는 평화의 의식으로 간주되었다.

회개 의식 다음으로 제후가 자신의 전사들에게 그들의 용기를 고양하기 위해 행하는 선언이 이어진다. 이런 부류의 선언 내용은 항시 동일한 주제를 담고 있다. 헤이스팅스 전투에서 정복왕이 행한 연설 내용은 1217년 링컨 전투에서 당시 아주 어린아이에 불과했던 헨리 3세를 대신하여 이 전쟁을 이끌었던 기욤 르 마레샬이 왕의 이름으로 행한 연설 내용에 거의 그대로 반영되었다. 우리 진영은 승리가 보장된 선의 진영이며, 만약 우리가 전사한다면 신은 우리를 천국에 둘 것이라고 그는 말하였다. 또한 우리가 승리한다면 이 승리는 우리 자신과 가문의 영광이며, 적은 지옥에 빠질 것이다. 하늘은 우리의 승리를 점지하셨고, 우리는 스스로를 방어하고 드높은 영광을 차지할 것이며, 우리는 적들이 비열하게 공격한 성스러운 교회를 보호하고 우리의 죄를 속죄하기 위하여(바타유는 결국 십자군과 마찬가지로 신의 편에 선 사람들에 대해서 면죄부의 기능을 한다), 그리고 마지막으로 우리를 궤멸시키러 온 자들을 징벌하기 위하여 전투에 나간다고 그는 선언하였다. 이 대목에서 기사도의 중심적 가치인 영광과 명예에 대한 세속적 관심이 환기되는 점을 엿볼 수 있는 게 사실이다. 하지만 이런 측면은 본질적 주제, 즉 파문당한 자와 신성한 평화의 위반자 등 적 진영에 속한 자들이 행하는 불경한 폭력을 상대로 선한 싸움을 벌이는 아군의 지휘자가 전투 전 선포하는 내용에 부가된 가벼운 요소들이다.

이처럼 정화되고 용기백배해진 군대는 항시 삼위일체적 상징성을 지닌 진용으로 배치된다. 양측 상호간 3대오간에 3 '바타유'가 전개되며, 양 진영의 수장들은 중심 대오 중앙에 자리하게 된다. 오랜 침묵이 흐르는 동안 성별되어 확신에 넘치는 양군 각 기사 모두에게——이들은 성 조르주와 같은 인물이 되려는 것이기에 긴장하지만 행복해한다——행운의 축복이 내려진다. 전투 나팔이 울리고 경기가 시작된다. 경기의 모든 양상은 양 진영의 수장이 대면하여 결투하도록 진행된다. 양 수장이 자웅을 겨루는 동안 양군은 곳곳에서 전투를 전개하며 중심 지점을 에워싸면서 전쟁터의 핵심 영역을 형성하고 그 경계를 짓는다. 사실 양 수장 각자는 이같이 형성되어 구획된 자기 전투 대오 영역에 한정되어 마치 함정에 빠진 듯 전투에 임한다. 상대에 대한 증오가 분기탱천한 상황에서도 당사자들은 이같은 포위 상태에서 벗어나지 못하고 움직이느라 안간힘을 쓴다. 그가 받는 압박은 적대 진영이 아니라 그의 전진을 준비하고, 그의 퇴로를 막는 자신의 부하들로부터 온다. 이 범위 내에서 직면한 상대를 물리치거나 사로잡기 위해 양 진영의 수장은 각기 자신 이외의 가솔 기사들을 동원한다. 물론 이들 보조군이 왕의 옥체에 다가서는 동작이 신성모독적 행위가 아닌가 하는 의구심을 가질 수 있다. 브레밀에서 루이 6세의 한 동료는 '그가 그토록 증오하는' 헨리 1세를 사로잡으려고 시도하면서 헨리의 투구를 깨뜨리고자 힘껏 내리쳤다. 그러나 이 행위는 결코 정당화될 수 없었는데, '주교가 성유로 도유한 머리를 칼로 치려고 하는 것은 죄악에 해당하기' 때문이다. 사실 두 경쟁 당사자가 가까이서 상대를 마주하는 데까지 이르는 전투는 드물었으며, 상대와 접전할 수 있는 경우는 더더욱 드물었다. 일반적으로 신의 선택이 명백해지는 순간이 다가오면 한쪽 경쟁자는 도망을 친다. 마상 시합에서도 항시 그러하였던 것처럼, 전투에서 일반적으로 부각되는 내용은 패주였다. 왜냐하면 한쪽 수장의 패주는 또한 전 군사 대오의 핵이 되는 중심 대오의 패주를 유발하기 때문이다. 브레뮐에서 루이 6세가 곤경에 처하자 이와 같은 행태를 보였다. 헨리 1세는 그를 붙잡는 데에는 이르지 못하고, 한 보병이 탈취한 프랑스 국왕기를 20마르크의 돈으로 되사 '신이 그에게 부여한 승리의 표시로서' 그것을 보존하는 데 만족하였다. 하지만 패주한 순간부터 이 왕기는 탈취당한 진영의 왕이 살아생전에 재탈취하지 않으면 안 되는 추적의 대상이 된다. 결과적으로 죽음의 공포는 결코 수장에게만 한정되지 않았다. 게르보다 바타유에서 사망자가 더 발생하는 것은 아니다. 브레뮐에서는 양쪽 9백 명의 기사가 싸웠는데, 오더릭 비탈은 이에 대해 "단 3명만이 죽은 것을 확인하였다. 왜냐하면 이들이 철갑 투구를 쓰고 상호간에 같은 전사로서의 동료애뿐 아니라 신에 대한 두려움으로 상대의 목숨을 너그러이 부지시켜 주었기 때문이다. 이들은 상대방을 죽이기 보다는 사로잡고자 하였다. 이들 그리스도교인 전사들은 자신의 형제들과 상이한 족속이 아니고, 신의 뜻에 따라 왕의 승리를 기원하며 그리스도교인의 안녕을 위해 싸우는 것을 기꺼워하는 자들이다"라고 적고 있다. 상대방의 죽음을 원치 않는다는 측면에서 바타유는 일반 재판보다 특별히 덜하지 않다. 그리고 싸움은 이 판결에 의해 중지된다.

또한 재판에서처럼 그 결과가 경쟁자에 의해서도 수용되어야 한다. 사실 그 결과는 자기 진영의 수장뿐 아니라 그를 추종한 사람 모두의 권리에도 영향을 미치며, 그런 까닭에 좀 놀라운 일이긴 하지만 패배는 추종자들에게는 일종의 기만처럼 보일 수도 있다. 바로 이런 이유로, 그리고 이에 부가하여 전투의 결과에 대한 확신이 없을 뿐더러 한 진영이 상대 진영 못지않게 정의로이 여겨질 수 있는 것이기에 바타유가 이루어질 수 있는 것이다. 각 진영의 사제들은 동일한 확신을 갖고서 신의 가호를 희구한다. 또한 신의 심판은 패배자들을 큰 혼란에 빠뜨린다. 징벌받을 만한 어떤 짓을 했던가? 전적으로 새로운 수단은 불가능한가? 신의 은총을 얻기 위한 방법이 있지 않을까? "악스포엘 전투 바로 전 기욤 백작이 신 앞에 겸허히 엎드려 자신의 전 추종자들과 함께 자신의 머리털을 자르고 필요 이상의 의복을 벗어던지는 회개 방식을 채택하였다는 말을 듣자" 그에게 패배당한 상대 진영도 머리털을 깎고 의복을 벗는 등의 동일한 회개 방식을 취하기로 결정하였다. 이 진영의 탑에서 사제들은 새로운 세계를 기원하고, 십자가와 성 유물들을 끌고 다니며 승리자들을 파문하는 위험을 감수하였다. 이같은 완강한 행위는 과오를 범하는 것이다. 갈베르의 생각에 양 진영의 사제들이 저주를 교환하며 다른 방식으로 전투를 연장하는 일은, 즉 전투를 비가시적 세계로 이전하는 행위는 어리석은 일이었다. 어리석은 정도가 아니라 신성모독 행위에 해당하였다. 이런 강고한 행태는 신을 분노케 하고, 새로운 불행을 야기한다. "십자가와 각 교회의 사제들이 마련한 행렬은 신의 분노를 야기할 뿐이며, 전혀 신의 뜻과 부합되는 행위가 아니다. 왜냐하면 이는 죄악을 완강히 드러내는 행위이고, 신 스스로 확증해 준 권능에 반하여 행해지는 것이기 때문이다." 결과적으로 선한 그리스도교인은 순종해야 한다. 모든 바타유는 결정적인 힘으로 작용한다. 그것은 질서로 이끌며, 매우 오랫동안 지속될 한 시대의 종말과 새로운 시대의 서막을 알린다. 전쟁터에 밤이 드리워질 때 다가오는 새벽은 새로운 봄의 세계, 즉 평화로운 세계를 알리는 것이라고들 한다. 전투 이튿날의 상황에 대하여 틴치브레이는 다음과 같이 적고 있다. "두 형제는 땅을 피로 적셨던 그간의 불화를 차후로 중지시키기 위해 **딱 한 번** 상호간에 전투를 벌였다. 정의로운 신의 판단에 의거하여 평화와 정의의 친구에게 승리가 부여되고, 그 적대 진영은 일소된다."

부빈 전투는 이같이 예외적으로 중요한 의미를 지니는 의식——그 의식의 내용이 차후로 오랫동안 확정되는——의 한 예이다. 따라서 여기서는 모든 것이 규칙에 따라 전개된다. 그날 오전 전투에서 예상보다 일찍 추적이 전개되는 돌발적인 사건이 있었다. 이를 유발한 것은 오토의 한 부대였다. 정찰중이었던 믈룅 백작과 게랭 신부가 전투 대오를 앞서 나아가고 있는 중에 이를 멀리서 발견하였다. 마르시엔의 연대기작가이며 《성 오딜롱 전기》의 저자인 베퇸의 익명 작가의 말을 믿는다면, 이 부대는 이미 탐욕에 물든 모습을 보이고 있었다. 이 부대는 '사냥감을 향하여 날뛰는 한 무리의 개들처럼 달려들었고' 규율이 서지 않은 채 증오심을 품고 제멋대로 싸움을 벌였는데, 과연 이같은 자들이 바타유를 원한 것일까? 바타유는 '탐욕스런 증오심을 품은' 동맹군이 사전에 자신들끼리 약속한 대로 한 번의 타격을 통해 왕권을 얻고, 그것을 온전히 유지하게 해주는 결정적 시험인가? 《마르시엔 이야기》는 이 점에 대한 판단을 가능하게 해준다. 여기서 필리프의 적들이 정화 의식을 갖고 신명 재판을 받을 준비를 하고 있었으며, 또한 자신의 군대를 회개하고 신의 복수를 이끄는 평화의 군대처럼 보이게 하기 위하여, 그리고 초자연적 권능을 부여받기 위하여, 자기 진영의 앞뒤에 소규모의 십자가 표식을 달도록 하였다고 이 글은 말하고 있지 않은가? 이들은 십자가를 진 모습으로 묘사되고 있다. 하지만 어쩌면 이러한 조치는 정찰 내지 예방의 의도를 담고 있지 않았을까? 이들은 또한 적군을 일소하기 어려운 지방들에서 변형 전투의 모습으로 왕군의 행렬이라는 명분하에 그들을 효율적으로 퇴각시키려는 생각을 가졌을 것이다. 이런 상황에서 노련한 필리프는 멈추어 서서 주변의 조언을 듣고자 하였다. 그는 그리해야 하였다. 이 시대에는 어느 제후도 자신의 명운이 친우들의 명운과 직결되었던 만큼 중대한 결정을 홀로 내리지 않았다. 이 친우들은 차례로 자신의 의견을 개진하며 전체 의견을 수렴하게 되는데, 최종 결정은 수장이 내리며, 모든 구성원이 그 결정을 따르기로 약속한다. 《플랑드르 일반사》에 따르면, 필리프 역시 이날 아침 무장을 해제하고 모험을 취하지 않는 게 바람직하다는 의견을 주위에 개진하였다. 그 이유로 적이 수적으로 우월해 보이고, 특히 이날이 그리스도교인들이 싸워서는 안 되는 일요일이라는 점을 고려하였다. 일부 반대 의견을 가진 사람들도 있었다. 왕의 근친인 필리프는 신성한 날에 살육을 일삼는 일은 악한 행위임을 인정하면서, 그러나 선공을 취하지 않고 상대의 공격에 대해 수비적 대항을 하는 것은 최소한도의 죄를 범하는 데에 그치되 적에 전혀 대항하지 않는 것은 패배를 시인하는 바보 같은 짓이라는 의견을 개진하였다. 반면에 부르고뉴 공작은 엄숙한 날에 전투를 피할 것을 왕에게 조언하였다. 양쪽 경쟁자들이 대적해야만 바타유가 성립하는 것이며, 그 쟁점이 무엇이건 결코 결정적인 결판으로 여겨지지 않는 전투에는 필리프가 전면에 나서지 말고 그의 남작들과 기사들에게 이를 맡겨야 한다는 것이다. 그렇게 되면 접전은 게르 국면 이상의 의미를 지니지 않게 된다. 분명 전투는 이루어지겠지만 최악의 경우에도 전부를 잃지는 않게 된다. 이 의견을 좇아 왕은 랑스성의 큰 나무 밑으로 물러서게 되었다. 그리고 왕의 측근들 역시 후퇴 행렬을 따르기로 결정한 점은 확실해 보인다. 오더릭 비탈의 주장처럼, 이 같은 행동이 예정된 전투지 경계 너머로 적을 유인하기 위한 책략이었겠는가? 아니면 '성스런 날을 기리기 위해' 바타유를 이튿날로 유예코자 하였던 것인가? 베튐의 익명의 작가는 후자를 그 이유로 삼고 있다. 또는 마르시엔의 표현대로 '매우 슬기로운' 필리프가 자신의 군이 위험에 빠지는 양상을 보면서까지 '신중하고 사려 깊게' 피흘리는 것을 막고자 했던 것일까? 이 마지막 설명이 가장 가능성 있어 보인다. 부빈 다리는 매우 가까이에 위치하였고, 다리 저편 초원에서는 군 보조 요원들이 이미 오래 전 세워진 계획에 따라 텐트를 치기 시작하였다. 왕군은 부빈 다리에 이르는 길을 따라 매우 빠른 속도로 행군하여 신속히 개천을 건널 계획을 세웠다. 이미 젊은 나이를 넘긴 왕은 피로하여 나무 밑에 멈춰 섰고, 군 본진을 떠나 잠시 휴식을 취하였다. 군 숙영지는 가까웠고, 그는 버터 바른 잼을 곁들여 포도주를 마시며 쉬고 있었다.

바로 이 순간 그는 적이 '바타유를 저녁까지 유예하기를 원치 않는다'는 사실을 감지하였다. 게랭 신부가 신속히 달려온 것도 바로 이를 알리기 위함이었다. 전투는 이미 후방에서 개시되어 후위 부대가 타격을 받으며 어렵사리 견디고 있었다. 부르고뉴 공작은 증원을 요청하였고, 더 이상 전투를 회피할 순 없었다. 필리프는 이제 '수치를 느끼지 않고는' 계속 물러나 있을 수 없었다. 이에 그는 갑옷을 입고 가장 먼저 인근 교회에 들어갔다. 이 교회가 로마의 수호성인이자 교황의 법통을 받는 로마 대주교좌의 창시자 성 베드로에 헌정된 교회였음은 가히 섭리라 할 수 있었다. 왕은 여기서 베튄의 익명의 작가에 따르면 '용감하게,' 《마르시엔 이야기》에 따르면 '회개하는 심정으로,' 《플랑드르 일반사》에 따르면 '온통 눈물을 흘리며' 절절한 기도를 올렸다. 이제 그는 더 이상 물러서지 않았다. 신통치 않아 보이던 적이 갑자기 되돌아서 적대해 오는 것에 놀란 오토에게 불로뉴 백작이 역습을 가해 왔다. 이 장면에 대해 플랑드르의 한 연대기작가는 "프랑스인의 습관은 결코 바타유에서 도망치는 것이 아니며, 전사하거나 승리를 거두는 것이다"라고 적고 있다. 사실 프랑스인이 바타유를 벌이는 데 익숙하지 않았지만, 그간 세상에서 가장 훌륭한 기사를 배출해 온 게 사실이다. 그리고 필리프 왕이 전 기사를 상대로 소집의 구호를 외치는 순간 게르는 끝나고 바타유가 시작된다.

이후로는 더 이상 저주도 선동도 무질서도 존재하지 않게 된다. 사전 정지 작업이 이루어지고 전투에 앞선 전쟁 개시 의례가 거행된다. 이제 '전쟁터'는 확정되었다. 시스엥 왕의 광대한 농경지가 바로 그 장소이다. 언뜻 보기에는 면적이 좁아 보이나 말들이 질주하여 전력을 발휘할 수 있을 정도는 되었으며, 양측은 적절한 거리에 대진하였다. 우선 3천 보 정도의 긴줄을 따라 양군의 기병이 예정된 배치 구도에 따라 배열하였다. 《성 오딜롱 전기》에서 정확히 표현된 대로, 양 진영은 '신성한 삼위일체의 배치 구도' 속에서 각기 3 '위계'의 전사들이 상호 세 번의 바타유를 벌였다. 배치의 중심부에서는 두 수장이 장기판 모양의 형태로 각자의 '진용'을 구축하였다. 양측이 각 군의 상징물을 들어올리는 순간이 다가오자 군대의 맨 앞에 프랑스 국왕기가 휘날린다. 다른 편에는 과거 밀라노인들이 탈취한 것과 같은 유사한 수레 위에 걸린 제국을 상징하는 독수리기가 등장한다. 이 깃발의 용 문양을 기욤 르 브레통은 명백히 악의를 담고 있는 상징물로 간주하였다. "양쪽 군대는 길게 늘어서고 각자 진용을 정비하였다."

필리프가 의례적 연설을 행한 것은 바로 이때였다. 그 내용은 관련 증거에 따라 여러 방식으로 전해 오고 있다. 기욤은 이에 대해 짧게 언급하고 있다. 왕은 단순히 신의 가호를 구하면서 돈을 추구하고 성스런 교회를 박해하며 빈자를 억압하는 적들에 대해 파문이 내려진 사실을 환기시켰다. 그러면서 왕은 다음과 같이 덧붙인다. "우리 또한 죄인들이었다." 그러나 적어도 우리는 성직자들과 교통하였고, 자유를 보호하였으며, 따라서 우리는 승리할 것이다. 《플랑드르 일반사》도 어느 정도 비슷한 내용을 전하고 있다. 프랑스 왕이 신의 평화 규정을 위반한 것이 아니며, 그 이유로 고발될 순 없다. 신의 휴전 금지 규정에 따라 전투가 마땅히 중지되어야 할 일요일에 왕은 어쩔 수 없이 전투에 임한 것이다. 오토는 교황에 의해 파문되었고 반역자인 불로뉴 백작, 또한 배반자이며 거짓 맹세를 일삼은 플랑드르 백작도 파문되었다. 이들은 이미 심판받았다. 이들의 범죄는 프랑스 왕을 상대로 전투를 개시하고 스스로 패주한 데에 있다. 이 글에 따르면, 왕은 모든 위험과 생명의 위협을 감수하며 도망치지 않고 전쟁터에 끝까지 남아 승리하거나 아니면 죽을 각오를 단단히 하였다. 샤를마뉴의 조카인 롤랑이 그러하였듯이 말이다. 《성 오딜롱 전기》에서는 이보다는 논조가 덜 확실하게 나타난다. 만약 퇴각이 천변 너머로까지 이루어지지 않았다면, 이것은 퇴각이 불가능하였기 때문이다. 프랑스인들은 '프랑스 왕위를 위해' 싸우지 않을 수 없었고, 각자는 스스로 강력해 보이는 적을 상대로 자연스레 일어나는 공포와 걱정을 극복하지 않으면 안 되었다. 설령 적이 약하다 할지라도 신의 뜻으로 결정되는 승리를 무조건 바랄 수는 없었다. 보다 큰 확신을 얻기 위해서는 1년 전 자신의 주교구에서 야만인들을 용감히 축출한 바 있는 성 랑베르의 가호를 빌어야 한다는 주장이 있었다. 마르시엔의 연대기작가는 필리프가 '겸손하고 자세 낮추어, 그리고 (또다시) 눈에 눈물을 머금고' 주로 가문의 전통에 호소하였다고 한다. 고귀한 전사들은 자신의 조상을 회상한다. 조상들은 후회스런 행동을 취한 적이 없다. 그들은 가문의 세습 재산이 치명적으로 손실되는 것을 막기 위해 저항하였다. 이러한 내용을 훈시한 후 주님으로부터 도유받은 자가 된 왕이 사제가 취하는 자세 그대로, 즉 예수 그리스도처럼 오른손을 들어올리고서 아군에 대한 신의 가호를 호소하는 한편, 승리를 염원하며 죄과를 지은 플랑드르 공작가에 대항하여 싸우도록 아군을 독려하였다. 이러한 모든 행동들은 전사들이 잠시 신성한 순간을 맞이하였음을 나타내 준다. 그리고 나서 정오의 태양빛 속에서 잠시 무거운 침묵이 이어졌다. 프랑스 왕 뒤편에는 2명의 사제가 성시 낭독을 하고 있었다. 이 성시 낭독은 간혹 감정적 흐느낌과 열렬한 기도 소리에 의해 중단되곤 했어도 전투를 벌이는 기간 내내 계속되었다. 신은 그를 잊지 않을 것이며 신의 교회는 1명의 보호자, 즉 필리프를 두고 있다. 교회는 오토에 의해 파괴되고, 존 왕에 의해 강탈당하였다. 그러나 그 시점이 되자 통치자 필리프 자신과 전투의 목표인 왕관이 주문 속에 빠져 있었던 것처럼 갑자기 등장하고, 저 예전의 신을 향한 이스라엘인들의 호소가 들리게 된다. 성시의 내용은 잘 선택된 것이었다: "나의 손을 전투로 이끄신 나의 주 야훼께 찬양 있으라. 주님은 왕들에 승리를 부여하시고, 주님의 목자인 다윗 왕을 구출하셨도다." "신이 몸을 세우시니 그 앞에서 적들이 흩어지고 도망치더라. 마치 연기가 사라지듯이 이들이 흩어지더라. 전투를 좋아하는 수장들도 흩어지더라." "야훼이시여, 당신의 힘은 왕을 환희케 하셨도다. 당신의 구원이 얼마나 환희에 차도록 해주셨던가? 당신은 마음에서 우러나오는 소망을 그에게 부여하셨고, 그의 입술이 희구하는 바를 추호도 거절하지 않으셨도다. 적은 악을 획책하고 당신에 대항하여 음모를 꾸몄으나 성공을 거두지 못할 것이다……." 이같은 소망의 노래, 욕설과 나팔 소리가 난무하는 소동 속에서 전투는 개시된다.

승 리

부빈 전투 이야기를 다룬 저자들은, 교회인들이 대체로 그러한 것처럼 전투하는 자들이 어떤 이념으로 전투에 임하였는가 하는 점에 주목하여 각자의 시각으로 기술하였다. 이들은 기사들에 초점을 맞춤과 동시에 기사들의 행동이 마상 시합에서 확정된 기사도를 위반한 경우 이를 감추고자 한다. 실제 베퇸의 익명의 작가는 게르가 끝난 시점부터 고귀하고 충성스러우며 찬양할 만한 경기가 전개되는 것으로 본다. 이 경기는 전투 참여자들에 대해 최상의 보상을 마련해 줄 것으로 믿겨진다. "경기의 임원들은 그들이 그토록 훌륭한 마상 시합을 지금껏 본 적이 없음을 증거하는 역할을 맡는다." 부빈 전투 역시 궁극적으로는 마상 시합으로서 사람들 입에 회자된다. 저자들의 상세한 묘사 내용은 오로지 휘황찬란한 무장과 시합 전개 과정에 대해 할애되고 있다. 1214년 7월 27일의 사건에 관한 모든 기록의 편린들은 진정으로 열렬한 독자를 위한 일종의 스포츠 문학이었다. 이 기록들은 수천의 조연급 무훈들이 빛바랜 채 묻혀 버리고 마는 혼란스런 실제의 전투 상황으로부터 진정한 스타와 그들의 업적을 찾아내려 애쓰고, 또 그 무훈을 칭송하는 데 심혈을 기울인다. 이런 것 모두는 이야기의 기법에 해당한다.

이 장르의 기록들은 경기석에는 참석하되 그 족적을 남기지 않는 교회인들에 대해 저자들이 언급하는 방식을 설명해 준다. 예컨대 2명의 주교가 그러하다. 이들은 무결점의 위계에 속해 있는 만큼 싸우는 기쁨을 만끽하지 못하도록 되어 있다. 하지만 이 둘 모두 결전의 본질적인 국면에 참여하며, 각기 결정적으로 의미 있는 역할을 맡는다. 두 주교는 연이어

보다 강력한 제후를 포로로 잡는다. 게랭 신부는 불로뉴 백작 르노를, 보베 출신의 필리프는 솔즈베리 백작 존을 사로잡는다. 사람들은 이들의 공훈을 숨기지 않는다. 기록자들은 이들에 대해 예절을 갖추고 신중하게 삼가며 견해를 표명한다. 게랭은 '선출'되었으나, 기욤 르 브르통이 주장한 바에 따르면 신전 기사단에 속한다는 이유로 도유받지 못한 상태에 있었다. 신전 기사단은 전투 집단이다. 그러나 그는 "그곳에 싸우기 위해 온 것이 아니라" 말씀을 전하고 사람들을 계도할 책임을 진 목자로서 기도하기 위해 자리한 것이라고 묘사되어 있다. 만약 게랭 신부가 기사단 사이에서 발견되고 있다면, 그것은 기사들을 격려하고(바이외 지방의 자수품에 묘사된 정복왕의 형제인 오동 주교도 동일한 역할을 하였다) 왕의 훈시 내용을 전달하며 전사 각자가 감연히 신과 교회와 만민을 방어하고 지탱하도록 독려하기 위함이었다. 기욤 르 브르통은 《필리피드》에서 보베의 주교를 묘사하면서, 그가 자신의 손에 몽둥이를 들고 있었다는 사실이 정말 우연이었음을 밝히는 데 상당한 신경을 썼다.

만약 연대기작가들이 전문적인 경기자의 범주에 속하지 않은 특정 인물을 특별히 부각시키고 있다면 이는 그가 미덕과 기사의 스포츠적 능력을 갖추었기 때문이며, 한편으로 그는 전사들 대부분에 대해선 언급하지 않는다. 특히 전체 보병과 관련해서는 경멸하듯이 완전히 침묵한다. 이들은 전투에서 유용한 도구이긴 하지만 귀하지 않으며, 훌륭한 기사들이 아닌 만큼 언급할 가치가 덜할 뿐만 아니라 성가신 존재들이기도 하다. 기사들은 깨진 창 조각을 대하듯이 보병을 짓밟으며 헤치고 나아간다. 보병의 군사 활동은 고상한 솜씨를 가진 자들의 관심 대상이 전혀 되지 못한다. 이들은 혐오감을 불러일으키는 존재로 전쟁터에서 피를 흘린다. 가끔 이들 빈천한 인물들에게 찰나의 조명이 비춰질 경우에도 그런 장면은 고귀한 전사의 무예를 돋보이게 하기 위한 도구로서 작용한다. 낙마한 르노를 덮쳐 그의 안면과 하복부를 칼로 찌르려 한 빈천한 신분의 한 소년 전사가 그 예이다. 그는 울타리 안의 양들 사이에 끼어든 한 마리의 늑대에 해당한다. 이 '울타리' 안에서 한 무리의 기사들이 그들의 적인 불행한 영웅들을 쓰러뜨리려 하지만, 이 적들 역시 용기면에서 자신들과 다를 바 없는 존재들이며 이들을 빈천한 족속, 즉 프롤레타리아 전사들로부터 보호할 필요가 있었다. 그런데 이들 연대기들은 대부분 기사들에 대해서도 단역에 그치는 부수적 역할만을 부여하고 있으며, 전문가의 식견으로 기념할 만하고 전투의 향배를 결정짓는 대결, 수장급의 전사들이 벌이는 전투 장면들을 부각시킴으로써 경기에 대한 훌륭한 이야기를 만들고자 한다. 이날 아마추어 전사들 중 특출한 무훈을 과시하여 자신을 돋보이게 하고, 이로 인해 갑자기 유명해진 인물들이 있었다. 이들은 이후 진정 행동하는 비중 있는 인물로 간주되어 독자적인 판단을 내릴 수 있게 되는데, 이같은 일부 외부인 전사나 경무장 전사를 제외하면 자신의 무훈을 익히 널리 떨친 바 있고 자신의 군기 아래 부대를 이끌어 전투의 즐거움을 만끽하는 '고귀한 인물들,' 즉 대소의 수장들에 대해서만 작가의 관심이 집중된다. 이들은 이 장소에서 명성의 정점에 도달하지 않았던가?

　상대방을 식별하기 어려울 정도로 먼지가 일고 투구가 더위로 달구어져 머리는 혼미하며 땀이 눈을 적시는 상황에서 최상위급의 경기자들은 동료급의 상대자들을 골라 대적하려 한다. 성지에서 이교도에 대항하여 벌인 성공적인 전투들 동안 전문가적 활약상을 보인 바 있는 계랭 신부는 플랑드르군을 상대로 2백50명의 뛰어난 기병 세르장을 진두지휘하며 전투에 임하고 있었다. 그의 대오는 우연히 플랑드르군의 정예 기사들과 접하게 되었다. 그는 엄습하여 강력한 시초의 공격으로 면전에서 상대방 대오를 무너뜨리려 했는데, 이는 좋지 못한 결과를 초래하였다. 이같은 전술은 플랑드르의 정예 기사들을 분노케 하였다. 일반적으로 기사들은 이런 집단을 상대로 전투를 벌이지 않으며, 그들이 이동하는 장면에도 관심이 없다. 이들은 멀리서 타격을 가하고 말을 쓰러뜨려 죽이며, 적을 혼란에 빠뜨리기 위해 기회를 기다렸다. 이들도 다음번에는 공격을 아끼지 않았다. 상대방이 고귀한 인물이 아닌 경우 그를 죽인다 해도 관행에서 벗어난 일은 아니었다. 하지만 기사들은 정신을 가다듬고 원상태로 돌아왔다. 단 2명의 세르장만이 기사의 습격시에 죽음을 당하였다. 마음 깊은 곳에서 치밀어오르는 분노심이나 값어치가 만만치 않은 상대의 장비를 탈취하고 싶은 욕망보다도 훨씬 강한 명예감으로 인해 기사들은 자신들과 동일한 지위가 아닌 자들과 한판 벌이는 것을 진정 원치 않았다.

결과적으로 훌륭한 마상 시합에서처럼 '이곳부터 시리아에 이르기까지 널리 알려진 동일한 무장을 하고서' 수장들은 자신의 영예를 드높이고자 말을 탔다. 수장들이 전투에서 주로 외치는 구호는 조상을 회상하고, 귀부인에게 훌륭히 봉사하겠다는 내용의 세속적 가치와 관련된 것이었다. 각자가 자신의 무예를 헌정하는 대상은 가문의 영광이나 사랑의 유희를 위해 선택된 여성이다. 그리고 전사들이 가장 염두에 두는 것은 시합 장소가 확연히 눈에 띄는 곳이어야 한다는 점이다. 이들은 어두운 장소가 아니라 충분한 빛이 비치는 '열린 싸움터'에서 가장 힘들면서도 품격 높은 경기를 통해 자신의 기병 검술을 뽐내며 싸울 수 있기를 희구한다. 왜냐하면 가장 유명한 자들 중에서 선택된 상대를 낙마시켜 쓰러뜨리는 검법이야말로 당대인들에게 회자할 수 있는 것이기 때문이다. 따라서 타격을 가하는 데 실패하고 쓰러진 자는 치욕의 불명예를 뒤집어쓴다. 그는 또 다른 경기에서 뛰어난 무예를 과시하여 이전의 실패를 보상하지 않는 한 이 경기에서 자신의 가치를 상실하게 된다. 한 예로 부르고뉴 공작은 낙마하여 말을 갈아타지 않을 수 없었는데, 이에 분격한 그는 결국 매우 빠른 시간 내에 상대에 복수하여 자신의 불명예를 씻었다. 또한 기사는 경기 내용을 훌륭히 이끌어야 하며, 경기 규칙이 준수되도록 자신의 격정을 억눌러야 한다. 특히 실제 전투에서 그리고 신의 심판을 보다 선명히 드러내기 위해 상대 진영의 왕을 죽음에 이르게 하는 경우를 제외하면 고귀한 신분의 상대 기사를 죽이는 것을 피한다. 전투 초기의 교전시에 유스타스가 "프랑스인에게 죽음을"이라고 외쳤을 때, 그 말을 들은 모든 전사들이 진저리를 내고 이러한 몰가치한 언행에 분격하였다. 피카르디의 기사들 또한 이같은 무례함에 분기하여 그를 살해하였다. 부빈 전쟁터에서 죽은 상태로 발견된 유일한 기사가 바로 그이다. 긴 칼의 에티엔이 우연히 그와 맞닥뜨려 투구의 눈가리개 쪽으로 칼을 찔러 그를 살해하였다. 그외의 시체들은 보다 하위층 전사들의 것이었다.

요컨대 전사들의 일차적 역할은 상대를 죽이는 데 있지 않았다. 이들은 전투를 충실히 만끽한다. 이 점에서는 가장 졸렬한 전사들도 고귀한 부르고뉴 백작도 마찬가지였다. 이 백작은 성유물 앞에서 왕에 대한 살해 의지를 맹세로써 표명하였다고 전해진다. 그는 자신의 목적을 거의 이룰 뻔하였다. 그러나 왕의 얼굴을 대면하자 왕에 대한 존경심이 끓어오른 그는 자신의 악한 마음을 돌려잡았다. 무훈시의 영웅 시대에 주군과 관련된 기사단에게 일체의 피해를 입히지 않겠다는 특정 기사의 엄숙한 서약을 받아 주며, 그의 손을 맞잡아 준 주군에게 공격을 가한 악한 자들은 평생 동안 따라다니는 불명예를 뒤집어쓰지 않으면 안 되었다. 게다가 그 앞에 서서 봉신으로서의 신종 선서를 받아 준 인물은 신성한 존재였다. 부르고뉴 백작은 이같은 보다 강력한 힘에 이끌려 왕에 대한 자신의 분노를 사그라뜨리고, 그 분노를 자신의 구(舊)적인 로베르에게로 돌렸다. 선서와 주종 관계라는 도덕률에 대한 경외심으로 분노를 삭이고 완전히 용서하는 일이 가능하였다. 예컨대 존엄왕 필리프는 아르눌을 석방시켜 주는 은전을 베풀었다. 부르고뉴 공작은 그처럼 가치 있는 포로를 풀어 준 점에 대해 왕을 힐난하였다. 이에 대해 왕은 다음과 같이 응답하였다: "나는 성 자크의 창으로 그를 사로잡았다. 하지만 그는 결코 전투를 선호하지 않았다. (평화의 사람, 결과적으로 신의 사람이다.) 그는 자신의 주군에 대해서도 항시 교전하지 않도록 조언하였었다. 영국 왕으로부터 신서를 권유받았을 때에도 그는 결코 이를 원치 않았었다. (그는 배신한 게 아니다.) 그리고 그가 자신의 주군에게 충실히 봉사하기 위해 나에게 피해를 주었다 하더라도 나는 이를 악의에 의한 것이라고 보지 않는다."

베뛴의 익명의 작가 눈에 혼미해 보인 부빈 전투의 모습은, 전사들이 상대방을 죽이지 않으면서 국면의 전환을 현란하게 이루는 양상과 특출한 몇몇 영웅들이 일정의 싸움터에 고립되어 벌이는 대전으로 요약된다. 이것은 일종의 경기로서 각자는 도움 없이 경기 규칙에 따라 다른 기사들보다 빠르게 질주하여 상대편 '대오'를 관통해 들어가며 기병을 쓰러뜨림으로써 일등상을 거머쥘 수 있다고 여긴다. 익명의 작가는 이 시합의 수상자 명단에서 여타 경합자들 중 성주 아르눌을 최유력자로 뽑고 있다. 아르눌은 하급의 세르장 대오를 격파하고 기병에 접근하여 그 중 표적으로 삼은 한 사람을 땅에 집어던져 자세를 무너뜨린 다음, 돌진하여 그를 사로잡고 "아무런 상처 없이 무사히 본진으로 돌아왔다. 이는 대단한 무훈으로 평가받을 만하다." 전투에 임하여 여러 사항을 세심히 살피는 지혜로운 장수는 단순히 용맹한 자나 무모히 돌진하는 자보다 높이 찬양받았다. 생폴 백작 고티에는 사람들이 등뒤에서 자신의 이중적 행위에 대해 수군거린다는 사실을 알고 있었다. 그는 자신의 명예를 되찾고 충성심을 과시하고자 누구의 눈에나 용맹의 극치로 보이는 수준까지 밀고 나갔다. 그는 대오를 가장 앞질러 질주해 눈에 띄는 전리 대상품을 소홀하게 대하거나 획득 전리품을 가벼이 여기면서 무작정 모험을 일삼으며 숨을 헐떡일 정도로 동분서주하였다. 또한 한 친구를 구조하기 위해 죽음을 무릅쓰고 나아가 자신이 사로잡히거나 망가질 것을 고려하지 않은 채 상대에게 돌진하였다. 그럼에도 불구하고 그는 이러한 모험을 통해 쉽사리 상대에 사로잡히는 '애송이' 전사는 결코 아니었다. 자신의 가치를 드높이는 데 혈안인 기사들은 말이 쓰러질 경우 갑옷의 무게를 지탱하며 보병으로서 싸움을 계속하였다. 또 자신이 휴대한 무기가 모두 망가진 상황에서는 퐁티외 백작처럼 팔이나 주먹으로라도 싸워야 했다. 심지어는 자신의 쇠사슬 갑옷을 들어 상대를 내려치기도 하였다. 이 점 역시 결투 재판과 마찬가지이며, 다만 자신의 영광을 획득하기 위한 일련의 결투라는 점에서 차이가 난다. 아마추어들은 연대기작가들이 개별적인 전투 이상의 것을 말해 주지 않는다고 여길 것이다. 분기탱천한 영웅적 전사 부르고뉴 공작은 가장 훌륭한 선수로 여겨진 기욤과 시합할 수 있는 기회를 포착하여 싸웠고, 또 다른 영웅인 오우데나르데의 영주와 대적하였다. 이 영주는 대규모 시합들에서 영웅이 된 인물이 자신을 경기 상대로 선택해 준 사실에 우쭐하였다. 전해지는 내용이 모두 사실이라면, 양자간에 시합이 이루어지게 되자 여타 전사들이 자신들의 싸움을 잊은 채 두 사람간의 경기를 보고자 원을 지어 에워쌌다고 한다. 바타유에서 나타나는 전투 양상은 《일리아드》에서 확인되는 전투 양상을 모두 담고 있다. 이 세계의 위대한 인물들은 일 대 일로 자신의 영예를 위해 분투하였다.

그렇지만 마상 시합장에서 던져지는 번쩍거리는 망토는, 그보다는 덜 화려한 실제의 전투 양상을 온전히 드러내 주지는 못한다. 그리고 무엇보다 모든 전사의 마음속에 충만된 충성심이 실제 전투에서는 그대로 발휘되지 않는다. 바타유의 경우 각 진영에서 엄숙한 의례를 통해 만장일치로 추종 결의를 하고 그에 따라 군의 결집력을 끌어올리게 되는데, 이런 면이 게르의 경우보다 훨씬 더 요구되는 게 사실이다. 각 전사 집단은 축수를 통해 죄를 사함받고 정화되며, 베네딕투스 수도회의 성시 낭독이나 찬송시의 경우처럼 모두가 하나로 결합될 것을 희구했을 것이라고 사람들은 기대할 터이다. 사실은 전혀 그렇지 않았다. 새로이 거듭 확인되는 서약들에도 불구하고 마치 상대 적과 연합할 준비가 되어 있는 사람들처럼 양 진영에서——선한 진영에서조차——충성심이 심히 흔들리는 양상을 보게 된다. 그 이유는 사실상 양 진영 모두 대다수 기사들이 상반되는 의무를 지고 있어 내부적으로 결속이 어려웠기 때문이다. 거의 모든 전사들은 자신의 부친이나 지인·형제·사촌, 또는 지금껏 자신에게 봉토를 수여해 준 대가로 자신이 군사적으로 봉사해야 하는 주군으로서 모셔 온 인물 및 친우의 군기를 전투중에 발견하게 된다. 최소한 이들에게 칼을 들이댈 수는 없는 일이었다. 그런 만큼 혼전중에 갑자기 퇴각이 이루어지기도 하고, 전사들이 팔을 내리고 대화를 진행하기도 한다. 이에 따라 상호간 의혹의 심중을 갖는 예가 허다하다. 생폴 백작은 자신의 수하들 사이에서 접하게 된 의혹들을 어떤 대가를 치르고서라도 해소하기를 원하였다. 그는 게랭 신부의 면전에서 신부가 자신의 서약을 지키고 있다는 증거를 제시하여야 하며, 이를 위해 자신의 몸을 내놓고 결투 재판에 임하여야 할 것이라고 으름장을 놓았다. 그러나 모든 전사들이 그 같지는 않았다. 일부 전사들은 도망을 쳤다. 그 예로서 루뱅 공작은 전면전이 벌어지는 와중에 도피하여 자기 진영에 상당한 손실을 초래하였는데, 이는 무장으로서 도저히 있을 수 없는 일이었다. 방어 노력이 경주되는 동안 출중한 기사 아르눌은 신의 없는 이 악한의 칼을 수거하였고, 그가 기욤을 위해 외드를 공격할 때 이 칼을 외드의 투구 틈새로 찔러넣었다. 전해지는 바처럼 모든 기사가 진정 용기 있었던 것은 결코 아니었다. 바타유에서 대부분 기사는 게르에서만큼 신중함을 보여 주었고, 우선 최선의 방향으로 전투에 임하고자 하였으며, 심지어는 다른 전사들 뒤에 숨고 마는 겁쟁이들도 발견되고 있다. 게랭 신부는 이들을 잘 인지하고 있었으며, 전투 개시 전 그가 짠 군 진용에서 신중하게 이들 겁쟁이들을 이선에 배치시켰다. 장은 출중하고 강력한 인물이었다. 성 조르주처럼 훌륭한 인물이긴 하지만 그 역시 두려움을 느끼고 있었다. 그는 다른 상대와 접전을 벌이다가 전투가 끝난 후 불로뉴 백작을 사로잡은 전사들로부터 대가의 지불 없이 그를 빼앗고자 하였다. 불로뉴 백작이라는 보다 가치 있는 인물을 획득하기 위해 장이 그 장면에 개입하려는 순간에 쓰러진 포로——백작을 덮쳐 쓰러뜨린 자들은 보병과 세르장들이었다——주변에서는 여러 기사들이 한바탕 소동을 벌이고 있었다. 그는 강제로 이 가치 있는 전리품을 자신의 것으로 삼았다.

영광을 추구하는 과정에서 획득 욕구는, 연대기작가들의 의도와는 달리 실제로는 숨겨지지 않는다. 각 전사는 자신의 사냥 목표물을 정하고,

대상물의 이동을 추적하며, 그를 사로잡기 바로 전 숨을 죽이고 기회를 엿본다. 이같은 개인적 탐욕은 집단 훈육과 이날의 전투가 중차대하다는 선명한 의식에 의해, 사가들의 생각보다는 제동받았던 것 같다. 그렇지만 이같은 탐욕은 고삐가 늦추어질 경우 항시 풀려날 준비가 되어 있었다. 쌍방 기사 모두는 마상 시합에서처럼 보다 많은 전리품을 찾아서 가능한 한 최대치로 목표를 달성하기 위해 전쟁터에 달려든다. 혼잡한 와중에서 승자와 패자간에 몸값을 두고 흥정이 오간다. 상당한 담보를 제공한 자는 역시 마상 시합의 경우와 마찬가지로 주군에게 행한 서약에서 벗어나 안장에 다시 올라 경기를 계속 진행할 수 있었다. 그는 적의 압박을 견뎌내면서 자신의 손실을 보충하기 위해 누군가를 사로잡고자 사력을 다한다. 또는 친구의 도움을 얻기 위해 현금을 제공하는 경우도 있다. 익명의 작가의 말에 따르면, 로베르가 널리 알려지게 된 것은 이같은 방식을 통해서이다: "그는 한 차례 사로잡혀 플라망이라는 기사에게 맡겨진 적이 있었는데, 이 기사에게 돈을 제공하고 풀려났다." 무훈의 과시라는 그럴 듯한 명목하에 은밀히 포로를 거래하는 그다지 떳떳치 못한 소규모 장시가 열리는 셈이었다. 전투는 사실상 이권 쟁탈의 모습으로 끝을 맞이하였다. 이를 중지시키기 위해 필리프는 복귀의 나팔을 불게 하였으며 1마일 이상 도망자들을 추적하지 않도록 하였지만, 로베르는 전쟁터의 두 곳 이상에서 추적이 이루어지는 것을 보았다. 왕은 실질적으로 밤이 다가오자 가치 있는 포로들이 도망가거나 동료들에 의해 구출될 것을 우려하였다. 왕은 이미 많이 획득하였고, 또 신의 심판이 내려진 마당에 획득물을 확실히 하는 것 이상의 필요를 느끼지 않았다. 마지막으로 이처럼 독특한 의미를 지니는 전투의 장소가 실제로는 거의 눈에 띄지 않는 곳이었음을 지적할 필요가 있다. 모든 증거의 편린을 상세히 검토해 본 베르브뤼겐은 전투초 곳곳에서 드러나던 우연적인 분출, '젊은이'의 다혈질적 폭주 현상이 보다 훌륭한 덕성인 신중함에 의해 억제되어 나가는 양상을 밝혀 주고 있다. 기욤 르 브르통은 자신의 글에서 15개의 전투 장면 중 5개 전투 경우에서 자신의 기치를 내걸고 싸우는 사려 깊은 기사들이 스스로를 커다란 위험에 빠뜨릴 수 있는 한계를 넘어서서 모험을 감행하지 않으려는 역력한 노력을 기울였다고 적고 있다. 부빈에서 결투 재판적 성격을 지닌 대결은 드물었다. 진정 그러한 면모를 지닌 전투는 딱 한 번, 두 왕간에 벌어졌다.

**

오토는 플랑드르 백작, 불로뉴 백작과 더불어 한 가지 목표, 즉 필리프에 접근하여 고삐를 늦추지 않고 기다리며 그와 직접 싸워 그를 살해하는 목표만을 추구하기로 서약을 하였었다. 따라서 이 두 수장은 전투 진용을 갖추어 맞닥뜨리게 되는데, 각기 무장이 변변치 못하여 무너지기 쉬운 상당수의 보병과 그 후방에 외관상 훨씬 공고해 보이는 기병들에 의해 호위되었다. 전투 초기에 두 수장은 악한 힘에 의해 이끌린 듯 상호 근접하여 맞닥뜨리게 되었고, 오토는 서약에 충실하게 공격을 가하였다. '튜튼족 특유의 광분 기질' 을 갖추고, 분명 그들을 상대한 피카르디와 수아송의 코뮌군보다 훌륭한 무장을 갖추었던 오토의 보병은 프랑스 왕에까지 다가가 그를 에워싸서 말 아래로 그를 쓰러뜨렸다. 당황한 필리프는 잠시 전투 전문가, 즉 오토가 고용한 빈천한 혈통의 용병에게 칼을 맞아 죽임을 당할 수도 있는 상황을 맞이하였다. 그러나 신의 손은 그를 보호하였고, 또한 가장 부유한 인물이었기에 가장 훌륭하게 갖출 수 있었던 그의 무장도 그를 지켜 주었다. 그는 말을 끌어당겨 재차 말에 올랐고, 다시 행동을 개시할 수 있게 되었다. 고귀한 혈통의 카페 왕조인들은 보병을 사용한 적이 없다. 즉 왕가의 동료들인 기사들만 동원하였었다. 그의 무장도 왕가의 품위에 합당한 것으로 갖추어졌다. 당시 결투는 두 개인의 일 대 일이 아니라 두 왕의 '대오' 간, 즉 공통의 과업을 위해 결합된 집단간에 규칙 속에서 전개되었다. 프랑스 왕의 동맹자들이 오토의 동맹자들과 마주한 것이다. 과감하기 이를 데 없는 피에르는 황제에게 다가가 말의 고삐를 당기는 데에까지 이르렀다. 그를 따르던 지라르는 최상의 값어치를 지닌 이 인물을 산 채로 잡을 수 없다고 판단하고서 일단 그를 낙마시켰다. 자신의 손——사실상 필리프의 손인 셈이다——으로 그는 황제의 갑옷 빈틈을 향해 비수의 일격을 가하였다. 그러나 프랑스 왕 못지않게 훌륭히 무장되어 있었던 황제는 이에 저항하였다. 적어도 그의 말은 죽임을 당하였다. 이에 오토는 도망을 쳤는데 세 번을 넘어지고 다시 일어서 도망쳤다. 왕가의 최연장자이며 현명한 인물인 기욤과 바르텔르미는 그를 추적하지 않기로 결정하였다. 그를 추적하는 일은 과도한 행동이다. 신은 황제가 죽기를 원치 않는다. 그리되었으면 신이 진노하여 원래의 의도와는 급선회된 결정을 내려 프랑스군에 복수하였을 것이다. 신은 자신의 뜻에 귀 기울이지 않는 자를 징벌할 것이다. 오토는 전속력을 다해 전쟁터를 떠났으며, 이것으로 충분하였다. 신의 평결이 내려졌고, 바타유는 끝났다. 《마르시엔 이야기》는 전투가 1시간 정도 지속되었다고 전한다. 기욤 르 브르통은 보다 정확히 3시간이었다고 말한다.

신은 '제후들의 계획을 뒤집어엎는 결과'를 보여 주었다. 그는 잠시 악이 설치고 악한 자가 선한 자를 위협하도록 내버려두었다. 신은 악한 자들이 잠시 일을 저지른 다음 곧 그것을 회개하도록 만들기 위해 이같은 짧은 유예를 허용하였다. 그러나 그들은 이 기회를 적절히 사용치 못하였다. 이들이 완강히 고집을 피웠기에 신은 이들을 분쇄하였다. 신은 이들을 징계하여 그 군대를 최대한 연약하게 만들었다. 불가사의하게도 이들은 복수의 전문가가 될 운명이었다. 그러나 복수의 칼날을 받은 자들은 바로 그 자신들이었다. 이들은 죽음을 무릅쓰고 평화를 깨뜨리느라 혈안이었다. 이들은 양의 탈을 쓴 늑대로서 감히 자신의 복장에 십자가 무늬를 수놓은 불경한 자들이었다. 이들 몰지각한 자들이 마땅히 존중되어야 할 금령을 위반하였다. 이들은 이 세상의 찌꺼기들이고 페스트이며,

교회의 저주를 받은 악마의 지지자들인 용병을 끌어들여 전쟁을 더럽혔다. 11세기에 개최된 공의회들이 마치 신성한 섬들인 양, 1년 중 전투 금지일로 지정해 놓은 평화의 날들 중 가장 금기시되어야 할 일요일의 휴전을 감히 위반하였다. 이들은 눈이 멀어 있었다. 전투 전날 오토에게 여러 의견이 개진되던 중, 당시 현자들이 금기를 깨는 행위의 위험성을 환기시켰음에도 불구하고 어리석은 자들이 그러한 의견을 물리쳤다. 《롤랑의 노래》에 등장하는 롤랑처럼 이 '젊은이들'은 입으로 용기를 외쳤다. 그러나 그 용기는 정상 궤도를 벗어난 것이었다. 이들은 내일로 늦추지 말고 곧바로 연로한 자들을 공격할 것을 외쳐댔다. 생제르맹데프레에서 작성되었고, 1214년으로 끝을 맺고 있는 《프랑크 왕국사》는 적 진영에서 이러한 모험을 감행하자고 주장한 최초 인물이 누구인지를 정확히 적고 있다: "왕자인 루이가 갈리아인 특유의 젊음을 체험하고 있었으며, 필리프 왕은 나이들어 활기가 떨어지는 기사들만 거느리고 있었다." 전투는 가늘롱처럼 연로하고 기진맥진한 자들을 밀어붙이면 될 것이었다. 생폴 백작과 마찬가지로 이들은 일찍이 자신의 활기를 잃고 있었다. 하지만 이로써만 판단할 일이 아니다. 이들의 영혼은 신중함과 신에 대한 경외감으로 무장되어 있었다. 이번에는 롤랑과 같은 젊은이들이 모반자가 된 셈이었다. 이들은 상식 밖으로 주님의 평화를 깨뜨렸으며, 그 행위가 이들의 첫번째 패인이다. 모두가 대체로 그같이 여기고 있었다. 그처럼 생각한 최초의 인물 중에는 《기욤 르 마레샬의 노래》의 저자 등 프랑스인을 싫어하고 프랑스인의 승리를 혐오했던 사람들도 포함된다. 연대기 대부분이 이를 주장하였다. 1214년 7월 27일은 일요일이었다.

그러나 동시에 반프랑스 연맹군은 이단이었기 때문에 패배하였으며, 이는 사가인 미슐레가 매우 선호했던 설명이다. 교회가 그들의 위반 사항으로 인해 그들에 내렸던 저주·파문·금령 등의 제재 조치에 대해 존 왕과 오토는 로마 교회를 공격하는 것으로 대응하였다. 이것이 이들의 약점으로, 자신의 신념 체계를 갖추고서 라틴 그리스도교 세계에 널리 퍼져 나가던 카타르파 이단과 마찬가지로 이들은 교회를 공격하였다. 진정한 카타르파는 그리스도교인이 아니다. 이들이 추종하는 신조는 그리스도교의 중추적 교리를 거부한다. 그러나 그토록 많은 사람들이 이 파의 말을 추종하고 있다면, 이는 교회의 모습이 이들을 더 이상 만족시키고 있지 못하기 때문이다. 그리고 이같은 적대적 신조는 여러 부류의 교회인들에게 영향을 끼쳤다. 즉 당대에 그리스도교 세계 전역에 자리잡고 있던 성직자들, 천국에 들어가기 위해서는 가진 게 거의 없어야 하고, 따라서 영지의 모든 경작자들이 영주의 손에 입맞추고 모든 공조를 충실히 지불하여야 하며, 아담의 죄과를 일상의 노고를 통해 씻어 신에 대한 경배를 표명해야 한다는 내용을 전도하러 다녔던 대성당 참사회원들에게 영향을 주었다. 또한 성 막달라 마리아의 성적 매력을 갈망하며 어리석은 처녀의 생각이 항시 뇌리를 떠나지 않아 그녀를 상대로 기도하면서, 기사가 추구하는 만족은 범죄이고 그들의 세계는 그릇된 세계이며 젊은이들은 사랑도 전투도 해선 안 된다고 강변할 뿐 아니라, 평소 과식하고 폭음하면서 여기에서 벗어나려 애쓰지 않는 모리배와 기도하는 자와 찬송하는 자들에게 감화를 주었다. 신전 기사단——남색의 소문이 있으며, 헌금으로 받은 자금을 관리하는 데 탁월한 능력이 있었던 것으로 알려진——에 대한 빈정거림, 시토회 수도사——삼림 속에서 고행을 행한다고 하지만 간혹 시장에 모습을 드러내 자신 있는 협상가로 활동하고, 때로는 많은 액수의 현금을 지참하여 경매에 참여하며 다른 사람들의 면전에서 거래를 흥정하는 세력이었지만 한편으로 교회의 가장 순수한 일파로 알려진——에 대한 분노 등 당시 그리스도교 세계에 대한 신랄하고 역설적인 대항 양상은 프랑스 알비파만의 특유한 것이 아니었다. 이같은 주장은 모든 곳에 파급되었다. 복음에 관한 최고 수준의 강의에서도 이런 주장은 지지를 얻고 있었으며, 교회인들에 대한 이같은 압박은 사실상 당시 무지에서 벗어나고 더 이상 굴종하지 않으려 하며, 예배에 대한 맹종이 아니라 신앙에 의해 구원이 이루어질 수 있음을 믿게 된 대중의 성숙함을 증거한다. 그리고 성직자들의 수가 지나치게 많고, 그들에게 돈을 헌납하지 않고도 자신의 영혼을 구제할 수 있다고 확신하면서 교회 조직에 반대하여 전쟁에 참여한 자들은 자신들이 호응을 얻고 있음을 확연히 느끼고 있었다. 또는 오토가 지적한 내용도 바로 이 점이며, 일전에 존 왕이 자신에게 부과된 파문을 벗어나기 전 떠들고 다녔던 바도 이와 같았다. 이들은 차례로 그들 공동의 적인 인노켄티우스 3세에 반대하는 의견을 표명하였었다. 《성 오딜롱 전기》를 썼던 리에주의 참사회원은 부빈 전투 전야에 황제에게 다음과 같은 논의를 개진하였다. "왜 그토록 많은 사람들이 기도하는 일을 행합니까? 그 대부분은 주님에 봉사하는 사람들이 아닙니다. 이들을 일터로 내보내십시오. 소규모 교회 둘과 대규모 교회 넷만을 남겨두십시오. 이 정도로 충분합니다. 그리고 이들 존속 교회도 진정 빈궁한 상태로 두십시오. 이같이 하여 우리는 교회의 부를 나누어 가질 수 있습니다." 《필리피드》에서 기욤 르 브르통은 황제의 말을 빌려 위 내용을 재언급하며 이야기를 좀더 진행하고 있다. "필리프는 성직자들과 수도사들을 그토록 존중하고 귀히 여기며 자신의 온갖 힘을 다하여 보호하려고 애를 쓰고 있지만, 우리는 이들의 활동을 금지해서라도 그 수를 최소한도로만 유지시키고, 그들의 재산을 탈취해서라도 그들의 재원을 축소시켜 스스로를 부양해 갈 정도만의 약간의 교회 봉헌금만을 허용할 필요가 있다. 전쟁시이건 평화시이건 공적 임무에 분주한 기사들이 일하는 자와 성직자들에게 안녕을 부여하고, 교회의 땅을 소유하며, 십일조의 상당 부분을 자신의 것으로 하여야 한다. (그리고 이는 그리스도교 발전 초기의 정신과 부합되는 것으로 근자에 도미니쿠스파와 프란체스코파가 개진한 바의 내용, 즉 교회는 이단적 논의에서 승리할 수 없으며, 영주로서의 부를 거부하고 순결하고 청빈하며 겸손히 주를 추종해야만 도시의 군중을 불러모을 수 있다고 판단하는 사람들의 주장을 견지하는 것이다. 그런데 황제인 나는 전적으로 사회 질서를 유지하길 원하고, 따라서 교회 재산이 빈자가 아닌 귀족들에게만 분배될 것을 주장한다.) 실제 교황이 나에게 왕관을 수여한 날, 나는 한 가지 법령을 포고하고 그것을 법률 문서화하도록 하면서 그것이 전세계에 엄격히 적용되길 원하였다. 이 법령은 교회가 십일조 일부와 헌금만을 소유하며, 농촌의 영지는 우리에게 양도하여 그것이 일하는 자들의 생계 유지와 기사들의 급여로 사용되도록 하는 내용을 담게 될 것이다. (황제의 것은 황제에게, 신의 것은 신에게 귀속시키도록 한다.) 교회인들은 나에게 복종하여 이 법령을 존중하길 원하지 않을 것이기 때문에 내가 그들에게 권위를 행사해야 하지 않겠는가? 나는 그들로부터 십일조와 영주권 대부분을 되찾아올 권리가 있지 않은가? 나는 성직자들에게 그들의 토지를 되돌려 주길 원치 않았던 샤를 마르텔의 법령에 나의 법령을 연계하여 부가할 수는 없는가? 만약 샤를이 그들로부터 십일조를 몰수하였다면 전세계에 걸친 제국을 소유하고 있는 황제인 나 또한 그들로부터 땅을 몰수하고 법령을 시행하여 권리를 변경할 수 있지 않겠는가? (카페 왕조가 샤를마뉴 제국의 계승자임을 인정하지 않고, 황제의 통치권이 프랑스 왕의 통치권보다 우월하다고 주장하는 기욤 르 브르통의 눈에조차 이것은 황당해 보인 것이다.) 나에게 성직자로 하여금 첫 수확물만으로 만족하게 하고, 보다 검소하며 덜 오만하도록 만드는 법에 의해 그들을 제어하는 것이 허용되지 않았는가? 내가 이같이 정의를 회복하려 할 때 어떻게 하면 교회가 유용하고 효율적일 수 있겠는가? 곡식을 소진하고 무위를 일삼으며 오로지 바코스와 비너스를 추종하는 이 무용한 존재들, 대식을 일삼아 거대한 뚱보가 되어가는 이 교회인들보다는 차라리 봉사의 열정을 갖고 있는 기사들이 풍요와 유쾌함이 넘치는 잘 가꾸어진 밭들을 소유해야 하지 않을까?"

사실상 부빈 전쟁터에서 교회적 삶에 관한 두 가지 적대적 관념이 작용하고 있었다. 오토 진영의 관점은 이해 관계에 따라 임시변통적이었던 것 같다. 그렇긴 해도 그의 연설 내용을 통해 볼 때, 그가 개혁 정신에 의해 영향받고 있었음을 감지할 수 있다. 그의 연설은 나름대로 설득력을 지니고 있었다. 다른 한편 필리프는 황제에 반대하고 교황을 지지하려는 경향을 보였다. 그렇지만 왕의 주안점은 진정으로 확립된 질서를 유지하는 데 있었다. 그의 군대는 노련하고 현명하며 신중한 자들로 구성되어 있었다. 질서의 확립에 의해 이 군대는 정규성과 보수주의적 면모를 지니고서 전통의 아성으로 남기를 원하였다. 신의 선택을 받고 그로부터 권위를 부여받은 왕이 불변의 주축으로 자리하는 세계 내지 사회 관계 체계를 유지하는 데 진력하였다. 결과적으로 왕을 중심으로 각 위계가 각자의 위치에서 상호 봉사하는 계서제적 3 '위계' 가 자리한다. 이는 일상의 생활에서뿐 아니라 전쟁터에서도 작용한다. 계서제의 하단에는 일하는 자 대중이 위치한다. 상단에는 기도하는 자들이 자리하는데, 이들은 자신들의 임무에 전적으로 헌신하며, 또 그러기 위하여 대개가 영주권의 혜택을 누리며 산다. 마지막으로 질서의 칼날을 세우고 있는 전투하는 집단이 위계상에 자리한다. 이처럼 조화로운 체계는 그 체계의 전복을 기도하는 세력을 억제하려 하는데, 그러한 전복 기도는 창조주의 법에 대항하여 혼란으로 이끄는 요인이 되기 때문이다. 창조주는 자신에 대한 논박을 원하지 않는다. 사회 질서를 방어하기 위해서는 주님의 뜻을 따라야 한다. 주님 덕택에 시몽 드 몽포르는 알비파 이단을 척결하여 이들을 종교재판관에 넘겼으며, 몽세쥐르의 화형을 준비하였다. 또한 주님 덕택에 필리프가 이른바 개혁이란 명분하에 사제들을 궁핍하게 만들려 한 오토에 대해 승리를 거둘 수 있었다. 스페인 출신으로 마녀 성향을 가진 노년의 플랑드르 백작 부인이 필리프를 물리칠 순 없었다. 필리프를 낙마시킬 수는 있었지만, 신이 다시 그를 일으켜 세워 그로 하여금 승리하게 하였다.

따라서 전투가 매우 신속히 진행되어 더위가 한껏 열기를 돋우는 정오가 지난 시각에 음모는 해결되었다. "폐하에게는 영광과 칭송이, 성스러운 교회에게는 명예가 부여되었다." 3위계의 주축인 왕의 존엄이 널리 확인되었다. 적의 패주가 시작되었을 때 이미 필리프는 신의 복수를 완수하였으며, 그간 억압 상태에 있던 교회의 명예는 회복되었고, 필리프는 정화되었다. 패주가 이루어지고 난 이후의 전쟁터에는 암적 존재가 사라지지 않은 채 완강히 남아 있었다. 그 시각에 르노를 보호하는 7백 명의 브라반트군은 다음번 공격을 가하기 전 르노의 지시로 잠시 숨을 돌리고 있었다. 보다 일찍이 세계는 이같은 부도덕적 행위를 박멸했어야 하였다. 프랑스 왕은 토마로 하여금 그의 50명의 기사와 2천의 보병을 이끌고 이 무리를 아무런 피해 없이 처리토록 하였다. 그런데 토마의 대오 중 한 기사가 귀환하지 못하고 있었고, 이에 사람들은 그를 죽은 것으로 믿고 있었으나 그는 결국 귀환하였다. 이는 기적과도 같은 일이었다. 실제 보통 짜임새 있는 용병의 밀집 대형은 깨뜨리기 쉽지 않으나, 이 경우에도 신이 함께하셔서 무난히 승리할 수 있었다. 또한 항시 필리프에게 자비를 베풀도록 하고, 포로가 된 상대 기사들에게 관대히 대하도록 영감을 불어넣은 것도 신이었다. 그는 이들을 죽일 수 있는 권한이 있었다. 1214년의 시점에서 군주권은 불경죄를 다스리기 위해 피의자를 소환할 수 있을 정도로 충분히 강화되어 있었다. 왕은 르노의 무리뿐 아니라, 나아가 사악한 모반자인 르노의 생명까지도 보전해 주었다. 주님은 관대하며, 주님을 본받고자 하는 그의 대리자 또한 그러하여 비록 오만한 자들에게 가혹한 징벌을 가해야 했을지라도 겸손히 순종하는 자들에 대해서는 고결하게 대우하였다.

패배당한 군대의 사악한 요소가 박멸되고 용병들이 억압된 때로부터 평온의 시대가 열리게 되었다. 1127년 플랑드르에서 그러했던 것처럼 모반자들이 처형되고 나서 "차후로 한 시대의 재난은 종식을 고하고, 5월의 매력을 듬뿍 담은 모습으로 신의 은총이 내려 평화가 도래하고 토지의 시원적 원기가 회복되었다." 바타유의 효과는 즉시 모두에게 감지될 수 있었다. 세계는 조화로이 재확립되었다. 필리프 왕은 평화로이 노년을 마칠 수 있었다. "이후로 모든 땅이 대평화를 누리는 위대한 시기가 도래하였다." 베튄의 익명의 작가는 옳게 말하였다. 《생드니의 연대기》는 부빈에 관한 이야기 이후 필리프 왕의 치세 마지막 8년간을 빈 공간으로 남겨두었다. 이 현상은 한 번 작렬한 후 소란이 중지되고 침묵이 찾아들게 되는 섬광과도 같은 것이다. 다행히도 필리프 정복왕이 서거하여 그의 유해를 메로빙거의 묘소 옆으로 인도하는 장례 행렬이 있기까지 프랑스 왕국은 더 이상 역사를 갖지 못하였다. 즉 연대기는 거의 간격을 두지 않은 채 바타유로부터 고인의 업적으로 내용을 이어 가고 있다. "1223년 그리스도의 강생일에 망트 성에서 진정 현명하고 고귀한 덕을 갖추었으며, 평판이 자자하였고, 뛰어난 통치력을 과시하였을 뿐더러 바타유에서 승리한 선왕 필리프가 타계하였다. 프랑스 왕국은 놀라울 정도로 확장되었고, 그 영지는 손상 없이 유지되고 관리되었다. 프랑스 왕권도 그 고귀함을 보존하였다. 프랑스 왕은 승리하였고, 그와 왕국에 대항하는 수많은 강력한 제후를 제압하였다. 어떠한 역경에도 불구하고 항시 그는 성스런 교회에 귀를 기울였다. 그는 어느 교회 이상으로 자신의 본거지로 여기는 생드니 교회에 대해 특별한 권위를 부여하였고, 수차례에 걸쳐 그가 이 교회와 순교자들에 대해 갖는 애정을 행동으로 보여 주면서 교회를 지키고 보호해 왔다. 그는 초창기 젊은 시절부터 그리스도교의 교리를 흠모하고 추종하는 데 진력하였다. 그는 우리의 주님이 지니셨던 성스런 십자가의 표식을 달고, 그 표식을 자신의 어깨에 지듯이 가까이하며 성스런 제단을 구하는 데, 그리고 주님에 대한 사랑을 실천하는 데 애썼다. 그는 대십자군 전쟁을 벌이러 바다를 건넜으며, 아코 시를 탈취하는 데 전력을 기울였다. 그리고 나이 들고 기력이 점차 쇠해져 기진맥진하게 된 이후에는 자신의 적자를 내세워 두 차례나 대규모 알비 십자군을 이끌게 하였고, 결과적으로 이단의 거점을 파괴시켰다. 그는 생전에, 그리고 임종을 앞두고 성스런 교회에 속한 자신의 선한 아들로 하여금 군대를 이끌어 알비파 이단을 척결토록 한 것이다. 그는 다양한 기회에 빈자들에게 적선을 베풀었다. 그리고 왕가의 묘소가 자리하고 황제의 왕관이 비치되어 있는 프랑스의 생드니 교회에 그러한 존재들과 동격으로 고귀하고 영예롭게 안치되었다."

사실상 신은 필리프의 정통성을 확약함과 동시에 모든 방면에서 필리프의 적을 도주케 하고 오토에게 패주의 굴욕을 안기며, 그가 결국 초라하게 죽음을 맞이하게 될 때까지 이리저리 피난하며 헤매도록 하는 형벌을 내렸다. 신의 권능에 의해 '차후로 독일이라는 단어는 독일인이 아닌 사람들 사이에서 경멸의 대상이 되고,' 존 왕은 징벌을 받아 왕자인 루이와 마주한 전쟁에서 패주하게 되어 로슈에서 포위당하고 해안 쪽으로 황급히 쫓겨갔다. 플랑드르에서의 승리 소식을 전해 들은 푸아투의 남작들이 카페 왕조에 자신들의 성실을 서약하는 메시지를 보냈다. 하지만 필리프는 미디 지방의 변절자들은 신용하지 않았다. 그는 지친 기색을 보이지 않는 부빈 참전군을 그대로 이끌고 이들을 향해 나아갔으며, 한 마디의 서신도 보내지 않은 아키텐인들을 무력을 과시하여 제압하였다. 그의 마상 행군에는 장애가 없었다. 이 지역들에서도 전투는 끝났으며, 오랫동안 그리되었다. 통치자의 뒤에는 군대라기보다는 순회 법정이 따라다니며 재판을 열었고, 통과하는 곳들에서 오류를 시정하고 신종 서약과 약속을 받아내며 볼모를 잡거나 정의에 부합하는 전혀 새로운 명령을 부과하기도 하였다. 이 과정은 존 왕의 사절을 맞이하는 것으로 끝을 맺었는데, 여기에는 교황 사절도 함께하였다. 프랑스 왕은 두번째의 막판 모험을 감행하여 자신의 권한을 부인하는 또 다른 왕을 상대로 전투를 벌일 수도 있었다고 기욤 르 브르통은 적고 있다. 그는 2천 명의 기병을 거느리고 있었다. 하지만 그는 경건한 마음으로 주를 시험코자 하지 않았다. 그는 선물을 받아들였다. 앞으로 5년간 평화가 아닌 휴전, 즉 전투의 금지 합의가 이루어졌다. 이 5년간은 '법정'에서 문제가 다루어질 것이고, 기사들은 마상 시합에서 근지러운 몸을 푸는 경우를 제외하고는 상대방에게 칼을 들이댈 수 없게 되었다.

그전에 필리프는 당연히 왕관의 보석에 해당하는 그의 거점 파리에서——그는 얼마 후 막대한 비용을 들여 파리 주변에 방어벽을 둘러치게 된다——자신의 승리를 축하하였다. 대전투 이래로 부빈으로부터 출발한 짐마차 위에 실린 전리품, 포로 등, 영광의 행렬에 대한 이야기가 모든 계층 사람들 사이에서 자자하였다. 기욤 르 브르통은 이를 목가적 시로 전한다. 수확철의 어느 날 저녁 그는 피로에 지치고 햇빛에 검게 그을렸으며 더위에 바짝 마른 농민들에 화관을 씌워 주었고, 긴 거리를 따라서 환희의 춤을 추었다. 밝게 빛나는 파리에서 감동적인 장면이 연출되었다. 마침내 위대한 우리 주님를 흡족케 할 만한, 3 '위계'를 화합시키는 거국적인 환희를 통해 계급 투쟁이 종식을 고하게 되었다. 기사들은 본연의 정의로운 임무를 훌륭히 수행하였다. 성직자, 일하는 자, 대학의 지식인 및 여타의 생업에 종사하는 자들, 즉 교회와 '빈자' 모두가 용기와 충성을 통해 악으로부터 자신들을 구원한 전사들을 맞이하였다. 기도하는 자, 성담참사회원, 학생들은 늘상 그래 왔듯이 찬송가를 불렀다. 부르주아들도 그들 방식으로 찬양하였다. 7일간의 휴일이 마련되고 일요일부터 전 주간에 걸쳐 예배 의식이 거행되었다. 집단적 의례와 합창, 재회복된 평화의 춤이 전개되었다. 각자는 특정의 장소에서 이 의식에 참여하였다. 우리의 주님과 왕 역시 그곳에서 내내 자리를 함께하였다.

이 축제는 국왕 차원의 축제라 할 수 있는 것으로, 승리가 이를 정당화해 주었다. 부빈의 승리는 모든 것을 합법화시켰다. 교회의 호사와 나태, 기사 집단의 영주제적 수탈, 나아가 특히 여러 면에서 필요했던 필리프의 정치적 행동들, 그의 정복, 교활함, 사자심왕 리처드에 대한 음모, 포로의 교수형, 존 왕 소유지의 탈취, 유대인 축출 조치까지도 합법화해 주었다. 부빈은 일단의 명백한 사실을 상징적으로 보여 준다. 하늘을 향해 펄럭이던 황제의 휘장은 꺾여 땅에 떨어져서 불길한 상징물인 용의 위용을 전혀 보여 주지 못하게 되었다. 필리프는 프랑스 왕가의 독수리 휘장을 교황이 선한 황제로 간주한 프리드리히 2세에게 보냈다. 이는 프랑스 왕이 제국의 존엄성을 자의적으로 처분할 수 있게 된 것을 의미한다. 그 누가 차후로 그의 완전한 통치권에 반박할 수 있었겠는가? 그 자신이 샤를마뉴의 상속자이며, 모든 그리스도교인의 지도자인 것이다. 그리고 왕국 내에서 그에게 반기를 들려는 자를 찾아볼 수 없게 되었다. 모든 반역자는 투옥되었다. 획득한 전리품의 규모면에서도 부빈 전투는 유례 없었던 사건으로 간주될 만하였다. 지금껏 어느 전투도 단 한번의 접전에서 이 정도로 힘을 덜 들이고, 그토록 많은 수의 상위층 포로를 잡은 적이 없었다. 1198년 9월 28일 쿠르셀에서 사자심왕 리처드는 90명의 프랑스 기사와 1백40두의 '편자 박힌 말'을 포함한 2백 두의 말을 획득하였다. 사람들은 이처럼 커다란 성공에 경탄을 금치 못하였었다. 부빈 전투에서의 전리품은 이와 비교할 수 없을 정도로 현저하였다. 아라스 시 입구 문에 새겨진 비문은 3백 명의 귀족을 포로로 잡았다고 적고 있으며, 다수의 연대기들 또한 그러하다. 승리와 관련된 다양한 기록들 중 최소의 포로 수치는 1백30명이다. 무엇보다 필리프 자신이 그가 획득한 전리품들을 상세히 목록화하도록 했고, 안전한 방 여러 곳에 이 목록을 비치하였기 때문으로 우리가 그 내용을 보다 정확히 파악할 수 있다. 그는 이 전리품에 대해 계속해서 비상한 관심을 갖고서 그것들이 분실되지 않도록 이중삼중으로 세심히 주의하도록 지시하였다. 8월초에 작성된 '포로 명부'에는 호송 마차로 파리에 끌고 온 수가 1백10명으로 기록되어 있으며, 또 다른 16명은 프랑스의 남작들에게, 3명은 국왕 관리들에게 위탁되었다. 그러나 이 목록은 매우 불완전한 것이다. 파리에 오는 중에도 상당한 전리품이 여러 차례에 걸쳐 분배되었다. 이 전리품들은 엄청난 액수의 화폐 가치가 있었다. 사실 그 모든 게 유통되는 것도, 또한 왕이 전체 이익을 취하는 것도 아니었다. 그는 집단적 행동의 대표격일 뿐이다. 우선 그는 자신의 협력자들에게 분배하고 적을 추적하여 공을 세운 자들에게 보상을 해야 했다. 일부 포로는 적진에 포로로 잡혀 있는 아군의 친구와 교환되었다. 왕은 자신의 친족과 군인들에게 전리품 일부를 관대하게 베풀었다. 그가 전리품 나머지를 파는 것은 아니었다. 그의 관심은 가장 위험한 폭도들이 발붙이지 못하는 상태를 유지하는 데 있었다. 상습적 모반자와 이교도들은 영구적 감옥에 투옥되었다. 바폼에서 왕을 상대로 모반을 일으킨 것으로 알려진 르노 드 당마르탱 또한 그리되었다. 그렇지만 피감금자들은 매우 많았고, 상당한 가치가 나가는 자들도 적잖았다. 백작이 11명, 자신의 기치를 들고 싸울 수 있었던 장수가 12명에 달하였다. 부빈의 영광스런 전투를 통하여 왕 또한 그 이전의 어느 프랑스 왕보다 부유하게 되었다. 그는 이제 플랑드르 백작 부인과 그러하였던 것처럼, 포로의 값을 흥정할 수도 거래할 수도 있었다. 또한 그러한 자금으로 가장 다루기 힘든 제후령들을 장기간에 걸쳐 제압할 수 있었다. 신 또한 이점을 누렸다. 신은 자신에게 가장 봉사를 잘하는 자에게 편안한 입지를 마련하여 주었다. 그가 부여한 승리를 통하여 카페 왕조는 기실——그 말이 갖는 진정한 의미에서——축성되었다. 태어난 지 3개월밖에 되지 않는 필리프의 손자 루이에게도 이미 축성이 약속되었다.

전 설

신화의 탄생

논란의 여지없이 1214년 7월 27일 일요일에 일어난 사건은 역사상의 전환점이었다. 이 바타유는 프랑스 왕이 약간의 주저함이 없었던 것은 아니지만 감연히 시도했던, 그리고 한 세기 이후로 계속 사람들의 입에 오르내렸던 '결정적 의미를 지닌' 첫번째 '바타유'였다. 그리고 카페 왕조의 왕이 성취한 첫 승리였다. 사람들의 기억에서 이보다 더 명쾌한 결정이나 막대한 전리품, 왕권의 완벽한 확약을 이루게 한 것은 없었다. 부빈 이후 어느 누구도 왕령지의 괄목할 확장에 문제삼을 수 없게 되었다. 왕의 주무 관리가 '플랑드르 백작령 전체를 예속시킨' 선례에 따라 루이의 수중에 들어온 영역을 수탈한다 해도, 아무도 이를 저지할 수 없었을 것이다. 차후로 왕국 전역에서 왕에게 저항할 수 있는 제후령은 존재하지 않았다. 부빈에서 오토가 패주한 직후 프리드리히 2세가 승리하고 이탈리아에서 카푸아 가문이 권력을 쥐며, 존 왕이 곤경에 빠지자 그를 상대로 루니메드 평원에서 영국 남작들이 군대를 이끌고 반기를 들었다. 라스나바스데톨로사 전투 이후, 그리고 뮈레 전투 이후에 부빈 전투는 유럽 국가 전체의 운명을 확정하는 계기로 작용하였다.

이 사건의 중요성이 프랑스 왕의 궁정과 부빈 전쟁터 주변 지역에서도 감지되었는지 하는 점에 대해, 필자가 언급한 바 있는 다섯 가지 기록이 밝혀 주고 있다. 우선 기욤 르 브르통이 묘사한 제반 관계를 당시 생드니 수도원에서 작성한 공식적인 성격의 기술 내용과 직접 연결시켜 볼 필요가 있다. 또한 앵즈부르주 왕비가 자신의 기도서에 적어 놓은 내용, 루이 9세가 자신의 부친과 조부를 기념하여 "그들이 부빈 다리에서 왕국의 적을 상대로 거둔 승리와 그것이 가져다 준 기쁨"을 기리며 건립한 발데제콜리에의 생카트린 파리 교회 및 특히 필리프 왕이 전리품의 일부를 희생으로 제공하며 상리스 가까이에 설립한 생빅토르 수도회 소속 수도원도 정보를 제공해 준다. 왕은 이 수도원을 노트르담에 헌정하며 신의 영원한 은총을 기리기를 원하였다. 나중에 루이 9세가 복원한 바 있는 이 교회의 폐허는 오늘날에도 발루아의 통과로에 그 모습을 드러내고 있다. 그렇지만 이 사건의 반향은 매우 멀리에까지 퍼져 나갔다. 이러한 반향에 대해 그것과 관계된 기록의 편린들을 통해 추적해 보기로 하자.

　이러한 기록은 제법 많은데, 이는 13세기에 유럽의 상류 문화가 확연히 역사 기술을 중시 여기는 풍조를 띠고 있었기 때문이다. 분명 과거에 대한 회상 중 가장 큰 비중을 차지하는 것은 이야기의 뼈대에 해당하는 부분이며, 세대가 거듭되면서 기억의 일부는 상실된다. 그 나머지 회상들은 구전 내지 암송에 의해 전승된다. 그리고 그 중 일부만이 문자로 기록된다. 결과적으로 역사를 쓰는 일은 수도원이나 성당참사원 등 종교 단체에서나 전통적인 작업이 되며, 이 종교 단체들의 불가분적 요소가 되는 기록 활동은 상당 부분 사건들이 망각되지 않도록 하기 위한 목적을 지니고 있었다. 왜냐하면 기도하는 기능, 즉 예배 의식을 통해 신의 영광을 기리는 것과 역사적 사건의 기술 행위 사이에는 상당한 근접성이 있기 때문이다. 만약 신이 인간의 탁월한 행위를 통해 자신의 소망을 현시하고 전지전능함을 드러내며 예고하는 것이 사실이라면, 이러한 표식 일체를 유심히 수거하여 그것의 시말을 배열하며 기록으로 정리하는 것은 바로 신에 봉사하는 자들의 임무이기 때문이다. 그럼으로써 단편적이고 불연속적이며 수수께끼와 같은 면이 있는 자료들이 장래에 후손에 의해 밝혀지고 주석되며 의미를 부여받고 현자들의 숙고 대상이 될 날을 기다리게 된다. 탁월한 후손은 이 자료를 통해 그리스도교인의 삶을 훌륭히 선도하고 때론 이들을 구원해 줄 수 있는 예나 고무적인 사실, 유용한 지침이 될 만한 내용을 추출하게 될 것이다. 아담 이래 인간은 길을 걷기 시작하여 비틀거리다가 길을 잃어버렸다. 역사는 인간이 우회하고 주저하다가 재건해 온 흔적들을 보여 준다. 그 와중에서 하나의 흐름만은 지속되었다. 예수 그리스도의 재림은 그 과정에서 벗어난 게 아니며, 당대의 색채를 변화시키고 희망을 불어넣는 심원한 전환점으로 작용하였다. 그 이후로 수많은 함정을 거치면서도 사탄인 이집트 왕 파라오의 위협하에 홍해를 건너던 출애굽의 길처럼 진전이 계속해서 이루어졌다. 그것은 최종 지점인 영원, 즉 사자의 부활이 이루어지고 시간이 한 번 돌아 인간사의 참여자들이 진리의 심판을 위해 다시 모습을 드러내는 예수 그리스도의 재림을 향해 나아간다. 아직 하늘이 열리지 않고 역사가 종말에 이르지 않은 만큼 인간이 과거를 완전히 판단할 능력이 없을 것이다. 그러나 선조의 행위들에 대해 숙고하는 일은 세계의 종말을 준비하고 영원을 향해 나아가는 한 가지 수단이 될 것이다. 이미 역사상에 전개된 부분을 최선을 다해 천착하고, 특히 신이 그 무엇보다 명백히 그리고 드높이 자신의 의지를 드러내는 바타유에 대해 고찰할 필요가 있는 것이다. 바로 이같은 생각들로 인해 연대기가 중단 없이 작성되었던 것인데, 작성 임무를 승계받는 자들은 대개가 자신들에게 특출한 것으로 보이는 사건을 연대기 속에, 나아가 보다 야심적으로 대홍수를 출발점으로 삼아 현재에까지 이르는 긴 과정을 담은 역사서 속에 담아내고자 하였다.

그러나 세월의 경과와 함께 대소 영주들의 경우도 그 세대의 증가에 따라, 그리고 차츰 세속적 문화에 의해 영향받아 역사에 관심을 기울이고 나아가 역사를 기술하는 데 힘쓰게 되었다. 다만 그 의도는 사뭇 다른 것으로 왕조나 가문의 영광을 기리고 제후의 정보 획득과 기사의 교육, 권리의 유지와 윤리의 창달, 사회화라는 차원에서 관심이 고조되었다. 그것은 또한 귀족 가문 구성원의 호기심에 부응하려는 측면이 있었는데, 이들 중 식자층은 갈수록 증가하여 그 자신들이 경험했던 또는 호기심을 일으키거나 사람들 입에 오르내리는 사건들을 알리고자 하였다. 따라서 부빈 전투 이후 한동안 그리스도교 세계의 각 지방들에서 헤아릴 수 없을 정도로 많은 역사·연대기·연보들이 작성되었고——그 대부분은 라틴어로 되어 있으나, 일부는 다양한 속어로 기록되었다——이 중 오늘날까지 일실되지 않은 자료는 극히 드물며, 보존된 자료 상당 부분은 근대의 학자들에 의해 편집되었다. 2백75종의 활판화된 자료들이 여기에서 검토 대상이 되고 있는 바, 이것들은 부빈 전투와 동일한 세대 또는 이후 2세대 내에, 즉 13세기말 이전에 작성된 것들이다. 이 중 신성 로마 제국에서 편찬된 것들이 다수를 차지한다. 그 이유는 이곳에서 당시 역사문학이 만개하였을 뿐만 아니라 박식한 독일인들이 해당 문서들을 발간하는데 진력하였기 때문이다. 그렇다면 이 자료들을 토대로 볼 때 부빈 전투에 바로 잇따른 시대의 제반 관계에 이 전투는 어떠한 반향을 일으켰던 것일까?

중요한 의미를 지니는 첫번째의 관찰은 다음과 같다. 이 사건의 흔적은 92종의 역사 기록에서 발견되며, 그 이상은 아니다. 즉 자료 중 3분의 2 정도는 '프랑스가 형성된 날'에 관해 한 마디의 단어도 포함하고 있지 않다. 역사·연대기·연보의 기록자들이 필리프의 승리에 대해 어떤 식의 관심을 보였는지도 고찰의 대상이다. 이에 민감했던 지역과 무관심한 지역의 범위를 정하는 일은 사실상 전혀 알려져 있지 않은 영역, 즉 당시 유럽에서의 정치 의식이 어떠하였는가에 대한 연구에 발을 디디도록 해준다. 부빈을 언급하고 있는 기록들 중 3분의 1에 해당하는 33종이 과거 프랑시아 지역, 즉 브르타뉴의 동부와 루아르 강의 북편에 위치한 왕국에서 기원하였음은 놀라운 사실이다. 분명 카페 왕조의 고토에서 기원한 자료들 모두는 바타유를 묘사하고 있다. 그렇긴 해도 수적으로 가장 많은 기록은 역사 기록물이 보다 풍부하고 전투 지역과 인근하여 그 영향을 직접 받을 수밖에 없었던 플랑드르 백작령과 그 주변 지역에서 씌어졌다. 그러나 이 경우 관심의 집중도는 미약한 것으로 보인다. 연대기의 4분의 1이 이 사건에 대한 상세한 설명을 생략하고 있다. 노르망디 기록들의 경우 이 사건에 침묵하는 비율은 훨씬 높아서 3분의 1에 해당한다. 샹파뉴·부르고뉴·투르, 즉 승리 진영에 전사를 파견한 지방들에서는 그 비율이 절반에 달하고 있다. 영국의 경우 부빈의 반향이 디종이나 트루아 지방보다는 크게 작용한 것 같다. (그렇지만 부빈 전투 1년 전부터 장기간에 걸쳐 이 왕국에 드리워졌던 금령이 철회되는 사건보다는 관심이 덜하였다.) 분석된 연보와 연대기 중 60종이 전투를 언급하고 있다. 12세기 중엽에 마티외 파리는 생탈방에서 영국사를 편찬한 바 있다. 그는 책의 말미에 가장 중요한 것으로 판단한 사실들의 목록을 부가하였는데, 과거 50년간에 발생한 얼마 안 되는 '찬탄할 만한 일' 중에 부빈을 잊지 않고 포함시키고 있다. 게다가 우트르망슈 지방의 자료는 프랑스 왕의 승리를 넌지시 알리며 상당 부분을 할애하여 그를 칭송하고 있다. 또한 시토회 수도사들은 스코틀랜드의 변경에까지 나아가 수집 가능한 모든 증거를 수합하였다. 그런데 양모의 유통이 그 수도원들에 상당한 부를 가져다 주었다고 여긴 존 왕이 이들로부터 상당량의 돈을 갹출하였었다. 마지막으로 전투를 언급한 자료들 중 3분의 1은 신성 로마 제국에서 기원한 것들이다. 사실 이곳에서 역사 기술이 널리 행해지고 있었던 점을 고려하면 이 사건을 언급한 연대기작가들의 수는 상대적으로 빈약한 셈이다. 이 사건에 대한 기술이 필요하다고 믿은 사람들은 대부분 로타링기아 지방에서 작성한 자들이며, 이 지역에서는 쾰른·보주에 이르기까지 플랑드르에서 중요한 의미를 지니는 사건들이 상당한 반향을 일으켜 왔다. 그러나 이 지방 기록들 중 상당 부분은 이 사건에 대해 침묵하고 있다. 스텝에서의 패주를 언급하고 있는 브라반트 공작들의 연대기도 부빈에서의 패주에 대해서는 말이 없다. 결과적으로 이곳에서 침묵의 정도는 노르망디 지방보다 덜하지 않아, 이 전투에 대한 언급이 없는 자료는 전체의 3분의 1에 해당한다. 제국 내 영역 중 이 사건에 대한 기록을 담고 있는 또 다른 지방은 오스트리아·클로스터노이부르크를 제외하면 오토가 속했던 작센, 슈타우펜가(家)가 속한 슈바벤, 알자스 지방 정도이다. 이탈리아는 거의 무관심한 상태로 있었다. 그렇지만 제노바에서는 한 가지의 직접적인 흔적을, 몽테카시노 수도원에서 또 하나의 흔적을 발견하게 된다. 이 수도원은 시칠리아 왕의 권한에 영향을 미칠 수 있는 모든 사항에 대해 깊은 관심을 기울이고 있었는데, 당시 프리드리히 2세 시대에 황제 또는 교황과 관련하여 기록된 역사 중 마지막의 것은 분명 1278년 토스카나 지방에서 작성된 것이다.

게다가 특히 문서로 중대한 새로운 사건을 알려 주거나 과거의 이야기를 편집한 자료 어느것도 부빈에 관심을 둔 것 같지 않다. 스칸디나비아의 자료도 마찬가지여서 3종의 자료만이 필리프와 앵즈부르주간의 혼인을 언급하고 있는 실정이다. 프랑스에서조차 루아르 강을 조금만 넘어서도 부빈에 대한 언급을 찾아볼 수 없다. 당시 왕국을 둘로 구분하던 장벽의 두터움을 이 사건에 대한 완전한 무관심만큼 잘 드러내 주는 상징적 예는 없을 것이다. 쥐라 지방, 알프스 산맥 근역, 프로방스 지방에서도 부빈은 전혀 반향을 일으키지 않았다. 기욤의 《알비 지방사》에서는 때늦은 언급이 한 번 나타난다. 그리고 푸아티에와 보르도에서 한 번씩, 그리고 리폴의 한 대규모 수도원에서도 한 차례의 언급이 나타난다. 아키텐 지방은 전체가 그 영향에서 벗어나 있었다. 이 지방의 관심은 뮈레 전투, 그리고 시몽 드 몽포르와 십자군이 교황의 이름으로 카타르파의 심장부를 불태우며 잔혹하게 진압했던 문제, 즉 '평화와 서약의 문제'로 향하여 있었다. 순례상의 대교차점에 위치하는 리모주의 생마르티알 수도원의 자금 담당책으로서 수많은 정보를 접했던 훌륭한 관찰자 베르나르의 경우를 보자. 그는 어리석은 자가 아니었다. 그는 장부의 여백에 각 해마다 특별났던 사실들을 기재하였다. 그에게 1214년은 기록할 만한 가치가 있는 많은 사건이 있던 해였다. 수도원의 한 중요한 후원자와 푸아티에 주교의 사망, 그의 수도원에 자금을 제공했던 한 신참 수도사의 입문, 수확 포도의 품질, 당시 불화로 인해 그라몽 수도원과 경쟁 관계에 있던 수도원을 해체시킨 일, 이단과 저당 대금업자에 대한 추적, 리무쟁의 영주들과 존 왕간의 거래, 십자군의 예고, 성모 마리아를 기리는 새로운 건축물의 축조, 수도원장의 사망, 수도원 내의 기둥 설치 및 성 앙드레 일의 전날 종루의 돌들을 흩뜨리게 만든 모진 바람 등의 내용이 그의 기록 속에 열거되어 있다. 그는 부빈에 대해 한 마디의 언급도 없다. 상인과 마상 시합 참여 집단 및 순례자들로 들끓었고, 빈자 무리들이 예루살렘으로 향하는 길을 찾아 끊임없이 편력하였으며, 물레방아로부터 선술집에 이르기까지 경계 지역 개간자들을 끌어들이는 소식들이 널리 퍼져 나간 당시 유럽에 있어서, 그리스도교 세계의 강력한 4대 세력이 대결하여 그날로 각 세력의 운명이 신의 뜻에 의해 결정난 부빈 전투의 소식은 캄파니아 지방, 헝가리의 경계 지방 및 갈리아 해의 연안에 이르기까지 쉽사리 퍼져 나갈 여지가 있었다. 이런 곳들에서는 일부 정치적 결과에 민감한 사람들이 그 소식을 인지하고 있었지만 사건에 대한 기록은 별달리 나타나고 있지 않다. 오를레앙과 샬롱쉬르손 지방의 입구에서조차 '프랑스인들' 전체에 영향을 줄 수 있는 이 사건에 대해 무관심의 두터운 그림자가 드리워져 있었다. 시스엥 왕의 거주민들 중에서도 일부는 이를 모르고 있었다. 이 해에 벌어진 전투에 대해 로센달 인근 수도원의 한 연대기는 한 가지 일화, 즉 플랑드르 백작 페르난두가 아르눌의 영역에서 입은 피해에 대해서만 언급하고 있다.

  92종의 자료 중 75종은 몇 줄의 소식만을 전하고 있다. 그 중 9종은 이 사건의 시기와 장소만을 언급하고 있다. 10분의 1 정도의 자료는 다른 내용을 전혀 언급하지 않은 채 이날이 일요일이라는 사실만을 적시하였다. 그 내용이 덜 소략한 경우라도 대체로 이 점에 초점을 맞추고 있다. 전투를 벌이지 말아야 할 날에 이곳에서 전투가 행해졌다는 것이다. 19종의 자료가 이를 적시하고 있다. 그렇지만 그 중에서도 4분의 3 이상이 우선적으로 프랑스 왕이 특정수의 백작을 사로잡았다는 점을 강조하고 있다. 2종의 증거는 사로잡힌 백작을 2명, 8종은 4명으로 적고 있다. 그 반면 7종은 한 인물, 즉 플랑드르 백작만을 언급하고, 다른 7종은 그에 부가하여 불로뉴 백작을, 23종은 제3의 인물인 솔즈베리 백작을 언급하고 있다. 결과적으로 이 사건의 핵심은 플랑드르 백작을 사로잡은 사실에 있었고, 새로운 시대가 개막한다는 느낌이 동시대인의 뇌리에 작용하였다. 오토의 패주 사실은 이보다는 덜 인지되어 연대기들 중 절반 정도만이 이 사실을 언급하고 있다. 하지만 7종——그 중 5종은 신성 로마 제국에서 씌어졌다——은 단편적인 사실 이외에 부가하는 내용이 없다. 6종은 황제가 파문된 사실을 적시하고 있다. 5종은 나아가 그것이 미친 영향을 간략히 평가하려 하고 있다. 8종은 포로의 수가 상당히 많았다는 내용을 담고 있다. 그리고 이러저러한 자료에 보조적인 언급들이 가미되어 있다. 리에주에서는 프리드리히 2세에 대해, 디종에서는 부르고뉴 공작에 대한 언급이 나타나 있다. 덧붙여 승리 후 만족스럽게도 최소한의 수만이 사망한 사실이 나타나 있기도 하다. 이같이 간략한 사실 관계를 적시하고 있는 내용 중 2종은 왕자인 루이를 장면에 부각시키는 오류를 범하고 있다.

위보다는 내용이 충실한 17종의 기록도 특별히 다를 것은 없다. 어느 것도 포로가 된 백작들을 생략하고 있지 않다. 제반 자료들을 통해 볼 때 부빈 전투는 백작 등이 포로로 붙잡힌 사건이었다. 그 대부분은 플랑드르, 불로뉴, 솔즈베리의 세 백작 정도만을 언급하고 있다. 보다 내용이 긴 기록은 분명 기묘한 성이라고 여겨지는 네덜란드의 '털투성이의 백작'을 부가하고 있다. 한편 성왕 루이와 가까운 사이이며, 도미니쿠스 수도회의 수도사인 뱅상이 《역사 회고》에서 이 전투를 묘사하면서 자신이 포로를 직접 접하였었다는 사실에 바탕을 두고 포르투갈의 페르난두와 당마르탱의 르노만을 언급하고 있다. 아마 그 이유는 부끄럽게도 그가 기욤 르 브르통이 쓴 구절을 축약하였기 때문일 것이다. 보다 많은 내용을 담고 있는 자료들 어느것도 황제의 패주 사실을 누락하고 있지 않다. 이 소재는 당시를 회상하는 자들에게 두번째 중요성을 지니는 것이었다. 나머지 소재의 경우 11종이 프랑스 왕의 연설을 적시하고 있다. 10종은 일요일의 평화 규약 위반과 함께 군의 질서 정연한 배치에 대해 한 마디 언급하면서, 이 군이 절호의 기회를 잡아 가벼운 공격으로 경탄할 만한 타격을 가한 사실을 담고 있다. 9종은 필리프가 낙마한 사실을 부가하고 있다. 또한 죽음을 당하면서까지 오토가 사로잡히는 것을 막아 준 3필의 '용감한' 말에 대한 내용도 위 내용들에 부가되어 언급되어 있다.

이같은 분석을 통해 사건의 윤곽을 엿볼 수 있다. 프랑스 왕은 플랑드르 백작을 비롯한 여타의 백작들 및 수많은 기사들을 사로잡았다. 땅에 떨어진 그는 다시 일어나 파문당한 '그릇된' 황제를 패주케 하였다. 이 사건은 일요일에 벌어졌다. 이 기억을 가장 단순히 표현하면 1214년이라는 년도 표시와 플랑드르의 자그마한 강가의 다리 이름으로 축약될 수 있다.

그렇지만 이 사건은 몇 가지 점에서는 피상적인 것 이상의 심도 있는 흔적을 드러내 준다. 그 관계들이 기록되면서 기억들이 증폭되거나 또는 왜곡되었다. 우선 증폭은 프랑스 왕에게 종사하는 사람들에게서 일어났고, 왜곡은 그를 좋아하지 않는 사람들에게서 나타났다. 독일의 경우 저자 대부분이 마이센 지방 라우터스베르크 연대기의 예를 따라 갈리아인들이 독일의 명예를 조롱하고자 오토의 패주 사실을 지어냈다고 보기에 이 사실을 전혀 기록하고 있진 않지만, 이들은 덜 초라한 방식으로 당시 상황을 조명하고자 애를 썼다. 슈바벤의 우르스베르크 수도원에서 당시 역사의 기록 담당자는 무엇보다 프랑스 왕이 두려움을 가지고 있었다는 점을 설득시키고자 애를 썼는데, 여기에는 그럴 듯한 이유가 있었다. 그에 따르면 왕은 자신의 남작들로부터 적군의 용감무쌍함을 전해 들었다. 저자는 튜튼족의 영예를 위해 르노가 황제에게 프랑스 전사들이 용감무쌍하고 말한 내용을 뒤집어, 결코 그 어느것도 두려워하지 않는 영웅들, 즉 강력한 전사들은 프랑스인이 아니라 독일인이라고 적고 있다: "프랑스인들이 가진 용기는 기껏 불명예스럽게 도망치기보다는 전쟁터에서 죽기를 바라는 정도였다." 자신을 갖지 못하고 공포심을 느끼게 된 왕은 자신의 기사들에게 전투를 이끌어 나갈 전권을 부여하였다. 이 기사들은 우선적으로 도망가려는 사람들의 뜻을 사전에 봉쇄하여 전투에 임하도록 하기 위해 다리를 끊기로 결정하였다. 게다가 공포심을 지닌 이들은 결국 비열하게 '보병과 하층민'을 사용하여 격퇴 불능의 적을 함정에 빠뜨릴 여지가 있었다. 이들은 빈천한 전사들로 하여금 양쪽에 비스듬히 창을 들고 싸우게 하며, 진퇴양난의 상황에서 벗어난 다음 도망을 가장하여 훌륭하고 충성스런 독일 전사들을 함정으로 빠뜨렸다. 이러한 전략이 아니었더라면 이들이 결코 승리를 거둘 수 없었고, 황제가 영국 왕처럼 도망치는 일은 결코 없었을 것이다. 브룬스윅의 제후들에 관한 연대기의 편린 속에는 오토가 전투를 혐오하였고, 전란이 일어나 빈자들이 힘들어 한 사실이 몹시 마음에 걸려 3년간 영광스레 그리고 대평화 속에서 통치하였으며, 따라서 그를 '평화로운 왕, 평화의 군주'라 지칭하는 것이 올바를 것이라는 내용이 기록되어 있다. 그리고 그가 전투를 감행한 이유는, 자신의 의사와는 반대로 상인들에 의해 부추김을 받아서라는 것이다.

　동일하게 영국의 기록들도 모두가 카페 왕조의 영광을 축소시키려는 의도를 담고 있다. 기욤 르 마레샬은 부빈에 있지 않았다. 그렇지만 그의 이름하에 씌어진 노래는 전투에 대해, 프랑스인들은 전혀 확신을 갖지 못하여 전투에 적극 임하려 하지 않았으며, 밤이 다가와 전투의 위험에서 벗어나기를 기다렸다고 말하고 있다. 르노가 이 겁쟁이들이 퇴각을 시작하기 전에는 공격하지 말 것을 조언하였을 때, 그는 이 점을 염두에 두고 있었다. 이러한 국면에서는 별 수고를 들이지 않고 영국 왕과 황제가 영토를 획득할 수 있게 될 것이었다. 황제는 자기 영토의 4분의 1 정도를 수중에 장악하고 있지 못하였다. 프랑스인들은 4배나 더 강력하여 이를 탈취하였다. 오토는 이튿날이 되면 커다란 영예가 약속되어 있었다. 그날의 진정한 영웅은, 황제에게 퇴각할 것을 조언하고 충성스레 그를 대신하며 사로잡힌 영국인인 솔즈베리 백작이었다. 《역사의 꽃》에서 1219년에서 1225년간 1193-1216년의 가장 특기할 만한 사건들을 기록한 로제는 부빈 전투에 대해 덜 편향적이면서 보다 더 많은 정보를 제공해 주고 있는데, 그의 기록은 13세기에 다른 영국 역사가들에 의해 빈번히 이용되었다. 그는 필리프 왕이 주변의 백작·남작·기사를 비롯하여 기병 또는 보병 세르장 및 대중의 지지를 받고 있고, 동시에 마을과 도시의 코뮌군뿐 아니라 '왕국의 질서'를 위해 끊임없이 기도하고 노래하는 주교, 성직자 및 수도사들 위에 기반을 두고 있음을, 즉 3 '위계'에 근거하여 통치하고 있다는 사실에 주목하였다. 그런 한편 로제는 존 왕의 적대자인 프랑스 왕이 증원군으로 보강하였음에도 불구하고 당시 푸아투에 있던 왕자 루이의 진영에 많은 수의 군력을 배치하였기 때문에 정작 자신의 군은 방어하기에 충분치 못한 면을 두려워하고 불안해하였다고 부기하고 있다. 이에 왕은 자신과 그의 군이 마음에 품을 수도 있는 퇴각의 희망을 아예 차단하기 위하여 갑자기 후방의 부빈 다리를 절단하였다. 그는 전투 지역 주변에 둘러쳐진 짐수레 장벽 뒤로 숨었다. 로제는 연합군이 일요일에 전투를 벌이기로 결정한 사실을 가벼이 여기고 있었다는 점 또한 명쾌히 지적하였다. 그러나 그가 보기에 르노는 "이렇게 엄숙한 날에 전투를 벌여 살인을 자행하고 피를 흘리게 하지 말 것"을 조언한 유일한 인물이 아니었다. 그는 플랑타즈네 왕조의 피가 조금은 섞인 오토에 대해 동정심을 갖고 있었다. 그는 황제에게 이런 날 전투를 벌이면서 좋은 결과를 바랄 수 없는 것이라고 조언하였다. 오토는 신을 모독하는 위그의 말에 이끌리고 있었다. 그리고 필리프——한 기사가 자신의 목숨을 희생하면서까지 그를 죽음으로부터 구하였고, 그의 친우들이 왕을 말 위에 태우는 데 가까스로 성공하였다——는 매우 신중히 호위병을 뒤따른 반면, 로제에 따르면 위그의 치욕스런 도망 이후 전투의 모든 짐을 자신의 영예 속에 홀로 지고서 스스로의 힘으로 이를 이끌어 나간 오토는 "양손에 낫도끼처럼 뾰족한 부분으로 자를 수 있는 검을 꺼내들어 여기저기서 심대한 타격을 가하였다. 그는 그와 마주한 자 모두를 아연실색케 하였으며, 말을 탄 기사들을 돌로 쳐 눕히곤 하였다." 그의 타격으로 3필의 말이 죽임을 당하는 상황이었지만, 프랑스인들은 감히 그에게 접근하지 못하고 멀리서 창을 던졌다. 이런 공격에도 불구하고 그는 계속해서 안장에 올라 만나는 적들마다 전혀 쇠하지 않은 기색으로 무기를 겨누어 상대를 오싹하게 만드는 무예를 과시하였다. 그가 줄행랑을 치고 황제의 깃발을 포기한 사실에 대해 로제는 다음과 같이 언급하고 있다. 결국 황제는 '굴복당한 게 아니며' 적을 끊임없이 후퇴시켜 나가다가, 그와 자신의 수하들과 더불어 전혀 손상을 입지 않고 전쟁터를 떠났다. 존 왕에 대해서는 4만 마르크의 돈을 헛되이 쓴 점을 유감스레 여기면서, 존 왕이 교황청과 재화합하고 자신의 왕국을 로마 교황청에 종속시킨 이래로 그에게 어떤 좋은 결과도 나올 수 없었을 것이라고 신랄히 비판하였다.

로제의 관점을 전적으로 조작된 것임이 확실한가? 이 문제는 기욤 르브르통 자신이 자기 군주의 영예를 위하여 사건의 특성들을 미화하도록 용인받았을 가능성에 대한 의문을 제기토록 한다. 필자가 가장 직접적이고 가장 덜 장식적인 최상의 증거로서 선택한 산문 형식의 기욤의 이야기에는 전설적 묘사가 안 나타나는가? 차후로 카페 왕조의 승리를 드러내기 위한 찬양자로서 선택된 기욤이 가장 엄숙한 방식으로 프랑스 왕의 승리를 찬양하고 보다 사치스런 문학적 기념비를 세우며, 베르길리우스가 아이네아스에 대해 그랬던 것처럼 필리프를 예찬하려는 마음으로 원 내용을 개작하도록 압력을 받고 있었다. 따라서 그는 1214년부터 최종적으로 거의 1만 단어에 달하는 장대한 시 《필리피드》를 쓰기 시작해서 서서히 근면하게 그 작업을 완수하였다. 3년의 노고 끝에 10편의 시가 씌어졌다. 1224년에는 12편의 노래로 작성된 두번째 판이 나오게 되었고, 13세기말에는 이것이 프랑스어 산문으로 번안되었다. 그 내용이 매우 지리하다는 느낌을 주는 이러한 일련의 찬사의 글 전체에서 신화의 첫번째 윤곽을 찾아볼 수 있다.

실제로 부빈 전투는 《필리피드》의 주제 전부이다. 이 전투에 대한 묘사는 시의 이야기가 끝나는 마지막 3편을 채우고 있다. 언급할 만한 가치가 있는 대단원을 구성하고 매우 영광스러웠던 필리프 왕의 삶이기도 한 이 역사의 끝을 구성하는 부분은 이 사건 그 자체이다. 그리고 그 앞부분의 7천 행에 달하는 시구는 승리의 전주를 나타내고, 35년 동안 서서히 승리를 준비한, 그리고 그것을 가능케 하기 위한 꾸준한 발걸음을 설명해 주는 것에 다름 아니다. 우선 본질적이고 이후 모든 것의 근원이 되는 요소는 신성한 날에 신성하게 왕으로 선출된 사실이다. 다음으로 사전에 왕국을 모든 오염으로부터 정결케 하는 정화 작업을 벌였는데, 이에는 유대인을 추방하고, 그 중 신속히 도망가지 못한 자들을 화형에 처하며, 아무리 그 수가 많다 하더라도 주의 이름으로 거짓 맹세한 자들을 징벌함과 동시에, 이단으로 오염된 세계를 장작더미 불로서 척결하는 일이 포함되었다. 이 일을 행한 후 선한 신의 대리자는 교회의 억압자들인 상세르 백작 · 부르고뉴 공작과 투쟁을 벌였고, 베리에서 왕군에 해악을 끼친 7천 명에 달하는 베리 지방의 코트로들을 살육하였다. 하늘의 적에 복수하여 피를 뿌리게 하고, 악의 세력을 근절하는 데 정치적 역량을 발휘하였다. 이어지는 7편의 노래에서는 존 왕의 대에 이르러 극치에 다다른 부패하고 악마적인 족속, 즉 플랑타즈네 왕가를 상대로 벌인 어려운 싸움 이야기가 전개된다. 존 왕은 8편부터 비난의 대상이 되고 있다. 그는 왕국의 남부 일대에 걸쳐 해악을 끼친 카타르파 이단의 친구이다. 프랑스 왕은 알비 십자군이 이들을 척결하는 것을 도왔다. 축출된 이 이단은 악한 독성을 선한 로마가톨릭교회로 돌렸으며, 경건한 필리프 왕은 불경한 통치자에 의해 쫓겨 영국으로 도피한 경건한 참사원들을 구조하기 위해 상당한 자금을 투여하였다. 또 다른 상인인 오토가 바로 이 장면에 등장한다. 그가 순례자들로부터 돈을 탈취하고, 성지로의 신성한 여행을 저지하는 행동까지 벌이며 순례자를 핍박한 것은 로마에서였다. 필리프가 이로 인해 고통받는 장면은 10편에 나오는데, 그는 성스런 교회를 위해 '이단들'을 공격하여 응징키로 결정하였다. 부르고뉴 백작으로부터 그에게 가해진 마지막 공격에 대해, 그는 이를 자신의 계획을 실행하는 계기로 삼았다. 수아송에서 '프랑스 아이들의 어버이'로서 왕은 7년간 유예된 신의 은총이 영국에 다시 임하도록 하기 위해, 다른 모든 것을 잊고서 또 바다의 위험에 직면하게 될 위험을 감수하고서 파문당한 두 인물, 즉 존 왕과 황제를 징벌하러 떠날 것을 성직자와 자신의 전사들에게 호소하였다.

여기서 기욤 르 브르통은, 앞서 필자가 인용한 바 있는 전투에 관한 자신의 이야기의 궤적을 거의 그대로 따르고 있다. 그는 전투의 일부 주요 사건들을 정확히 기록하고자 그가 그간에 수집한 정보를 이용한다. 그러나 특히 그가 선택한 어조면에서 변화가 감지된다. 투쟁은 서사시 차원으로, 거창한 규모로 확대된다. (예컨대 강 도시의 성문을 열면서 이 도시를 들이치는 것은 수천의 전사들이었다.) 또한 잔혹한 묘사가 엿보인다. 지명 자체만으로도 그 의미를 파악할 수 있는 장소('상쟁(Sanghin)'은 피를 의미하는 '상(sang)'으로 읽힐 수 있고, 시스엥 왕은 기원상 살육을 의미한다)에서의 전투 장면은 살육의 색채를 띤다. 수아송의 용감한 세르장들의 타격으로 시작한 지 얼마 안 되어 수천의 기사들이 죽었다: "전쟁의 신이여, 피로 물든 손·의복·어깨와 팔들이 수천에 달하는 전사들의 옆구리에 치명적 타격을 가하였나이다." 터무니없이 적의 우월성을 지나치게 부풀리는 시적 과장이 눈에 띈다. 그의 눈에는 플랑드르 백작의 동료들이 왕의 전사들보다 수천 이상 많게 나타난다. 프랑스인의 영광은 세 종류의 적을 상대로 홀로이 싸워 승리를 쟁취한 데에 있다. 그런데 글의 묘사에 있어서 주목할 점은, 저자들이 처음의 간결한 사실적 뼈대 위에 바로

크 장식처럼 온갖 것을 첨가하여 꾸미기를 좋아한다는 점이다. 이렇게 되면 각 묘사 장면마다 가벼운, 그러나 수많은 꾸밈과 과장을 통해 처음의 이미지는 조만간 실제에 거의 충실하지 않게 되고, 그것에서 멀어지게 되어 상당히 왜곡될 상황에 놓이게 된다. 저자는 이같은 첨가를 신중히 거의 감지하기 어려울 정도로 진행해 나가는데, 왜냐하면 기욤이 자신의 작업을 끝냈을 당시 상당히 많은 증인들이 여전히 생존해 있었고, 또 그 기억들이 제법 오래 되어 그들이 바라보는 관점이 달라질 여지도 있었기 때문이다. 당시 프랑스 궁정을 지배한 이데올로기의 압력하에서 첨삭의 흔적을 느끼지 못할 정도로 교묘히 가필이 가해진 것은 특히 세 가지 부문에서였다.

우선 가벼운 조명의 변화를 주는 것인데, 명확한 것과 불명확한 것 사이에 대조를 강조하기 위해 약간의 명암을 준다. 예컨대 불로뉴 백작의 투구 장식과 군마들이 급히 돌아서는 모습을 묘사하는 장면에서 전반적으로 비극적 색조를 띠게 한다. 사악한 자들은 보다 검은색으로 그려진다. 이들은 가증스러우며 수가 현저히 많아 보인다. 마법을 행하고 탐욕이 들끓는 음탕한 진영의 사악한 자들은 왕국에서 태어나지 않고 신성 로마 제국이 일당으로서 풀어 놓은 자들이다. 브라반트 지방에서는 잔혹함이, 에노 지방에서는 교활함이, 작센 지방에서는 분노가 넘치고 있다. 적대 진영의 우두머리들은 승리를 맹목적으로 쟁취하려 한다. 이들은 모든 준비가 되어 있다. 이 비열한 놈들은 포로로 될 자들을 묶을 포승 꾸러미도 예비하였다. 이들의 명령으로 보병들이 득실거린다. 오토는 이 보병 부대로 3겹의 울타리를 이루게 하여 자신을 보호하고자 한다. 이들은 갈수록 위선적이 되어간다. 기욤 르 브르통은 이 악당들이 신의 전사로 위장하기 위해 어깨에 지었다고 하는 십자가 관련 소문을 자신의 이야기에 덧붙인다. 피에 굶주린 악마들은 왕을 살해하려는 악의를 품고 있다. 또 약탈자이기에 약탈 이외의 것은 염두에 두지 않는다. 이들은 자신들이 카페 왕조 영토의 주인이 되었다고 믿으며, 훌륭한 제 도시를 비롯해 그 영토를 자신들끼리 분할 소유할 계획까지 세웠다. 예컨대 2명의 독일 백작은 각기 샤토랑동과 망트를, 긴칼의 기욤은 드뢰 백작령을, 르노는 페론을, 그리고 페르난두는 다름 아닌 최고의 영지인 파리를 자신들의 것으로 삼고자 하였다. 그러나 신은 복수의 완결을 위해 위 인물들이 해당 영역 백작들의 포로가 되게 하는 역설적 상황을 준비하였다. 기욤이 쓴 시의 표현 곳곳에서 오토는 적그리스도로서의 자기 본연의 모습을 드러낸다. 그는 세계──자신이 그것의 유일한 지배자라고 여기는──를 흔들고 국가와 권력의 질서를 무너뜨리며 교회인들을 진정 가난뱅이로 만들려 하지 않았던가? 기욤은 오토가 지나칠 정도로 단순히 교회 개혁안을 장기간에 걸쳐 추진하려 하였음을 지적한다. 그는 부유하게 살아가는 성당참사회원을 가증스러운 존재로 여긴다. 교회가 유복하고 편안한 의복을 걸칠 권리가 있으리라는 생각은 그에게 떠오르지 않는다. 필리프와 그의 장남은 교회의 편이와 특권을 보호하고, 교회가 보다 편안히 살아가도록 일하는 자들에게 부과하는 모든 종류의 징수권을 교회에 보존해 주고자 하였다. 이것이야말로 신이 대관을 통해 그에게 부여한 첫번째 임무 중의 하나였다. 그리고 그가 이 임무를 완전히 떠맡았기에 신과 그의 사제는 선하고 성스런 필리프를 축수하였던 것이며, 국왕기는 다름 아니라 '교회의 행렬에 봉사한다는 의미를 담고 만들어진 깃발이었다.'

묘사 장면에 색조를 부여하여 초점상에 변모를 주는 첫번째 가필에 이어 또 다른 면에서도 내용을 왜곡시키게 되는데, 이번에는 보다 대담하게 장면 자체를 개작한다. 《필리피드》에서 모든 행동은 유일한 극적 핵심, 즉 신의 대리 수장과 사탄의 대리 수장 양자간에 벌어지는 특이한 전투에 초점이 맞춰져 있다. 이 싸움에서 프랑스 왕은 기도하며 예비하고 신에 호소하기를 멈추지 않는다. 필리프는 전혀 알아볼 수 없을 정도로 다른 모습이 되었다. 그는 더 이상 지나치게 많이 잃을까 봐 숨이 헐떡일 정도로 두려워하여 싸움을 회피하거나, 또한 전력을 다해 타격을 가하는 모험을 겁내고 신중히 술책을 쓰며, 나아가 7월 27일 당일 위험이 상당히 줄어드는 순간부터 전투를 재개하기 위해 늪지에 숨어 있는 것만을 염두에 두는 그러한 인물로 비춰지지 않는다. 《필리피드》의 영웅은 공포도, 비난받을 바도 없는 그러한 존재였다. 결코 그는 후퇴하지 않았다. 그가 속임수를 썼다면 그것은 그가 신명 재판의 시험에 가장 합당하다고 여겨 오래 전부터 선택한 장소, 즉 '훤히 열린 공간에서 전투를 벌이길' 원해서였다. 남작들이 후퇴하는 적군을 추격토록 강력히 조언하였을 때, 왕은 무엇이라 말했던가? "보시오. 주님은 짐이 바라던 바를 주셨소. 우리의 능력이나 바람을 훨씬 능가하는 호의를 주께서 베풀어 주셨소. 이전에 우리가 수없이 우회하고 상당히 먼 거리로 돌아 우리의 목표에 도달하려고 애썼는데, 이제 신이 자비를 베풀어 우리가 단 한번에 적을 깨뜨리도록 해주셨소. 신은 우리의 칼로 상당수의 적을 베실 것이고, 우리를 확실한 승리의 도구로 사용하실 것이오. 신은 우리를 쇠망치로 삼아 적을 두드리실 것이오. 신은 모든 전투의 주인이시며, 우리는 그의 충복이 될 것이오." 신은 이같은 파괴적인 힘을 대리시켜 카페 왕조를 드높였다. 그는 이 왕가만을 지지하였고, 그 존엄함을 드러내 주길 원하셨다. 가까스로 싸움이 이루어지고, 왕은 동분서주해 나아가며 반대편의 황제와 접전을 벌이려는 마음을 갖고 있었다. 그런데 "오토가 계속 후방에 머물러 프랑스 왕을 공격하길 원치 않았기 때문에 조바심이 난 왕이 더 이상 기다리지 못하고 전의를 불태워 튜튼족의 대오 속으로 감연히 진군하였다." 그는 적진의 핵심부로 뛰어들어 검을 휘두르며 그가 맞이하게 될 위험을 가벼이 여겼다. 그는 사악한 군마에 의해 장쾌히 낙마하였으나 재차 일어나 새로이 장애 돌파를 시도하였다. 하지만 양군의 대오가 서로 얽혀 복잡한 전쟁터를 쉽게 뚫고 나갈 수 없었다. "양군의 전사들이 전면전을 벌여 상호 압박을 가중했던 만큼 어느 누구도 운신을 자유로이 할 수 있는 길을 찾을 수 없었다." 왕은 낙담하지 않을 수 없었다. 하지만 "황제와 일 대 일로 아이네아스로서 새로운 투라누스와 결판을 내고 싶다"는 왕의 절절한 기도를 신은 저버리길 원치 않으셨다.

필자는 앞서 실제의 부빈 사건이 신화로 변모하는 양상이 세 가지 국면의 변개를 통해 이루어진다는 점을 밝힌 바 있다. 첫번째의 것은 마니교적 비극 형태를 띤다. 그것에 의해 부빈은 영원한 십자군, 즉 악에 대항한 선의 십자군으로 확립된다. 동일한 의미에서 두번째의 변개도 신명재판 형태를 띠어 모든 전투를 결투 재판이라는 유일무이의 의식으로 점철시킨다. 가장 결정적인 마지막 변개를 통해 저자는 신의 대리자의 승리를 국가적 승리로 간주한다. 만약 《필리피드》에서 프랑스 왕이 아이네아스의 의상을 입었다면, 그것은 단지 저자 자신이 학자연하거나 베르길리우스의 역을 충실히 따르려고 한 이유 때문만은 아니다. 사람들은 오래 전부터 프랑크족은 트로이인들의 후예라고 믿고 있었다. 프레데가리우스의 연대기가 7세기에 언급하고 있는 바대로, 또는 필리프는 그 자신이 아니라 한 진영, 즉 모든 '프랑스의 아이들'을 위하여 싸웠던 것이다. 이채로웠던 이 전투는 통치자만의 과업으로 그치는 게 아니고, 오만한 자와 이단들의 억압뿐 아니라 세계를 호령하도록 선택된 한 국가의 운명과 관련된 것이었다.

따라서 부빈에 대한 시적 찬가에서 국가라는 단체──이 단어를 쓰는 위험을 무릅쓰기로 하자──의 정신이 그 모습을 뚜렷이 드러낸다. 전사들이 "모든 종류의 위험을 무릅쓰기를 결코 주저하지 않고 추구했던 부상하는 가치는 '프랑스의 아들들'이었다." 어떤 프랑스인가? 프랑크족의 고토 위에 세워진 프랑스, 파리의 프랑스, 에탕프와 상리스의 프랑스, 생드니의 프랑스였다. 승리의 최고 주역들이며, 온갖 마상 시합에서 집단적 명성을 얻었던 기사들은 카페 왕조의 영역이자 클로비스와 다고베르트가 선호했던 영역 출신이었다. 이들 중 브르타뉴나 아키텐 출신은 전혀 없었다. 그렇지만 《필리피드》의 프랑스가 진정 좁은 국면으로 한정되어 있었던 것은 결코 아니었다. 실제 부빈은 심원한 변화가 일어나던 시기에 또렷한 모습으로 부각되었다. 10년 전 이래 국왕 문서국에서 작성한 문서들에서 필리프는 프랑크족의 왕이 아니라 프랑스의 왕으로 표기된다. 카페 왕조 통치자들의 영역인 왕령지와 왕국 전체가 동일시되어 간다. 플랑타즈네 왕가가 생통주로 후퇴한 랑그도크에 파리의 기사들이 손을 뻗치게 된 시점에서, 프랑크라는 단어가 갖는 의미가 보이지 않게 변화한 사실은 국가의 강화 방향으로 유연성 있게 적용되어 온 이데올로기상에서 한 이미지가 확대되는 것을 나타내 준다. 열정을 지니고 자신의 임무에 충실했던 기욤 르 브르통은 자신의 시에서 서사시적 감흥을 일으키는 표현들을 통해, 국왕의 정책에 기여할 수 있는 제 행동을 적절히 관계시키고 조화시키는 데 심혈을 기울였다. 전투는 막 시작되고, 게랭 신부는 길게 도열해 있는 기사들을 독려한다. 그는 다름 아닌 그들의 종족에 대해 열변을 토한다. "모든 전투에서 승리를 거둔 종족은 항시 그들의 적을 파괴한다." 동일 종족에 대한 소속감을 불러일으키고 종족적 우월성을 재차 확약하며 잠재적인 타민족 혐오증을 환기시키는 작업은 플랑드르인들을 겨냥한 것으로, 이들은 분명 왕국에 속해 있었으나 그 백작이 마법의 땅인 포르투갈 출신이고, 그 대부분이 튜튼족의 상스러운 말을 뱉으며 번번이 프랑스에 가증스러운 행동을 한 자들이다. '주색잡기와 음주를 일삼는 만족이 군신 마르스의 선물보다 더한 매력으로 결합되어 있으며,' 온갖 궁리를 다해 도망갈 준비가 되어 있는 것으로 알려진 '영국의 아들들'도 마찬가지이다. 결투를 벌이는 두 수장, 즉 장기판 위의 두 왕은 프랑스와 독일의 왕이다. 이처럼 두 군주의 적대적 대치 구도를 통해 국민 의식을 확연히 드러내고 조장한다. 전투에서 야만족인 게르만족은 그들 나름의 '광기'를 지니고 있다. 우오탕을 위시한 고대의 신들을 섬기기에 진정 우상숭배적이며 미개한 족속이다. 독일인들은 삼림 속의 야생짐승을 연상케 하는 끔찍함을 지니고 있다. 심장에서 고귀함이 우러나는 프랑스인의 진정한 용기는 이들에게서 찾아볼 수 없다. 잘 알려져 있다시피 이들은 마을민처럼 걸어다닌다. "갈리아인의 자손인 여러분들은 항시 말을 타고 싸우라." 만약 코뮌의 보병이 방해하면 이들을 품위 있게 분쇄해 버려라. 그리고 깃발처럼 투구 장식을 높이 달고 질주해 가는 모반자 불로뉴 백작이 용감히 싸우고 훌륭히 조언하며 능란하고 현명하게 보이고는 있으나, 이것은 그가 플랑드르인이나 영국인·튜튼족이 아니고 프랑스의 당마르탱 출신이기 때문이며, 그러나 그는 사악한 진영의 마귀에 이끌려 프랑스에 대적한 것이다. "전투에 임하여 그에게서 자연스레 엿볼 수 있는 가치는 그가 진정 프랑스인의 피를 지니고 태어났음을 강조하여 알린 점에 있다." 훌륭한 혈통은 지워질 수 없다. 저 드높은 용기를 보라. 진군의 나팔이 울리고, 《필리피드》는 가공할 적에게 공격의 칼날을 겨눈다.

　무엇을 위해 이렇게 해야 하는가? 바타유에서는 가문 내의, 그리고 봉건적인 구래의 불협화음을 규제할 방법이 없다. 황제와 왕 중에서 누가 그리스도교 세계를 통괄할 수 있는지 하는 점도 결정할 방법이 없다. 이에 매우 단순히 튜튼족으로 하여금 "자신들이 실제로 프랑스인보다 열등하며, 전쟁 수행 능력에서 양자를 비교하는 것은 가능하지 않다"라든지, "독일인의 폭력성은 프랑스적 가치에 의해 통제되어야 한다"는 점을 인지토록 강제할 필요가 있는 것이다. 특별한 의미를 지니는 이 전투는 두 군주간의 전투에 그치는 게 아니라 두 국가간의 전투였다. 불로뉴 백작, 플랑타즈네 왕가의 완강한 봉신들——게다가 이들 자신 또한 '갈리아의 자손들'이었다——플랑드르인·영국인들은 미미한 역할만을 떠맡을 뿐이었다. 차후로 광명의 사람들은 프랑스인이요, 암흑의 사람들은 독일인이다. 새로운 아이네아스이며, 샤를마뉴——국왕기를 만들어 사용한 것으로 알려지고, 이미 자신의 지혜로 섹슨족을 징벌하였으며, 프랑스인의 칼로 그들에게 수모를 안겼던——의 상속자인 프랑스 왕은 《필리피드》에서 '트로이인의 후손'에게 훈시를 내린 것이다. 그는 이들을 지휘하는 자신을 전설상의 황제들과 동급으로 간주한다. 그 역사를 듣고 족보에 대한 의식을 키워 온 자신의 기사들에게 그 또한 조상과 종족, 태생의 가치에 대해 말한다. 그러나 단일한 국가 안에 이들을 결합시키기 위해서는 '젊은이들'의 회합에서 들려 줄 수 있는, 고대의 아이네아스와 같은 거대한 주제의 이야기와 시, 즉 프랑스적 주제를 갖춘 무훈시를 창작할 필요가 있다. 기욤 르 브르통의 서사시에서 이념적 과장과 수사는 왕의 기능 자체에 초점을 맞추지는 않는다. 왕의 기능이 고양되고는 있으나, 그것은 간접적인 방식으로 그러하다. 모두가 알고 있는 바, 즉 왕은 신성한 존재이고, 아무도 그를 해할 수 없으며, 통치자가 전투를 벌일 때 자신의 몸에 위해가 가해질 위험을 택하지 않는다는 식의 개별적 특성보다는 왕국과 그 권위를 상징하는 왕관에 대해 반복해서 강조하여 말한다. 요컨대 통치자의 승리를 전 백성의 승리라는 차원에서 드러내는 것이다.

시의 최종편에서 필리프의 승리는 폼페이우스·카이사르·베스파시아누스·티투스가 거둔 승리와 관련된다. 그는 전쟁터에서 쓰러진 독수리 문양 국왕기를 재차 드높이 올리고, 제국의 황제기를 수중에 넣었다. 그는 장대한 행렬을 거느리고 새로운 로마인 파리로 금의환향하였다. 그런 한편 그는 승리자로서 고대 황제들의 거점들을 들르게 되는데, 왜냐하면 그가 어느 한 도시에만 집중해서 머무르려 하지 않았기 때문이다. 그는 왕국의 가장 먼 곳에까지 순회하며 각 고장들과의 직접적인 교감을 통해 왕국의 전 영역을 체감코자 하였다. 그런 과정에서 심원하고 불가항력적인 영광이 프랑스 전역으로 분출되어 나갔다. "단 한 번의 승리는 전 도시와 부르가르 및 성들에서 수천의 성공을 이루게 하였다." 전 왕국민들이 공통으로 느끼는 환희는 사회의 질서가 흔들리는 듯한 인상을 줄 정도로 대단하였다. "자신의 조건·재산·직업·성·연령에 관계 없이 모든 사람이 동일한 환희의 충성을 노래하였다." 결합이 이루어졌다. 당시 사회적 지위를 특징지은, 즉 진정 사회적 구분의 기준으로 작용했던 의복의 차이조차도 잠시 사라졌다. "기사·부르주아·농민 모두가 자주색 복장으로 치장하여 장려한 모습이었다." 모두가 단일하게 승리를 의미하는 자주색 망토를 걸쳐 이때만은 한결같이 동등하게 보였다. 이는 시골뜨기들에게는 진정 놀랄 일로서, "사람 자체가 변하였다는 생각이들 정도였다." 사람들이 승리의 결과로 한순간 이같이 되었다. 승리는 축제 의례에도 영향을 주어서 수확의 축제를 자유, 동등, 형제애, 국가적 축제 중 으뜸가는 축제로 만들었다. 그리고 이것은 전혀 오토가 의도한 바와 같은 우주적 질서의 방해나 전복, 또는 악의적 태도에서 비롯된 결실이 아니었다. 반대로 하늘의 축복이었다. 모든 축제에서 그러한 것처럼, 잠시나마 선택받은 자들의 완전한 한 사회가 실현되었다. 부빈의 두 번째 이야기는 이런 식의 전개를 통해 오래도록 해묵은 종말론적 전망 속에 확립된다. 승리는 새로운 세례와도 같았다. 그것은 죄, 그리고 불평등과 일하는 자에 대한 수탈을 정당화해 온 오류를 씻어냈다. 주님의 은총과 통치자의 용맹이 왕국을 일종의 재발견된 천국으로 만들어 주었다. 부빈 승리에 뒤이은 행렬을 축하해 준 것은 카페 왕조, 나아가 국가이며 더 나아가 양자 상호간의 결맹이었다. "왕과 백성 중 어느쪽이 상대를 더 좋아하였느냐 하는 점은 알지 못한다 해도, 양자간에는 절대적으로 순수한 관계에 의해 서로를 결합시켜 주는 사랑의 전염과도 같은 교감이 있었다."

필리프 왕이 평화로이 임종을 맞이한 이후 13세기 중엽의 30-50년 동안 이 사건에 대한 기억은 매우 생생히 남아 있었다. 아라스의 입구에 샤를마뉴의 진정한 계승자인 프랑스 왕들이 독일 통치자들에 거둔 일련의 승리들 속에 부빈을 위치짓는 비명을 설치하기로 결정한 것은 바로 이 당시였다. 이 전투는 항시 관심을 끌었다. 새로운 이야기들이 만들어졌지만, 그것들이 담고 있는 이미지들은 가면 갈수록 왜곡되었다. 이들 이야기들은 기욤이 《필리피드》에서 허용코자 한 것 훨씬 이상으로 과장되었다. 일례로 보주에 있는 세농 수도원의 수도사 리셰는 1255-1264년에 편집한 연대기에서 오토 황제가 2만 5천 명의 기병, 8천 명의 보병, 무기와 식량으로 가득 찬 짐수레 다수를 거느렸으나 전투 당일 1만 3천 명이 죽거나 포로로 잡혀 손실을 입었다고 쓰고 있다. 프랑스 진영에서는 기적적으로 기사와 세르장 각 한 사람씩 2명밖에 전사하지 않았다. 1225년까지 내용을 담고 있는 투르의 생마르탱 수도원의 연대기에서, 그리고 토스카나 지방 프란체스코회 수도사로서 보나벤투라를 수행하여 프랑스를 장기간 여행하였고 1278년에 기록을 남겼던 토마의 경우 프랑스 왕이 상대한 제후는 3명이 아니라 10명이었다. 기억을 왜곡하고 부풀려 이 사건을 재구성하는 데 가장 심대한 영향을 미친 것은 생드니측의 저작물이었다. 필립 무스케의 저작은 이를 충실히 따르고 있다. 1240년경 프랑스어로 기록한 연대기에서 투르 백작령 내 보좌판사의 부유한 가문에 속했던 아 아마추어 작가는 공격의 함성에 대해 특별한 관심을 나타냈다. 양 진영은 각기 공격에 임하여 함성을 질렀는데, 오토 주변에서는 '로마'를, 필리프 주변에서는 '몽주아생드니'를 외쳤다. 이 단 세 단어의 외침이 갖는 마술적 힘으로 프랑스군은 플랑드르군을 충분히 와해시킬 수 있었다. 이 함성의 타격에 의해 강력한 자들이 아주 유약한 자로, 용감한 자들이 겁쟁이로 변신되었다: "이 단어는 그들에게 죽음과 치욕을 안겼다." 그리고 프랑스 국왕기가 높이 드리워졌다.

> 그들은 생드니가
> 자신들을 살육하기 위해
> 용 한 마리를 풀어 놓은 것이라 여겼다.

번개를 내리치는 이 용은 이후로는 악의 진영에서 더 이상 발견되지 않고 축수받은 필리프 왕의 진영에서 발견된다. 리셰가 간접적이긴 하지만 자신의 수도원에 이웃한 한 소수도원의 중개를 통해 위와 같은 내용의 정보를 얻게 된 것도 마찬가지로 생드니로부터였다. 또한 그 기억의 내용이 상당 부분 혼동되어 있어서 프랑스 왕의 동료 중에 노르망디 공작이나 브르타뉴 백작이 포함되어 있을 정도였다. 이같이 리셰의 이야기 속에서 원본과는 거리가 먼 개작이 이루어져, 프랑스 국왕기가 갖는 의미가 보다 확연히 부각된다. 필리프는 황제 이래 국왕 금고국으로부터 꺼낸 적이 없는 이 깃발을 누구에게 맡길 것인지 주위에서 찾아보았다. "누가 프랑스의 영예를 지기를 원할 것인가?" 부르고뉴 공작이 매우 가난하나 매우 순수한 한 기사를 추천하였다. 갈롱이라는 이름의 이 기사는 말을 구입하여 전쟁에 참여하기 위해 자신의 전 토지를 저당잡힌 바 있었다. 전투의 제 관계는 성스런 국왕기와 그것을 들고 있는 기수 주변을 핵으로 하여 조직되고 전개되는데, 그러나 이 깃발은 기수가 그것을 들고 있다는 것 이상의 의미를 그에게 부여한다. 이 국왕기보다 가치 있는 존재로 여겨지는 것은 없다. 남작들, 나아가 왕조차도 이에 미치지 못한다. 이 국왕기는 그 자체가 모든 문제를 규제하는 힘을 갖춘 존재이고, 일련의 무훈을 상징한다. 사실상 갈롱은 의례를 위한 상징물이 아니라 복수의 무기로서의 국왕기를 손에 들고 있는 것이었다. 자줏빛 명주는 선홍빛 피에 굶주린 모습을 나타내고, 군기는 창이 되어 플랑드르 백작의 몸 곳곳을 찌르며 혐오할 만한 큰 상처를 낸다. 그것은 찌르고 또 재차 찌르며 상대를 완전히 망가뜨린 다음, 오토를 보자 그의 대오를 깨뜨리며 어느 누구보다 먼저 황제 앞으로 다가간다. 이같이 국왕기는 모든 악의 진영을 물리치며 결국 승리를 거둔 유일한 존재가 된다.

진정 이같은 횡설수설은 모험에 대한 사소한 미화들에 불과하다. 관심을 끄는 대목은 이같은 미화에 의해 신화의 내용이 풍부해지지만, 이같은 윤색은 군주제의 상징을 강화하는 측면으로만 이루어지는 점이다. 이 시기에 윤색된 이야기들의 핵심부에서 두 가지 혁신적 내용이 확립된다. 전투 개시 전의 승리 기원 의식에 통치자와 그에 봉사하는 기사단간의 결연을 확고히 드러내 주는 의식이 결합되는 모습이 나타난다. 전자의 의식을 통해서 참여자들은 도유받은 왕의 성사적 기능을 드높인다. 원시 시대의 의식에서 의식 이전에 행하는 정화의 의례가 성찬식으로 변형되어 나타나며, 필리프 왕이 멜기세덱의 역을 맡는다. 이러한 개변은 애초의 이야기 속에 담겨 있는 사소한 장식적 표현들에 바탕을 두고 있다. 프랑스 왕은 물푸레나뭇가에서 적의 공격을 통지받았을 때 회복이 되었다. 그는 포도주 '수프'로 적셔진다. 필립 무스케의 경우 약간의 성례적 장식을 첨가하는 윤색을 한다. 왕이 드는 사발이 '황금의 잔,' 즉 성배가 된다. 그러나 20년 후인 1260년경에 메네스트렐은 귀족 청중을 즐겁게 하기 위해 전혀 다른 형태의 윤색을 가하여 축성을 받은 도시에서 부빈의 즐거웠던 장면들을 묘사하는 이야기를 전하고 있다. 우선 필립이 다리 앞 예배당에서 아침 미사――투르의 주교가 집전한――를 드리는 장면이 주 묘사 대목인데, 여기서 왕은 갑옷으로 무장한 채 듣고 있다. 주목할 점은 빵과 포도주가 그에게 건네진다는 점이다. 그는 빵을 잘라 한 부분을 포도주에 적신 다음 먹는다. 그리고 나서 그는 주변 사람들에게 말한다: "짐은 주님과 함께 마시고 먹은 12사도를 기념하여 여기서 짐과 함께 먹을 짐의 충실한 친구들을 지목하겠다. 그리고 악의나 모반을 염두에 두는 자가 아무도 없다면, 다가오도록 하라." 예비된 그리스도의 수난과 시험을 기념하여 사람들의 영혼을 위해 제공된 공물, 희생을 앞에 두고 왕은 예수 그리스도 최후의 만찬을 모방하고 있으며, 여기서 예수 그리스도의 역을 떠맡고 있다. 성찬 의식을 통해 그는 집단구성원과의 관계를 보다 긴밀히 하고, 자신의 옆으로 동등한 자들을 소집한다. 그는 유다와 같은 자들을 두려워하여 이들을 폭로코자 하였다. 앙게랑은 사제의 손으로부터 첫번째 수프를 받는다. 이어서 '왕이 의혹을 두고 있는' 모반자 생폴 백작 고티에가 나타난다. 그는 자신이 마침내 악을 거부하였음을 확언하면서 먹기를 두려워하지 않고, 필립의 눈을 똑바로 쳐다보며 오늘 밤 그가 모반할 것임을 분명히 한다. 다음으로 상세르 백작과 여타 백작들의 차례로 잔을 받는다. "너무나도 큰 압박 때문에 아무도 잔에 손을 대려 하지 않는다."

두번째의 미화 내용에서도 초점은 여전히 명확하지 않다. 모든 증거를 통해 볼 때 드러나는 첫번째의 분명한 의도는 왕관을 빛나게 하는 일이었다. 이 작업 역시 많은 다른 경우와 마찬가지로 생드니에 기원을 두고 있다. 이미 필립 무스케는 정오의 간단한 식사 이후 왕이 하늘을 향해 기도하는 장면을 묘사하면서 왕관의 이미지를 도입한 바 있다. 왕관은 여기서 핵심적 위치를 차지하고 있다. 우선 필립은 예수 그리스도 · 성부 · 성자 · 성령의 가호를 빌며, 자신과 그를 따르는 모든 기병과 보병이 함께 악으로부터 구원받기를 간구하였다. 그러나 그가 무엇보다 하늘로부터 희구했던 것은 자신의 왕관을 보호하는 일이었다. 그는 왕관의 수호를 위해 더불어 생드니의 가호를 요청하였다. 샤를마뉴 이래 프랑스 왕은 생드니에 수호를 요청해 왔고, 또 그 가호하에 있지 않았던가?

> 당신은 왕관을 수호해야 합니다.
> 샤를마뉴가 그랬듯이 왕들 모두가
> 당신 앞에 몸종으로 헌신하였다.
> 나는 당신의 영지에 속한 몸종입니다.

(즉 왕은 이 성인의 영지에 속해 있는 '그의 사람' 그의 몸종이다.)

> 나의 명예와 권리를 지켜 주소서.
> 당신은 그리해 주셔야 합니다……

(주군이 자신의 봉신에 대해 그러한 것처럼.)

마지막으로 "이날 왕관을 잃어버리는 일이 없도록 완전을 기하기 위해 성모 마리아를 향한 기도가 이루어진다." 사실 이같은 염려는 놀랄 만한 일이 아니다. 여기에 매우 구체화된 요소가 새로이 덧붙여진다. 일부 이야기들은 왕국의 상징물을 다름 아닌 전쟁터에 두고 있다. 필립은 오래 전부터 전투가 이곳에서 벌어질 것을 예견하여 파리를 떠나면서 권력의 상징물을 동반하기로 하고, 국왕 금고국에서 국왕기와 더불어 이를 꺼냈다는 것이다. 그리고 그는 전투의 모든 의식이 이 상징물을 중심으로 이루어지길 희망하였다. 왕관에 가장 우선적인 초점을 맞추기를 원하였기에 왕은 자신이 관심면에서 왕관보다 뒷전에 밀려나는 것을 상관치 않았다. 또한 카페 왕조군의 전기사들간에 공개적 경합을 통한 예비 경쟁이 이루어지는 그러한 경기를 희구하였다. 진실의 순간이 다가오기 바로 전, 왕은 전사들 앞에서 겸손히 그가 이 상징물을 보지하고 영예를 지킬 수 있는 최적합의 인물이 아닐지도 모른다고 고백한다. 만약 더 훌륭한 수장이 나타난다면 왕관은 그 인물에게 귀속될 것이다. 부빈에 대한 기억을 소재로 한 마지막의, 그리고 특출한 윤색은 필리프 왕이 전투 개시 시점에서 행한 연설에서 드러난다. 필립 무스케는 이 사건에 대한 다양한 이야기들 속의 이와 관련된 대목에서 윤색이 어떠한 방식으로 계획되고 점증적으로 가미되는지 검토하려는 노력을 기울었다.

필립 무스케의 이야기 속에서 이러한 움직임은 단지 미끼에 불과하다. 왕은 오직 기사들의 결속을 확고히 하려는 목적으로 말을 하는 것이다. 《플랑드르 일반사》 속의 다음과 같은 짧은 구절을 보자.

기사들이여, 지금부터 짐은 여러분을 따를 것이고
특히 여러분과 함께 분노할 것이다.

왕은 전사들에게 그들이 왕의 행동을 위한 단순한 도구가 아니라 진정한 친구들임을 말하고 싶어하였다. 그들은 어떤 위험이 닥치더라도 자신들의 곁에 있는 왕을 발견하게 될 것이다. 그렇지만 그가 프랑스 왕이기 때문에 그들이 그를 수호해야 한다. 이들에 대한 전리품의 제반 이득 분할을 항시 염두에 두는 선한 통치자 필리프는 이들의 봉사와 보호를 강력히 요구할 권한을 갖고 있다. 그러므로 기사들과 그 보조병들은 왕의 몸체를 보호하는 자가 되어야 한다. 그러나 복음서 처음 부분에 나오는 대로 왕의 육신은 다른 사람의 것과 같으며, 왕은 그 이상의 것이기를 바라지 않는다. 특별히 왕에 주의를 기울이고 그가 홀로 지나치게 모험하는 것을 회피토록 해야 할 이유가 있다면, 그것은 덧없는 육신에 입혀진 그만의 존엄성 때문이다.

> 영주들이여, 짐은 단지 하나의 사람일 뿐이지만
> 그 존재가 바로 프랑스 왕이므로
> 여러분은 짐을 보호해야 한다…….

세농의 리셰는 필립 무스케와 동일한 설명 방식을 취하되 좀더 길게 묘사하고 있다. 필리프 왕은 유사한 개념들을 동원하여 '프랑스의 꽃이며 왕관을 지키는 영예로운 자'들인 기사들에게 다음과 같이 연설을 시작하고 있다. "여러분은 짐이 왕관을 소지하고 있는 것을 보고 있습니다. 그렇지만 짐 또한 여러분과 같은 인간이기에 여러분이 짐을 지탱해 주지 않으면 짐은 왕관을 보지할 수 없습니다." 그러나 여기서 모든 어조가 변화되는 한 장면이 도입된다. 필리프는 이어서 "짐은 왕이오"라고 말한다. 그런 다음 자신의 권위를 상징하는 왕관을 들어올리면서——그는 중차대한 이 시점에서 머리 위에 왕관을 쓰며 이때부터 전투 채비와는 전혀 다른 외양, 즉 국왕의 존엄을 과시하는 특별하고 화려한 궁정 의식의 모습이 나타난다——주변 사람들에게 왕관을 드러내 보여 준다. "짐은 여러분이 모든 왕들을 알기를 원한다. (이것은 왕이 곧 사제라는 고대적 기억을 떠올리게 하는 대목으로, 리셰의 이 표현은 모든 신도를 그리스도의 왕국과 사제의 권능에 참여토록 호소하는 성 베드로의 첫번째 서한 내용을 상기시켜 준다.) 짐은 여러분 없이는 더 이상 왕국을 통치할 수 없다." 왕-사제의 두 역을 떠맡은 왕이 이끌어 가는 성체배령 의식과 봉헌을 통해, 통치자는 전투에 최대치의 노력을 경주해야 할 바로 그 시점에서 기사단에게 서약으로 그와 함께 할 것을 호소하였다. 조국은 위험에 처해 있고, 적은 우리의 강산에 침투해 왔다. 만약 우리 모두가 하나로 된다면, 우리는 적을 격퇴하여 함께 승리와 영광을 안고 저들이 노략질하고자 한 우리의 가정·아내·자식에게 금의환향할 수 있다. 이에 환호를 통해 만장일치적인 순종의 서약이 이루어진다. 그런 후 왕은 최종적으로 다음과 같이 공표한다. "영주들이여, 여러분 모두는 짐의 사람들이며, 짐이 그 무엇이건 짐은 여러분의 영주입니다." 이는 마치 궁정의 옥좌에서 표명되는 '옥음'과도 같은 말이었다.

메네스트렐의 글에서는 연설이 다음과 같이 시작된다. 왕의 호소에 군주가 백성에게서 예상하는 약간은 차가운 충성이 아니라 봉신들의 헌신적 부응이 있게 된다. 여기서 왕은 앞의 경우와는 강조점을 전혀 달리하는 말을 한다. 필리프는 그 누구보다 관대하며 자신의 증여를 통해 사랑받는 영주 중 으뜸가는 존재이다. "짐은 여러분을 진심으로 사랑하였고, 커다란 영광을 부여하였으며, 짐의 재산 상당 부분을 하사하였다. 짐은 일찍이 여러분에게 피해를 입히거나 과도한 요구를 행한 적이 없으며, 여러분이 항시 자신의 권리를 누리도록 하였다. 신의 이름으로 짐은 여러분이 결코 자신의 의무를 소홀히 하지 않았던 주군에게 모든 봉신이 신종 선서와 성실 서약에 의해 약속한 바 있는 군사적 봉사를 행하여 오늘 짐뿐 아니라 동시에 여러분의 육신과 영예를 지켜 주기를 간원한다." 왕관이 장면 속에 등장하는 대목에서 이미 필립 무스케의 이야기 속에 묘사된 바 있는 주제가 열거되고 증폭된다. "만약 왕관이 짐보다 여러분 중의 누군가에게 더 적합하다고 여긴다면 짐은 선한 마음과 의지로 왕관을 그에게 양여하겠다." 이쯤되면 상궤를 벗어나게 된다. 원래의 겸손한 고백이 양위 행위로까지 치닫고 있는 것이다. 전투는 곧 개시되려 한다. 어쨌든 왕위가 위험에 처해질 찰나에 있고, 이에 프랑스 국기를 방어하기 위해 가장 용감한 행위를 선택해야 하는 상황이다. 따라서 선거 절차가 개시되어야 한다. 이를 뒤잇는 내용은 더욱 특이하다. 여기에 모인자 중

그 누구도 당황하여 떠는 흔적을 조금이라도 보여서는 안 된다. 모든 보조병 역시 마찬가지이다. 가장 용감한 자만이 샤를마뉴의 후손일 수 있다. 남작 일체가 연민에 찬 마음으로 다음과 같이 말한다. "신의 가호를 빌며 우리는 당신 아닌 왕을 원하지 않나이다. 그리고 우리는 적을 향해 강렬히 돌진할 것이며, 당신과 함께 죽을 준비가 되어 있나이다." 또한 역이 바뀌어 이번에는 왕이 "우리 모두는 함께 죽을 것이다"라고 말한다. 이번에는 약속이 기사들로부터 왔다. 이같은 상호적 언약을 통해 진정한 약정이 이루어진다.

통치자와 전사 집단간의 대화를 통해 토마 신부는 이야기에 마지막 특성을 가미한다. 이번에는 왕이 대봉신이나 남작이 아니라 직접 가난한 기사 집단을 상대로 마치 이들이 동료 전사들이기라도 한 양 연설을 행한다. 그는 분명 높은 위치에서 모두를 지배하지만 그것은 오로지 왕의 칭호에 의해서이다. 사실 많은 전사가 그보다 육체적으로 건장하며 용기를 지니고 있다. 왕이 모두의 영예를 위해 자신이 쓰고 있는 왕관을 손으로 잡는 것은 바로 이때이다. 그런 다음 왕은 왕관을 벗어 이를 땅 위에 올려 놓는다. 그는 원위치로 되돌아와서 마침내 질문을 던진다: "여러분은 이를 수호하길 원하는가? 여러분이 나를 포기하면 짐은 죽게 될 것이다." 소집된 전사들의 응답은 한결같았다: "왕관을 다시 쓰소서. 우리는 왕국의 수호를 위해 목숨을 던지겠나이다."

이 장면에 대한 제반 가필에서 국왕의 옥체가 국왕의 권능과 혼동되고 있음을 뚜렷이 엿볼 수 있다. 왕관은 결코 사라지지 않으며, 전혀 부식하지 않는 물질인 귀금속으로 만들어진다는 점에서 왕권의 영원성을 의미하는 구체적 상징성을 띠고 있다. 프랑스에서 서서히 왕국 이념이 변화되어 감에 따라 13세기 중엽에 위에서 언급된 언사나 몸짓을 통해——다수의 타장소들, 특히 성당의 장식들에서 알 수 있듯이——매우 자연스레 군주권의 영원하고 최우월한 가치가 보다 선명히 드러나게 되었다. 그렇긴 해도 이처럼 왕관을 경매에 넘기는 듯한 행태나, 자신의 모든 특권을 거부하고 단순한 시골 귀족 무리 속에 파묻히길 원하는 새로운 아이네아스의 자기 비하적 모습을 어떻게 여겨야 할까? 성유의 도유에 의해 모든 권한을 온전히 부여받고, 가계의 기원이 원시적이었던 메로빙거에까지 닿고 있는 이새 가의 마지막 왕계이며, 기력이 넘치고 보다 용감하며 민첩한 기사들 앞에 자신의 모습을 드러내 왔던 왕의 후손인 10명의 인물이 허망히 사라진다는 설정을 무슨 연유로 하게 되는 것인가? 프랑스의 각 가문에서 가계 의식이 계속해서 강화되고 왕자의 왕위 승계가 기정 사실화되기 시작한 그 시점에서 누구에게서나 확약받고 있는 왕의 존엄에 반대되는 입장을 왜 취하였을까? 이같이 윤색된 이야기들의 저자는 필리프의 손자가 갖는 마땅한 권리를 부인하려는 생각을 머리 한편으로 가졌던 것일까? 메네스트렐과 같은 전문 작가들이 자기 만족적 장식물로서의 전설에 대해 이같이 윤색한 마지막 이야기 대목에서 귀족의 한 축을 불평자로 유인코자 하는 동기가 있었던가? 봉건 이데올로기라 할 만한 것의 대변인들이 자신의 생계를 얻으려는 방편으로 그리했던 것일까? 그것은 문학 예술 옹호자들인 공작·백작 등 프랑스의 상위 귀족들에 아첨하려는 의도와 관련되는가? 그렇다면 왜 하급 기사들, 젊은 모험가로 구성된 가난한 전사 집단에까지 경매 내지 경쟁 범위를 하향 조정하였는가? 그리고 세농의 수도사는 어떤 문학 애호가들을 상대로 이것을 썼던 것일까? 덧붙여 필자는 상징의 의미를 천착해 보아야 할 것으로 믿는다. 상징의 기능은 부빈이 프랑스 왕국을 구했음을 보다 강력히 표명하기 위한 것이 아닌가? 실제 필리프 왕이 왕관을 땅에 내려놓았을 때 이는 자신의 죽음이 아니라면 그외의 그 무엇을 그가 의미하려 했던 것일까? 한순간 왕위는 공위가 된다. 결정적 시련과 마주하기 전에 왕은 죽어야 하는 것 아닌가? 그런 다음 다시 재생하여 새로운 왕관을 쓰고 승리를 계획한다. 왕관이 땅에 닿게 되는 순간 비옥의 원천인 땅은 새로운 활력을 이에 불어넣는다. 사람들이 왕의 승리 가능성을 의심할 여지가 많았다. 그는 더 이상 젊지도 풍모를 갖추고 있지도, 무장 전문가도 아닌 한 사람에 불과하였다. 그는 청춘의 세례를 받은 것처럼 기사도에 푹 빠져 잠시 사라졌다가 되돌아온다. 청년의 활기와 젊음의 생기로 정화되고 침 례되어 부활할 수 있게 된다. 나아가 왕은 또 다른 상징적 행동에 의해 활력을 얻고 재확인받는다. 만장일치로 왕위가 유린당하는 것을 저지하고, 단 한 사람만이 그 자리를 차지할 수 있음을 재확인하기 위해 참여한 모든 전사들이 외치는 환호와 탄성이 바로 그것이다. 그것은 왕이 다른 사람들보다 더 강력하기 때문이 아니라 그의 혈통 속에는 고대 왕들의 피가 흐르고 있기 때문이다. 메네스트렐의 이야기인 《루이의 등극》은 남작들이 독립적이었던 시대에 대한 향수를 담고 있는 게 아니다. 그것은 정반대로 카페 왕조의 정통성을 선언하는 내용으로 되어 있다.

　이 시각에 신은 심판을 내리려 하고 있었다. 필리프가 대관받은 지 이미 30년이 지난 시점에서 신이 그에게 대리시킨 권능들이 여전히 유효한지의 여부를 누가 말할 수 있겠는가? 신은 여전히 그를 자신의 진정한 대리자로서 여기고 있는가? 깊이 헤아려 볼 때 바타유는 이같은 시원적 질문에 대한 응답의 기다림에 다름 아니다. 그것은 신이 항시 동일한 선택을 하였는지를 보여 줄 것이다. 또한 이 문제는 왕조사의 결정적인 시기에 제기되었다. 이 질문은 과연 상속권을 확고히 부여받고 있는 한 종족의 수장이 자신의 생애에 그의 장남과 왕의 직분을 나누어 갖는 것이 필요한가라는 통치권 문제와 관련된 것이다. 즉 신명 재판으로서의 부빈 전투는 이러한 것들의 확인이란 측면에서 고려되어야 한다. 진정 새로운 대관은 성유가 아니라 혈통, 즉 국왕기를 적셔내릴 정화된 피에 의해 이루어진다. 또는 성유에 의한 대관을 대신하여 후자에 의한 대관은 고귀한 혈통에 대한 감정이 선행되어야 한다. 지금껏 왕국 내 모든 대봉신들이 랭스의 성당에 소집되었을 때 왕관은 그들 앞에 놓여 있었다. 예전에는 이 왕관을 쓰고자 하는 사람들은 이들의 동의를 요청하였었다. 이들 프랑크족은 그들의 조상과 마찬가지로 선출된 털북숭이왕——선출된 왕이 털북숭이라는 가문 전통을 이어받고 있기에——을 큰 방패 위에 올려 놓는 방식으로 새로운 왕을 응대하였다. 전사 집단은 주교들이 대관하려고 준비하는 인물을 향해 환호하면서 추종의 뜻을 널리 표명하였다. 목청을 다하여 그가 진정 그들에게 최상의 인물이고 그를 지키기 위해 전투 내내 그를 추종할 것이며, 만약 이에 실패할 경우 왕을 위해 자신들이 대신 피를 흘릴 것이라고 외쳐댔다. 부빈에서의 기사들은 달리 무엇을 했던가? 전투와 관련하여 13세기 중의 텍스트들에 덧붙여지는 내용은 근거 없는 첨가나 우스꽝스런 개작이 아니었다. 반대로 가장 극적인 효과를 위해 위험이 극도에 달한 순간에, 예수 그리스도께서 행한 바와 똑같이 번제를 드릴 준비가 되어 있던 왕──사제가 또한 왕──기사로서 왕국 전체 기사단의 충성을 받아들이는 모습을 진지하게 표현하고 있는 것이다. 부빈 전설은 재결합된 국가와 왕국의 신화로 일구어지면서 끝을 맺었다. 즉 결과적으로 평화와 신의 영광을 위한 긴밀한 화합 속에서 사회의 3위계가 소집되어 유지하는 왕국의 신화가 탄생하였다. 이제 장기간에 걸쳐 카페 왕조는 기도하는 자와 일하는 자의 지지에 의거할 수 있게 되었다. 왕가는 이들을 보호하였다. 또한 전투하는 자들 역시 가장 엄숙한 방식으로 이에 협력코자 하였다. 참나무 밑에서 재판을 행하고, 나병환자 수용병원을 방문하는 성스런 왕의 치세하에서 리세와 랭스의 익명의 작가, 그리고 특히 토마 신부는 부빈의 전쟁터를 통합이 이루어지는 장관으로서 묘사하고 있다.

　때늦게 결말이 다가온다. 그것은 승리의 기억이 방향을 잃은 대오페라의 소용돌이 속에 사라져 버리기 전, 장의 유려한 필치를 통해 사가들의 상상 속에 결정적으로 나래를 펴는 시점보다 약간 앞선다. 그것은 에몽의 네 아들이 벌이는 회전목마 묘기이고, 환상의 마술 서커스였다.

재등장

14세기에 들어서서 부빈의 이름은 빠르게 기억에서 사라져 갔다. 당시 씌어진 프랑스사의 요약서들은 항시 필리프 왕을 찬양하였지만, 노르망디와 앙주의 부유한 땅을 탈취한 점에서 그를 존엄왕이 아니라 정복왕으로 호칭하고 있다. 또한 그가 오토에 대해 승리하였다는 내용은 적고 있지만 부빈에 대해서는 더 이상 인용하고 있지 않다. 필리프 4세와 선왕장의 주변에서도 이 전투를 언급하려 한 자를 찾아볼 수 없다. 차후로 이들의 관심을 끈 것은 다른 전투들이었다. 이제 영국 왕들이 왕국의 진정한 적이 되고, 신성 로마 황제는 프랑스 왕의 선한 사촌이었으며, 아무도 튜튼족을 더 이상 혐오하지 않았다. 그런 한편 존엄왕 필리프에 대한 회상은 그의 손자이며 이 왕가의 위대한 인물로 간주되는 성왕 루이에 대한 회상에 의해 가려진다. 루이는 항시 전투의 성공이 아니라 자신의 성자적 품성에 의해, 즉 아시시의 프란체스코나 예수 그리스도처럼 빈자를 사랑하고 자신의 손으로 나환자들을 돌보며 로오몽 건물을 짓는 데 부조함과 동시에, 내의 안에 고행용의 모포를 걸치는 등 주변 사람들을 감화시키는 모든 행동들에 의해 드높임을 받았다. 나아가 튀니스 앞에서 서거하는 순교에 의해 사람들의 존숭을 받았다. 새로운 그리스도교 세계는 승리가 아닌 다른 선택의 표지를 기다려 왔다. 부빈의 흔적은 사라져 갔다. 그 흔적들은 이후 오랫동안 거의 눈에 띄지 않게 된다.

박학다식한 저자들이 새로운 시각에서 오래 된 연대기들을 세심하게 재검하여 역사를 기술하고, 과거의 모든 흔적을 장기간에 걸쳐 천착해 가기 시작한 17세기에 부빈은 재등장하게 된다. 기욤은 1686년 파리에서

4권으로 된 《프랑스 군주제의 기원과 발전에 관한 역사》를 편하면서 간략한 묘사의 형식으로 이 전투를 거론하였다. 그는 18,9세기 학생용의 개론서들에 장식된 표지 그림과 같은 모양으로, 땅에 떨어진 순간에도 적에게 창을 겨누고 적을 패주케 하는 용기백배한 왕의 모습만을 제시해 주고 있다. 그러나 이것은 메즈레가 1643년에 발간된 3권의 《파라몽》이래 지금까지의 프랑스사 속에서 이 사건에 할애했던 9쪽 중에 포함된 것이었다. 그는 《프랑스의 대연대기들》에, 예컨대 기욤 르 브르통의 것을 세밀히 천착하며 흥미롭게도 존 왕이 미라몰랭에게 자신에 대한 신종 서약과 함께 1만 5천 명의 능숙한 연합군을 보내 줄 것을 제안하였다는 내용을 부가하였다. 그는 자신의 시대에는 망각된 금기에 불과했던 일요일의 휴전에 대해서는 한 마디도 언급하지 않았으며, 그외에 어느 누구도 주일에 고귀한 전투가 벌어진 점에 대해 더 고려하려 하지 않았다. 그가 이야기의 중심으로 삼은 것은 자신이 더욱 아름답게 장식한 왕관의 모습이었다. 프랑스 왕은 휴대용 제단 위에 왕홀과 금장식의 왕관을 올려 놓고 오른손을 든 다음 소리 높여 다음과 같이 외쳤다. "프랑스 영주들이여, 그리고 이 왕관의 수호를 위해 여러분의 목숨을 내놓을 준비가 되어 있는 모든 용감한 전사들이여. 만약 여러분 중 나보다 더 자격이 있다고 여기는 사람이 있다면 짐은 자발적으로 이를 양도하고 포기하며 여러분이 전권을 행사하고, 이로 인해 파문당하지 않도록 만들 준비가 되어 있다." 이같은 관대한 말에 생생히 감동받은 모든 전사들은 다음과 같이 환호하였다. "존엄왕 필리프여, 영원히 살아 통치하십시오. 그리고 왕관은 폐하의 것입니다. 우리는 목숨을 걸고 상대가 누구이건 그것을 지키겠나이다." 당시 '세계에서 가장 열정적인 기사였던 존엄왕 필리프'는 사자처럼 용감히 싸웠다. 영주들은 본의 아니게 그들이 지은 성에 왕을 가두었으나, 이러한 영주들에 의해 감금당할 수만은 없었던 왕은 급류처럼 적대적인 모든 것을 쓸고 지나갔다. 따라서 반(反)종교 개혁의 문화는 필리프 왕을 광분한 롤랑으로 여겼다. 이 문화는 로마적 색채를 지니고 군주와 귀족간의 동맹에서 비롯된 행동에 주목하고 있다. 이 문화와 관련해서 볼 때 프랑스 왕가는 이후에도 적대적인 한 세기와 싸운 셈이다. 이런 문화 분위기하에서 씌어진 당대의 글은 '사망한 자의 수는 현저히 많았다'고 믿고 있으나, 대중의 환호에 대해서는 한 마디도 언급하고 있지 않다. 일부 보존되고 가필되거나 정착화된 부빈의 흔적들은 1770년 벨리에 의해, 그리고 1839년 앙크틸에 의해 재조명되었다.

⁕⁕

19세기의 7월 왕정 때부터 부빈에 대한 기억이 진정 부활된다. 중세에 대한 낭만적 취향이 그 기억을 불러일으켰다. 그런 한편 바타유 이야기들이 당대의 수상인 기조를 비롯해 부르주아 왕정의 이데올로기 주창자들을 자극한 논쟁의 원천으로서 작용한 점도 부활의 주요 요인이 된다. 1840년에 재편집된 《근대사의 흐름》이라는 저서에서 기조는 존엄왕 필리프를 왕정의 사회적 안녕을 지적·활동적으로 증대시킨 기여를 한 첫 번째 프랑스 통치자로서 회상하였다. "왜 왕국이 대중의 의식 속에서 국민적이 될 수밖에 없었던가?"라는 문제를 제기하면서 "그것이 사회 진보"를 이루려는 열정 덕택이라고 답하였다. 그리고 부빈의 승리자들이 거둔 승리의 행군을 인용하며 군주를 아버지 같은 존재로, 그리고 부르주아의 이익을, 나아가 부유해져 가는 도상에 있는 성실한 노동자들에 대해서는 대중적 이익을 지켜 주는 존재로 간주하였다. 35년 후 기조가 자신의 손주들에게 프랑스사를 이야기해 주었을 때, 그는 그들에게 국민 방위의 선봉장으로서 코뮌군의 중요성을 설명하였다. 승리는 "이날 봉건 전쟁의 한계를 뛰어넘어 국민 전체가 참여하고 프랑스 국가와 왕국이 동일시된 점에서, 즉 모두에게 도움이 되는 계급들의 결합이 이루어진 점에서 왕과 대중의 작품이었다."

미슐레가 동일한 자료들을 상이한 시각에서 고려하였다는 사실에 독자들은 놀라지 않는다. 그에게는 기욤 르 브르통의 묘사가 아첨의 의도로 왜곡되어 있는 것으로 판단되었다. 모든 것을 검토해 보아도 "그토록 유명하고 국민적 성격을 띤 부빈 전투는 현저히 고려할 만한 행동으로 보이지 않는다." 이 전투가 그에게는 불만족스러운 것이었다. 결과적으로 왕권과 교권간의 가증스러운 동맹을 굳건히 하지도 못하고 무슨 성과가 있었던가? 필리프는 성직자들이 조종하는 꼭두각시일 뿐이고, 위선적인 교황이나 자유에의 모든 열망을 담고 있는 카타르즘의 추종 대중들을 박멸토록 한 냉혈 인간들의 도구일 뿐이었다. 오토는 덜 무가치한 인물로 간주된다. 그는 파문을 조롱하였고, 존 왕은 자신의 성직자들에 굴레를 씌우며 이들이 발호하는 것을 막을 줄 알았다. 프랑스 기사들은 앞서서 역사의 빛을 비추는 심원하고 진정한 역사의 선각자들인 것과는 거리가 멀었다. 부빈은 편협과 영주제적 억압의 승리였다. 미슐레는 영웅의 월계관을 근위병이나 용병 자신의 일을 행하는 민중 출신의 일꾼들에게 씌운다. "승리가 아닌 용기에 따른 영광이 브라반트 지방 출신 용병들에게 있으라. 이들 5백 명의 노련한 병사들은 프랑스인들에게 굴복하여 죽임당하길 원치 않았다." 그 순간 프랑스 기사들은 손을 쓰지 못하고 있었다. 이 전투의 이야기는 그의 글에서 한 페이지를 차지하고 있다.

또다시 이 사건이 재거론된 것은 매우 명석한 인물인 티에리에 의해서였다. 분명 그 역시 혁명 때까지 왕국과 3위계간에 맺어진 불가해체적 관계를 찬탄해 마지않았다. 그는 "우리의 관심을 끄는 흥미·열정·의견들의 기원을 탐색하고, 우리 각자를 각각의 다양한 정파들에 속하도록 이끌며, 우리의 정신을 고양시키거나 퇴락케 하는 불가항력적 감정의 흔적을 과거 속에서 추적해 보는" 역사를 염두에 두었다. 그러면서 그는 "중산층과 하층민이 근자에 탄생한 것이 아니며, 국내의 내적 분쟁이 아니라 이방 세력의 침입으로부터 한 시대가 자리매김하는 것인데, 헌신과 열정에 의해 국가 질서는 결코 종전 상태로 남아 있을 수 없다"고 보았다. 부빈도 마찬가지이다. "모두 용병으로 구성된 수아송 계곡의 1백50

명의 기병 세르장이 전투에 참여하고 부르주아 코뮌군이 선두에 포진하였다.” 티에리는 우선 부빈의 흔적들 중, 민족주의의 열기가 고조되고 출전을 위한 병적 등록이 가속화되며 접혔던 군기가 펄럭거리는 분위기 속에서 망각된 기억의 상자를 급작스럽게 다시 열게 해줄 수 있는——어느 날 영웅이 되길 바라는 가난한 자원군을 끌어모으고자 하는 마음으로——특성을 찾아 이를 분명히 드러내고자 하였다. 게다가 그는 젊은 신병의 애국심을 고취시킬 수 있는 모든 기억이 허위가 안 되도록 하기 위해 증거를 방법적으로 비판하고 전설을 와해시키고자 하였다. “개혁은 추상적이 아니라 국가의 일차적 부름에 봉사하는 구체적 국면에서 …… 이루어져야 한다. 위 장르의 업적 덕택에 차후 대중들 사이에 흐름을 얻게 되는 것은, 대체로 상상하기 쉬운 역사상의 가장 현저한 오류를 연대학상의 사실과 결합시켜 그럴 듯하게 포장시키는 일이었다. 이런 방식으로 간결하면서도 결정적으로 대규모 저서들에 포함된 모든 오류가 표명된다. 그리고 그 오류가 어떠한 의미로건 결과적으로 널리 유포되도록 하기 위해 수차례에 걸쳐 역사상의 주요 장면을 가장 기묘한 의상을 입혀 왜곡시킨다.” 이런 식으로 존엄왕 필리프는 16세기풍에 맞추어 부빈 전투일 철갑옷을 입고 제단에 왕관을 올려 놓는 인물로 바뀌었다. 필자는 우리에게 대중성이란 일종의 역사적 스캔들에 불과하다는 점을 강조하고자 한다. 왕이 공개적으로 자신의 왕관과 왕홀을 자신 이외의 가장 자격 있는 자에게 양여하는 일은 분명 매우 감화적인 행동이기는 하나, 이와 유사한 장면이 극장 이외의 장소에서 흥미의 대상이 되었으리라고 믿는 것은 상식을 벗어난 일이다. 그리고 프랑스군이 급작스레 공격받는 그 순간에 왕의 모든 장식물을 평원에 전시한다는 생각은 터무니없다. 더욱이 이것은 그토록 매사에 노련하고 실리적이며 신속한 필리프 왕의 성격과 전혀 맞아떨어지지 않는다. 이처럼 기묘한 일화에 대한 첫번째 언급은 동시대의 연대기에서도 발견되고는 있으나, 그것은 프랑스 왕국 저편에 사는 한 수도사에 의해 동시대의 주요 인물과의 직·간접적인 서신 교환 없이 이루어진 작업이다. 이 인물은 자발적으로 이 놀라운 이야기에 관심을 기울이고 별 검토 없이 자신의 감상을 써내려간, 아주 훌륭하긴 하지만 열광적 상상으로 가득 찬 사람이다. 이미 1848년에 왕립 생루이대학의 교수 앙사르는 《초등학생을 위한 간결한 역사서》라는 소책자에서 메즐레를 비판하면서 제단에 올려 놓은 왕관의 이야기를 의심스레 여겼다. 그렇긴 하지만 티에리가 자신의 《프랑스사 속의 편지들》에서 시대착오적 과거 탐구 행태를 공격하고 과거의 일탈된 기억을 교정할 것을 호소하였을 때, 그는 과거의 모든 관련 부분들이 이미 소생된 것을 발견하게 된다. 그는 부빈을 찬양하고 여기서 교훈을 이끌어 낼 필요가 있었다.

1833년 캉브레의 경쟁 사회는 북부 지방에 관한 최상의 역사서에 2백 프랑 상당의 금메달을 현상금으로 약속하였는 바, 이를 생루이의 기사이며 레지옹도뇌르 훈장을 탄 관리인 르봉에게 수여하였다. 르봉은 우선 전투에 관한 이야기들로부터 자신이 전술에 대해 이해하고 있는 바를 끌어내고자 하였다. 그러한 과정에서 그는 릴인들의 땅에 떨어진 명예를 되찾아 주었다. 즉 이들이 동향 사람인 플랑드르인들을 맞이함으로써 배반하는 게 아니다. 이들은 페르난두에 종속된 상태였고, 필리프가 원한에 눈이 멀어 릴 시를 약탈하였다. 하지만 이 연구의 주된 관심은 사건의 일부 흔적이 이 장소에 사는 사람들의 뇌리 속에 그때까지 살아남았음을 확인하는 것이다. 진실된 것이라곤 거의 없다. 묘의 형태로 불룩 튀어나온 땅덩어리에 던져진 죽은 영웅들에 대한 학살의 혼돈된 기억만이 있고, 더불어 당시 대규모 경작시에 쓰인 보습날이 고철로 화해 일부 잔해 속에 남아 있는 형국이다. 그는 모든 고대 전투의 무대들을 소재로 희미한 단편적 기억들을 그리고 있다.

1845년에 코몽이 주관한 고고학 학회에서 이 장소에 기념비를 세우자는 견해가 대두되었다. 하지만 당시에는 1214년이라는 날짜 하나만을 새기자는 생각이었다. "우리 플랑드르인의 마음은 프랑스화되어 가고 있을지라도 항시 자존심이 센 플랑드르인으로서의 애착심을 염두에 두어야 할 필요가 있다"는 게 그 변명이었다. 이들은 여전히 이 사건의 첫번째 패배자로 여겨지고 있었기 때문이다. 1870년 이후 모든 것이 변하였다. 독일 황제가 프랑스 왕의 유일한 적이었다. 특히 이 패배는 부빈에 대한 모든 기억을 단번에 소생시켰다. 1879년 오벨리스크만으로는 충분치 않다는 결정을 보았다. 교회의 스테인드글라스에는 조국 수호자들의 이름을 새겨 이를 기념하였다. 군사(軍史)에 대한 저술로 널리 알려진 델페크는 화가들을 인도하는 임무를 부여받았다. 그가 편집한 흥미로운 약술의 내용은 조상 대대로의 구적인 독일에 오명을 씌우는 일이었다. "오토는 위선적이고 잔혹하며 이기적인 인물이다." 그는 공격을 결심한 프랑스 왕에 압도되어 "두려움 속에 내포된 증오의 감정으로 독일 기병들이 돌진을 멈추고 밀집 대형을 이루며, 프랑스 왕 앞에서 측면 퇴로를 통해 물러서도록" 지시하지 않을 수 없었다. 중앙 장면에는 "프랑스 왕관이 제단의 직접적인 보호하에 놓이고" 모든 국가가 프랑스 통치자의 축복하는 손 아래로 집결하는 모습이 묘사되었다. 만약 일반 전사를 분쇄하는 주교의 모습이 혐오스럽게 느껴진다면, "앞서 솔즈베리 백작을 쓰러뜨린 바 있는 보베 주교가 니벨 백작 장을 공격하는 것으로 묘사 장면을 바꾸면 되지 않을까?" 결국 역사적으로 유사한 사건을 염두에 두면서 전투의 마지막 장면으로 '영광의 열병,' 즉 승리의 행렬을 그려넣지 않겠는가? 9년 후 갈리페의 한 장군이 주최한 위원회는 이 전투를 보다 현저히 고양시키려는 측면에서 "예술가들로 하여금 가장 아름다운 예화들 속에 이 사건을 묘사하고, 대중으로 하여금 이 국가적 기념 행사에 추렴토록 권장하였다." 라비스는 추렴은 아니더라도 자신의 글로 여기에 참여하였다. '이날을 기념하는 행사를 위해 의연금 모으는 것을 영광스러운 일'로 여기고, 근대적인 사실 천착에서 벗어나 여명의 시적 분위기 속에서 이 거대한 사건을 그려내는 일이 자신에게 맡겨진 것을 기뻐하며, 그는 1888년 12월 《전투지》에 상당히 긴 글을 썼다. 그는 '신의를 저버린 알비옹의 금' 이야기를 자신의 글 속에 포함시켰는데, 하지만 여기에는 의심할 만한 점이 엿보인다. 즉 상인들이 라인 강 저편 사람들로 등장한다. "나는 29년 전에는 승리자가 되고, 또 자신의 승리에 의해 타민족을 해방시키는 커다란 국가적 기쁨을, 그리고 이어 18년 전에는 커다란 국가적 고통을 맛보았음을 알고 있다"라고 라비스는 말한다. 그리고 요점은 바로 여기에 있다. 그는 프랑스의 힘이 프랑스의 영광이라는 기치하에 우리 모두를 순종케 하여 하나로 모은 왕들의 정치에서 비롯됨을 고백한다. 그러나 그런 다음 매우 신속히 이를 교정하여 '우리 각자를 조국의 공동 소유자로 만들어 준 프랑스 혁명'에 대한 충성 쪽으로 초점을 맞춘다——그의 독자들은 양 극단에 다 위치한다.

공화국은 이들 공동 소유자 모두에게 어린 시절부터 의무적으로, 그리고 무보수로 프랑스 역사를 가르쳐 이러한 공유 재산을 얻기 위한 대가가 무엇이었는지 알게 하며 애국심을 고취시키고자 하였다. "오늘날 우리 조국은 우리 자녀들 모두의 헌신적인 협력을 필요로 한다. 우리 국사 교육은 과거의 오류뿐 아니라 미래에 대한 의무를 새롭고도 정확히 인식하는 데 어느것보다 기여하는 바가 클 것이다. 이 소책자는 알자스와 로렌의 불쌍한 형제들에게 우리가 그들을 한시도 망각하고 있지 않음을 알리며, 동시에 한 민족의 재생은 자녀의 교육에 의해 시작하고 프랑스의 구원이 그 목표이어야 함을 엄숙히 스스로에게 다짐할 것을 제시하고자 한다."(1880년 퐁생의 《프랑스사 텍스트와 이야기들, 첫번째 해》에서 발췌) 이들 교과서들에서 부빈은 봉건 치세, 즉 민족 의식이 결여된 치명적인 체제에 대한 대중의 승리라는 사실에 강조점을 두고 묘사되었다: "영주층은 결과적으로 조국의 이념을 파괴하였다. 그렇지만 이 이념이 완전히 상실되진 않아서 독일군의 주축이 접근하는 것을 알았을 때 프랑스인의 피는 끓어올랐다."(1884년 뒤쿠드레가 쓴 《프랑스의 간략한 역사》에서 발췌) 따라서 '적을 참담히 분쇄하여' 승리의 수훈을 세운 것은 누구인가? 그것은 코뮌군이다. 소농민들도 승리에 기여하였다. 이들은 자신의 영주에 대하여 예의바르고 존경하며 충실히 따랐을 뿐 아니라 그들의 조상들과 마찬가지로 용기를 지녔기 때문에 또한 승리자가 되었다. 이들은 알자스와 로렌을 구출하였다. 그리스도교 학교의 수사들도 왕정이 코뮌군을 징발하였고, 코뮌도 이를 기꺼이 받아들였다는 점을 적시하면서 이 견해와 함께하였다. 전체적으로 보아 부빈은 알레시아 다음으로 프랑스인의 애국심을 널리 떨친 사건이었다. 라비스가 1894년에 편집한 강의록은 "기사·성직자·코뮌을 포괄하는 국가의 모든 계급이 전투에서 제 역할을 다하여 처음으로 프랑스 전체의 승리를 구가하였다는 측면에서 부빈의 승리는 첫번째의 국가적 승리"라고 말하였다. 즉 부빈이 의미를 지니는 것은 국가가 통합되고 통치자가 국민의 지지를 얻었다는 점에서이며, "부빈의 승리는 코뮌의 부르주아가 용감성을 발휘한 덕택이다"라고 블랑셰와 페리아르는 《초급자를 위한 역사 강좌》에서 적고 있다.

20세기 초엽이 지나 이야기의 색조는 좀더 공격성을 띠어 간다: "부빈은 독일인에 대한 첫번째 승리"라고 1903년에 칼베의 강의록은 무덤덤하게 적고 있다──이 해에는 관대한 레오 8세가 아나니 주교의 선물인 성 풀겐티우스와 성 사투르니누스의 유물을 부빈의 교회로 이전하도록 허용해 준 해이다. 이때부터 부빈 교회는 4년이 지나 성당참사원인 살랑비에가 바라던 대로 "전쟁의 신에 대한 찬양·기도·감사를 겸한 애국적 순례지 중의 하나가 되었다." 1905년에 육군 대위인 말르레가 가죽 반바지를 입고 이같은 순례를 행하였다. 그는 부빈을 경유하여 오래 전의 살육 장소에서 유쾌하고 경건한 순례를 행하며 정신을 고양시키려는 의도를 갖고 있었다: "국가적 이념이 부빈 전쟁터 위에서 탄생하고 확산되어 나가는 것을 본 병사들은 순수한 환희를 맛보고…… 모두가 이미 이방인의 지배에 대한 증오심과 태어난 토양을 보존하려는 열정적 소망으로 가득 차 있다……. 고귀한 프랑스, 소중한 국가여, 분명 그대는 위기의 순간들을 이겨냈도다. 그대는 욕망에 물들지 않으니 매우 아름답고, 탐욕에 시들지 않을 정도로 충분히 부유하도다." 그러나 결국 재정적 어려움으로 부빈 교회에 스테인드글라스를 장식하는 일은 난관에 봉착하였다: "자금 부족으로 그 작업이 중지된 지 한참 되었다." '미슐레가 언급한 바 있는 용감한 무명 전사들의 명예를 기리는 데' 이 국가적 기념비를 왜 헌정하지 않는가? 미슐레가 언급한 이 대위는 자신의 병사들을 무척 아꼈다: "우리는 희미하고 망각된 영웅들에 헌정된 군신의 팡테옹과 같은 속죄의 기념비를 프랑스에 세울 수는 없는가?"

시는 어떤 유형의 것이건 당대의 분위기를 반영한다. 1879년 예수 마을 출신인 롱챔프는 부빈, 프랑스, '성스러운 교회와 조국,' 나아가 모두가 '비열하지 않고' 고귀하게 되는 '영예의 전당'을 기리기 위해 풍취 있고 관대한 마음으로 3부작을 지었다. 1911년 이 주제를 다시 거론한 프레스는 존엄왕 필리프를 특허장을 남발하는 봉건 체제의 허풍쟁이로 지칭하였다. 분명 당시 부빈의 인기는 잔 다르크에 크게 미치지 못하였다. 그것은 부빈이 갖춘 제 매력에도 불구하고 코뮌 사람들이 교회, 귀족, 심지어 왕과 지나치게 밀접하여 함께 싸웠다는 점 때문일 것이다. 사건의 다른 요소는 전혀 찬양하지 않고서 한 면만을 영예롭게 여기는 것은 곤란한 일일 것이다. 하지만 라 퓌셀에게는 모든 게 훨씬 단순하였다. 그녀는 민중의 딸이며, 게다가 로렌 출신으로 페기와 데룰레드를 동시에 자극하였다. 그렇지만 곤혹스런 점도 있는데, 그녀가 프랑스로부터 축출하려는 자들은 영국인이었다. 1904년 영국·프랑스간에 화친 조약이 맺어진 점에서 위 내용은 애국심을 고취하기엔 미흡하였다. 이 점에서 부빈은 유리하였다. 전혀 모호하지 않은 것이다. 그것은 튜튼족과 관련되어 있고 패배한 자, 토끼처럼 도망친 자가 누구인지 확연히 드러나 있다.

정확히 7백 주년이 되는 날이 다가왔다. 1913년 독일이 라히프치히 전투를 찬미하며 기념비를 세웠다. 영국도 워털루 전투를 찬양하지 않았던가? 프랑스는 무엇을 기념해야 할까? 1914년 7월초에 새로 설립된 위원회가 생드니에서 기념식을 조직하였다. 프랑스의 왕묘들 가까이에 한 인물이 프랑스 국왕기를 거수하였다. 전쟁터에는 오벨리스크보다 큰 규모의 기념비를 세우기로 하면서 다음과 같이 보다 명쾌히 말하였다. 그것은 "조국의 살아 있는 수호 화신으로서 전투마를 탄 존엄왕 필리프의 거대한 조상이 지배하는 모습의 중세 성채"를 표상할 것이다. 즉 프랑스를 형성시킨 여러 왕 중 한 인물의 조상을 만들기로 하였으며, 곧 스당으로부터 그다지 멀지 않은 바로 부빈에서 축제를 열기로 하였다. 공화국 정부는 주저하다가 축제시에 누구에게도 위해를 가하지 않는다는 조건으로 이에 동의하였다. 이에 7월 27일 〈에코 드 파리〉지의 사설은 부빈과 라히프치히 전투를 대비시켰다: "라이프치히는 남부 지방과 북부 지방이 결코 화합할 수 없었던 독일을 손쉽게 통합하도록 해주었다. 부빈은 1214년부터 1914년까지 계속되는 견고한 통합을 확고히 해주었다. 이들 국가간의 한 전투에서는 승리자가 셋이었고, 패자는 하나였다. 다른 또 하나의 전투에서는 하나가 셋을 상대로 승리를 거두었다. 어느 승리가 더 위대한가…? 우리가 이 유명한 평원 위에 기념비를 세우고자 할 때 전 우주가 우리에게 동참해야 할 것인데, 왜냐하면 톨비악이나 푸아티에처럼 여기도 승리를 거둔 문명의 한 요람이기 때문이다." 이튿날은 일요일이었고, 환희의 열차들이 부빈을 향해 떠나기로 하였다. 부빈 다리 옆에는 연단이 마련되고, 군대는 그 앞에서 해산하였다. 부빈 전사 후예인 몽티니라는 인물이 이곳에 좌정하였다. 백합꽃이 만발하고 꽃불이 흐드러지는 그곳, 군기를 인도하는 횃불을 주변으로 해서 학술 논의, 노래와 축연이 이어졌다. 이것은 프랑스인의 행동을 위한 것이다. "아침부터 저녁까지 한 가지, 즉 프랑스 왕의 이념이 지배하였다." 사람들은 "필리프 만세, 국왕 만세"라고 외쳐댔다. 앙갚음의 이 축제에서 만장일치의 결합이 이루어졌는가? 그렇지 않다. 부빈을 기념하여 조직된 군을 금요일 저녁 릴로 보내려는 수백 명의 사회주의자들도 있었다. 29일자 〈에코

드 파리〉지는 이를 유감으로 여기며, 이처럼 흥을 깨뜨리려는 자들을 각성시키고자 하였다. "오호라, 이 빈자들이 부빈 전투가 봉건 체제에 대한 코뮌의 승리를 의미한다는 점을 결코 의심하지 않을 것이다." 그리고 적대자들에 대응하기 위하여 부빈 축제가 기획된 것이다. 30일자의 이 신문은 문화에 대한 논의를 시작하였다. "7백 년 전에 국가적 자유의 쟁취를 통해 근대 유럽의 교육자인 중세 프랑스 문명의 거대한 비약이 이루어졌다."

바로 이것이 프랑스 학술원의 종신 사무국장인 라미가 단상에서 부빈에 대해 연설했던 내용의 주제였다. 그는 '인민의 권리와 봉건 사회가 장애물이 되었던 문명의 장래'에 관해 말하였다. 당시 프랑스는 주교들의 노력을 지지한 반면, 성직자가 조금이라도 독신을 어기면 문제시되었던 독일에서는 종교가 심판자가 아니라 도구가 되는 이교도적 질서가 세워졌다. 그러나 필리프의 군대는 봉건적이고 튜튼족의 저항을 분쇄할 준비가 되어 있었다. 그 앞에서 야만성은 숨고 침묵하였다. "그 안에 내재적으로 응축되어 있고 튀어나올 준비가 되어 있는 이 짐승과도 같은 침묵은 광폭한 서약, 예컨대 오토ㆍ페르난두ㆍ르노가 존엄왕 필리프를 죽이기로 한 맹세나 관능적 외침에 의해서만 봉쇄될 수 있었다."(종신 사무국장은 기욤 르 브르통을 정숙함과 대비시켜 이야기를 하고 있다.) 브라반트인들만이 '독일의 영예를 지켰을 뿐이다.' 이 승리는 숫자에 대한 지성의, 보병에 대한 노련하고 분개한 기병의 승리이다. 그럼에도 불구하고 이것은 기적과도 같은 승리이다. 그러니 형제들이여, 우리 모두 바라도록 하자. "이것은 우리 종족이 신비로운 승리를 쟁취한 유일한 경우가 아니다. 가장 결정적인 순간에 가장 비효율적인 것으로 여겨진 수단에 의해 승리가 쟁취되었다." "우리 국가와 모든 피조물을 위해 정신적인 지혜로 봉사하는 사람이 되는 것 이상의 더 나은 영광(라미는 우회적인 방식으로라도 신의 존재를 거론하지 않을 수 없었다)이 있겠는가?" 성직 제도와 민주주의, 그리고 축제를 준비한 왕당파를 겨냥하는 공모의 눈길로 인해 이들 존재가 힘을 얻지 못하였다. 라미는 뤼르살리스의 백작에 의해, 다음으로는 《프랑스 행동》지에서 샤를 모라스에 의해 통렬히 비판받았다.

바로 이날 성직자들은 부빈에서 오로지 자신들을 위한 축제를 벌였다. 그 대변인은 오를레앙의 주교 투세였다. 그는 적어도 존엄왕 필리프 못지않게 신중하고 교묘한 인물이었다. 성직자인 그가 전투를 미화하려는 것인가? 그런 것이 아니라 "전투가 부여하는 가치들의 엄숙한 장엄한 측면들…… 그리고 전투를 함으로써 종종 얻게 되는 어떤 것들…… 어쩔 수 없는 이방 세력의 점령에 의해 위협받거나 수탈당하는 조국의 독립을 염두에 두었다. 이러한 시각에서 보자면, 부빈의 장관은 당대의 장관으로 그치는 게 아니었다. 그것은 거대한 시민 축제의 장관이었다. 앙리 4세, 보나파르트, 1793년의 산악파가 여기서 환호의 대상이 된다. 우리는 여기서 환호한다. 주교와 시민은——주교 못지않게 시민도——진정 고귀한 자들 아닌가…?" "오토는 가련한 용병일 따름이다. 부유한 나라를 약탈하는 것은 그의 취향에 딱맞는 일이었다. 독일인은 톨비악 전투 이래 핏줄 속에 그 끼를 갖추고 있었다. 우리는 재회복하기 위해서만 침탈한다. 우리가 공격을 당하면 그에 상응하여 잊지 않고 반격을 가하는 것은 사실이다. 이같은 치명적인 투쟁의 시대가 이제는 종결되기를 신은 원하신다. 그렇지만 전투 무대가 마련된다면 우리가 침탈당한 처지에서 상대방을 공격하는 것을 주님이 허여해 주실 것이다." 프랑스는 "인간을 위하여, 그리고 무엇보다 신을 위하여 산다. 우리에게 위험을 겪게 하는 것 이상으로 신은 경탄스러운 일을 우리에게 베풀어 주신다." 그러나 신은 차후로 융합을 원하신다. 계급간의 융합은 분명 진창 속에 빠진 약간의 사람을 구제함으로써 자애적으로 실현된다. "여러분은 어떤 장면에서 완성에 이르는 데 결여된 것이 무엇인지 아는가? 필리프가 평민 1명과 부르주아 1명을 불러 그들이 다른 사람들과 똑같이 빨간 피를 가지고 있으며, 기사 무장을 갖추었다는 사실을 증명토록 한 것은 어설픈 일이었다."

진정 결여된 것은 신성한 결합, 가톨릭적 결합이었다. 그런 까닭에 사제는 "부빈이라는 교회 안에서 명쾌한 승리를 획득하겠다는 절대적 소망"을 말하면서 끝을 맺는다. 어쩌면 교활하다고 할 수 있는 이같은 통속적인 종교 요소가 갖는 의미에 대해 《프랑스 행동》지는 전혀 고려치 아니하였다.

이후 3주가 지나 전개된 상황은 잘 알려져 있다. 세계대전의 살육은 부빈에 관련된 한 가지 사실을 상기시켜 준다. 학생 교과용의 《프랑스사》에서 승리 후의 상황에 대해서 침묵하고 있다. 완전히는 아니지만 거의 그러하다. 1923년의 교과 프로그램에 부응하여 씌어진 포베르와 윌뢰 저서의 교과서에는 3줄만이 언급되어 있다. 그리고 그나마 언급된 내용도 전투가 아니라 11월 11일의 민중 축제였다. 예컨대 브로솔레트는 《연구자를 위한 프랑스사》에서 "제후들보다 민중이, 전투라기보다는 문명이"라고 효율적으로 명시하고 있다. 그렇지만 적이 라인 강 저편에서 소집되고, 프랑스에서도 고대의 전사들이 새로운 질서를 꿈꾸던 바로 그날 하당그는 예전에 서정적 어조로 육군 대위 말르레를 묘사하였을 때 가졌던 열정으로 몸을 떨며 한 영예로운 책을 '승리의 창조자'에게 헌정하였다. "치명적 위험이 우리 국민의 마음속 깊은 곳에 한 새로운 감정을 심어 놓았는데, 이 감정을 한마디로 표현하면 애국심이다." 하당그는 항시 불완전하긴 하지만 일단의 교회 스테인드글라스 앞에서 감명하였다. 한 늙은 농부의 말은 그를 감동케 하였다. "프러시아인들은 이미 우리에게 다가와 있었어요. 이에 동원령이 내렸죠. 상하위층 모두가 단합하였습니다." 마치 참호 속의 모습을 연상케 하는 대목이다. 장군 베강이 이 저서의 서문을 매우 선명한 논조로 썼다. 이러한 역사로부터 어떤 정보를 얻을 수 있는가? "그 수장의 결심과 성격에서 프랑스를 구원하는 어떤 심원한 요소를 찾아볼 수 있을 것이다." 어떤 모습으로 나타나고 있는지 각자는 예상하고 있다. "프랑스인이 국가의 존립을 위한 유례없는 투쟁을 벌여 고귀한 승리를 쟁취한 이후 7백 년이 지난 지금 부빈의 교훈은 전혀 프랑스인의 뇌리 속에서 확인되고 있지 않다. 이 전투의 결과는 엄연하고 확고한 것이었으나 이후 승리는 후대인들에게서 정당한 취급을 받지 못하였고, 그런 이유로 승리자의 심성에 빛을 드리우지 못하였다. 한편 그 시각에 독일의 실질적 통치자는 이같이 쓰고 있다. '프랑스는 13세기 이래 항시 불구대천의 원수였다. 이들과 일전을 벌여 혼내 주어야 한다.'" 사실상 신은 투세의 기도에 응답하여 교대의 법을 존중할 준비가 되어 있었다. 이번에는 튜튼족의 차례였다.

1945년 이후 부빈은 갑자기 망각의 홀 속에 빠져들었다. 오늘날 연구자들은 이에 대해 더 이상 말하지 않는다. 역사서들은 십자군, 영주와 성, 성당을 언급한 다음 아이들에게 추천할 만한 유일의 카페 왕조 인물로 성왕 루이를 거론하고 있다. 1961년 발간된 《연대표》에는 프랑스 역사상의 중요한 20항목이 설정되었는데, 이에는 두 번의 전투, 즉 크레시 전투와 마리냐노 전투만이 포함되며 부빈은 제외되고 있다. 초등학생용의 서적들에서 부빈 전투에 대한 서술은 기껏 한 페이지 정도 할애되고 있다. 1970년의 교육 계획안을 충실히 반영하고 있는 포르트레이노 선집에서도 그러하였다. 여기에는 (15세기의) 부빈 전투를 묘사한 세밀화가 실렸다. 왜 장면 속의 사람들은 환호하고 있었던가? 기욤 르 브르통의 인용 내용을 보면 이를 어느 정도 이해할 수 있다. 이 세밀화는 또한 '군의 배치 모습'을 연구하는 데도 시사점을 제공해 주는데, 독일인은 여기에 전혀 나타나고 있지 않다. 왕과 적대하고 있는 인물은 불로뉴 백작 르노였다. 보다스 선집은 이보다는 많이 192쪽 중에 두 페이지 정도를 할애하고 있다. 여기에도 민중의 환희에 대한 묘사——리고르가 기록한——가 등장하고 있다. 그리고 《보급판 백과사전》에는 미남왕 필리프에 대한 약술은 나와 있어도 존엄왕 필리프에 대한 언급은 전혀 없다. 최근에 자크르 고프가 2천여 줄의 분량으로 1060-1330년의 중세 역사서를 출간하였을 때도 부빈에 대해, "이곳에서 오토 4세가 프랑스의 존엄왕 필리프에 의해 분쇄되었으며" "필리프가 귀환 도중 길거리에 도열한 군중들의 충성 서약과 환대를 받았다"는 내용을 3줄 정도로 할애하여 기록하였다. 그것이 전부였다.

**
*

　이 사건의 마지막 흔적들이 분산되어 존속한 이유는 잘 알려져 있다. 그간 사실 중심의 역사 연구를 지향한 점에서 오랫동안 그리고 정당하게 공격받아 온 역사의 이름으로, 통합되어 가는 하나의 유럽 아이들에게 부빈 이야기는 어떤 정보를 제공해 줄 수 있을까? 현시대의 우리는 기억 속의 전투들을 추적해 가며 그것들을 되살리고자 하는데, 이는 일리 있는 일이다. 그리고 국가의 통치자들이 자신의 권력을 신의 수중에 맡기고서 전투에 임하여 상대의 수장과 직접 마주한 시대의 기억을 어떻게 수용해야 할 것인가? 실제 오늘날에는 전투의 결과로 자신의 권력을 포기하거나, 승리를 통해 합법성을 부여받으려 하는 사람은 없다. 오히려 그 반대이다. 진실되건 그릇되건 의혹에 찬 성공의 평판은 대소군 실력자가 권력을 장악하는 빌미로 작용한다. 이들은 권력을 쥐고 나면 모험가가 되지 않으려고 극구 경계한다. 이들이 벌이는 전투는 음험하다. 이들은 공개적인 전투를 회피하고 보다 은밀하면서도 효율적인 다른 수단을 동원하며 상대를 파괴하길 원한다. 그런 한편 권력을 획득한 장군들과 제독들은 전략상 신성한 존재와의 교제를 희구하기도 한다. 우리 시대에 성수기를 획득하려 검을 겨누는 억누르기 힘든 성향이 계속해서 내재하고 있다. 우리는 종종 성당에서 선택의 징표를 하늘에서 구하려는 그런 예들을 알고 있다. 이들은 이런 방식으로 연주창 환자를 치유할 수 있다고 여긴다. 권력을 쟁취한 후 이들은 마술적 힘의 정당화를 통해, 자신의 위선적인 폭정에 대해 갖는 조금은 무거운 마음을 달래 보고자 예전의 승리들을 환기해 보기를 좋아한다. "전쟁의 신은 분명 존재한다. 인간의 의도 내지 의지에는 항시 신의 의지가 작용하여 승리를 부여하기도 하고, 패주토록 하기도 한다. 신은 정당한 진영이나 선의의 서약으로 그에게 봉사하는 자들을 포기하지 않는다. 만약 이러한 신학적 정신으로 세계 역사의 핵을 구성한 군사적 승리들을 관찰해 보면 쉽사리 신의 뜻을 나타내 주는 표식을 찾을 수 있다. 승리와 패배 사이에는 백지장 정도의 차이밖에 없고, 상황이 그토록 변동적이어서 가장 성공적이었던 전투도 대항할 수 없는 힘의 간섭에 의해 너무 쉽게 패배로 돌아설 수 있었을 것이다. 신의가 그 옆에서 작용하고 있는지의 여부는 아무도 확신할 수 없다." 이 글은 1964년 프랑코라는 장군이 쓴 글이다. 그리고 1971년 7월 25일 에스파냐의 수호성인인 콤포스텔라 축제일에 그는 내각 각료들과 20명에 달하는 주교들로 둘러싸여 성인의 조상 앞에 엎드린 다음 새롭게 말하였다. "무엇을 위해 말하는가? 자유 십자군 운동을 통해, 우리는 그간 가장 결정적인 승리들이 에스파냐의 대축제에 상응하는 위대한 날들을 초래하였음을 입증하였다. 여러 날에 걸쳐 곤욕을 치른 후 우리 수호성인의 축제일에 승리가 쟁취된 전투가 있으니 브뤼네트 전투가 바로 그 예에 해당한다. 서약을 위해, 그리고 에스파냐와 정의를 위해 싸울 때는 그렇게 되지 않을 수 없다. 신이 동맹자가 될 때 전투는 훨씬 수월해진다."

신. 홀로코스트와 군사 열병의 신. 재확립된 질서의 신. 어느 날 저녁 쓰러져 죽은 자들로 가득 찬 브뤼네트 전쟁터를 날아다니는 이 파랗게 질린 거대한 말은 예전에 부빈에서도 날아다녔었다. 그것은 또한 게르니카·아우슈비츠·히로시마·하노이 및 소요 후의 진료소들 위에도 날아다닌다. 이 신은 결코 사라지지 않는다. 그것은 어디선가 항시 스스로를 드러내고 있다.

연 표

1163 파리의 노트르담 성당학교 축조 개시.

1165 8월 21일 존엄왕 필리프 출생.

　샤를마뉴의 시성식.

1167년경 영국 영토 없는 존 왕 출생.

1178 알비 지방으로 교황 사절 파견.

1179 11월 1일 존엄왕 필리프의 대관식. 3차 라테란 공의회 소집.

1180 4월 28일 필리프가 에노의 이자벨과 혼인. 14일 루이 7세 서거.

　지조르 협정. 파리에 최초의 학생 교사 설립.

1181–1190 크레티앵이 《파시발 *Perceval*》 저술.

1182 필리프가 유대인을 추방.

　겨울에 퓌에서 카푸초네파 이단 형성.

1185 필리프가 아라스와 베르망도아 획득.

1186 르노의 아버지 영국 왕에게 망명.

1187 살라딘이 예루살렘 장악. 투르 지방 획득.

　9월 5일 루이 8세 출생.

1189 7월 6일 플랑타즈네 왕가의 헨리 2세 서거.

　왕비 이자벨라 서거.

1190 7월 4일 존엄왕 필리프, 사자심왕 리처드가 이 성지를 향해 베즐레 출발.

　플랑드르 백작 알자스의 필리프 서거.

1191 7월 13일 생장다르크 탈취.

　7월 21일 존엄왕 필리프가 프랑스 귀환 결정.

　12월 25일 존엄왕 필리프가 퐁텐블로에 귀착.

　존엄왕 필리프는 불로뉴 백작령에 대해 르노의 신서를 받음.

1193 2월 영토 없는 존 왕이 플랑타즈네 봉토에 대해 필리프에게 신서.

4월 14일 존엄왕 필리프가 앵즈부르주와 혼인.

1194 콩피에뉴 감독 회의는 존엄왕 필리프와 앵즈부르주의 혼인에 대해 무효 선언.

3월 20일 사자심왕 리처드 영국 귀환.

5월 리처드와 영토 없는 존 왕이 화해.

7월 3일 존엄왕 필리프가 프레트발에서 전투.

화재로 소실된 샤르트르 성당 재건축 개시.

파리대학 교수들에게 일급 특권 부여.

1196 존엄왕 필리프가 아그네스와 혼인.

교황 켈레스티누스 3세가 콩피에뉴의 결정 사항을 취소.

보베의 주교가 사자심왕 리처드의 포로가 됨.

샤토가야르의 축건.

12월 프리드리히 2세의 황제 선출.

1198 1월 8일 교황 인노켄티우스 3세 선출.

9월 20일 지조르 근처에서 프랑스 왕군 패주.

유대인의 왕령지 내부로의 왕래 허용.

1199 4월 사자심왕 리처드가 영토 없는 존 왕을 자신의 계승자로 지목.

7월 24일 존엄왕 필리프와 사자심왕 리처드간의 휴전.

11월 27일 영토 없는 존 왕의 영국 왕위 등극.

4차 십자군 공표.

1200 1월 필리프와 존 왕간의 화의. 왕자 루이는 존 왕의 질녀인 블랑슈와 혼인하고 에브뢰 지방을 지참금으로 획득.

1월 15일 인노켄티우스 3세는 프랑스 왕국에 대해 금령을 선포.

5월 22일 필리프와 그에게 신서한 영토 없는 존 왕간에 굴레에서 평화협정 성립.

교황은 오토의 오류 선언.

9월 7일 존엄왕 필리프가 앵즈부르주를 자신의 아내로 인정. 파리대학 학생들에게 국왕의 윤허 발함.

1201 11월 인노켄티우스 3세가 이 해에 태어나고, 불로뉴 백작 르노의 딸과
     정혼하게 될 필리프 위르펠의 정통성 인정.

1202 4월 프랑스 궁정이 존 왕을 비난.
     플랑드르 백작 보두앵이 십자군에 참가.

1203 4월 3일 브르타뉴 백작 아르튀르 살해당함.

1204 아키텐 여백작 엘레오노르 서거.
     3월 6일 샤토가야르 탈취. 노르망디 정복됨.
     4월 십자군 부대 콘스탄티노플 점령.
     아라곤 왕이 교황에 신서.

1205 에티엔이 켄터베리 대주교가 됨.

1206 10월 26일 필리프 왕과 존 왕간에 휴전 성립.
     알비 지방에서 도미니쿠스 수도회 수도사들이 설교. 프란시스코가 수
     도원에 은거.
     샤르트르 성당 현관 축조 개시.
     리고르가 《존엄왕 필리프 업적록》 완성.

1207 10월 1일 툴루즈 백작 레이몽 파문당함.
     앙리 3세 출생.
     파리대학 교수 학생 조합에 대한 첫번째의 언급.

1208 3월 24일 교황이 영국 왕국에 금령 발함.
     슈바벤 공작 필리프 암살당함.

1209 1월 12일 알비 지방으로 파견된 교황 오토 재선사절 피에르 암살당함.
     3월 오토가 슈파이어에서 서약.
     6월 18일 툴루즈 백작 레이몽이 고해성사 행함.
     7월 알비 십자군 출발.
     존 왕 파문당함.
     9월 27일 오토가 황제로서 대관받음.

1210 11월 오토가 파문과 동시에 폐위됨.
     파리대학에서 아리스토텔레스의 《형이상학》 강좌 폐쇄.

1211 포르투갈 왕 페르난두가 플랑드르 백작 보두앵의 딸 잔과 혼인.

10월 프리드리히가 뉘른베르크에서 독일 왕으로 선출됨.

르노가 모르탱 요새를 강화하고 존 왕과 협력 관계에 들어감.

랭스 수도원 건축 개시.

1212 1월 22일 페르난두는 플랑드르 백작령에 대해 존엄왕 필리프에게 신서함.

1월 24일 에르와 생토메르가 페르난두에 의해 양도됨.

5월 4일 르노가 존 왕에 신서하고 필리프 및 루이 왕자와 평화나 휴전을 맺지 않기로 약속함.

소년 십자군.

7월 16일 톨로사 전투.

11월 19일 프리드리히 2세와 루이 왕자간에 방쿨뢰르에서 회담 열림.

12월 프리드리히 2세가 마옌에서 대관됨.

파리 성벽 축조.

1213 1월 교황이 존 왕에게 금령을 발함.

루이 왕자가 십자군 원정에 참가.

4월 8일 수아송에서 회합이 있었고 플랑드르 백작은 영국 원정에 참여하길 거부함. 존엄왕 필리프는 앵즈부르주 왕비를 자신의 곁에 둠.

4월 19일 4차 라테란 공의회 소집.

5월 15일 존 왕이 교황에 굴복.

5월 22일 그라블린에서 존엄왕 필리프가 영국을 향해 항해 준비를 하여 존 왕의 굴복을 받아냄과 동시에 플랑드르를 침입하기로 결정.

5월 30일 존엄왕 필리프가 담을 불태운 후 플랑드르에서 철수.

5월 31일 페르난두가 존 왕을 돕고 존 왕 및 르노의 동의 없이는 더 이상 필리프와 평화 관계에 들어서지 않기로 함.

7월 20일 존 왕이 파문에서 벗어남.

9월 13일 뮈레 전투.

10월 13일 존 왕이 영국과 아일랜드 왕국을 교황으로부터 봉토로 부여받음.

11월 21일 존엄왕 필리프와 샹파뉴 여백작과 화의.

1214 2월 16일 존엄왕 필리프가 라로셸에 도착.

4월 존엄왕 필리프가 푸아투에서 전투 지휘.

4월 25일 성왕 루이 출생.

6월 17일 존 왕이 앙제에 입성.

6월 19일 존 왕 라로슈오무엥 포위.

7월 2일 루이 왕자가 접근해 오자 존 왕이 포위를 품.

7월 15일 존엄왕 필리프 라 로셸에 입성.

7월 23일 존엄왕 필리프가 페론을 떠나 두에를 향함.

7월 26일 존엄왕 필리프가 투르에 입성.

7월 27일 부빈 전투.

9월 18일 시농에서 존엄왕 필리프와 존 왕간에 휴전 협정.

10월 24일 플랑드르 백작 부인 잔과 휴전 협정.

랑 성당의 전면 건물 준공.

존엄왕 필리프가 해상 상인으로 구성된 파리 조합에 새로운 항구를 부여.

1215 루이 왕자가 알비 지방에 들어감.

4월 로베르가 파리대학 헌장을 마련.

6월 15일 루니메드에서 존 왕이 대헌장 인정.

7월 25일 프레데리크 2세가 악스라샤펠에서 왕위 등극.

9월-10월 존엄왕 필리프와 영국 남작들간에 협상.

11월 11일 라테란 공의회 재개최.

1216 5월 21일 루이 왕자가 영국 상륙.

7월 17일 인노켄티우스 3세 서거.

10월 19일 존 왕 서거, 앙리 3세 왕위 등극.

필리프 위르펠이 르노 딸과 혼인.

도미니쿠스회 교단 조직.

피에르가 콘스탄티노플의 황제가 됨.

1217 5월 20일 링컨에서 프랑스 왕군 패주.

9월 11일 랑베스 평화 협정 체결.

1218 툴루즈에서 시몽 드 몽포르 사망.

1219 루이 왕자가 랑그도크에 2차 원정.

프란시스코회 교단의 첫 사절이 파리에 도착.

1222 필리프 위르펠이 불로뉴 백작령의 소유자가 됨.

1223 7월 14일 망트에서 존엄왕 필리프 서거.

8월 6일 루이 8세 대관.

1226 4월 플랑드르 여백작과 믈룅 조약 체결.

11월 8일 루이 8세 서거.

1227 6월 플랑드르 백작 페르난두 석방.

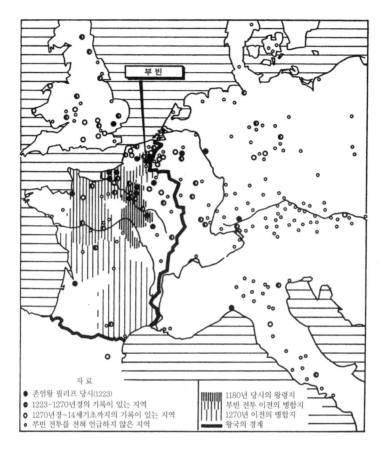

부빈

13세기 유럽의 지역별 연대기들에 나타나는,
부빈 전투에 대한 언급의 분포도

참고 문헌 요약

I. 이야기 1차 사료

ANONYME DE BÉTHUNE, *Recueil des historiens et des Gaules et de la France*, XXIV.

BERNAND DE CLAIRVAUX, *De nova militia, Patrologie latine*, CLXXXIII.

BURCHARD et CONRAD D'URSPERG, *Chronica, Monumenta Germanieae Historica, Scriptores*, XXIII.

Chroniques des comtes d'Anjou et des seigneurs d'Amboise, 1913(Collection de textes pour servir à l'étude et à l'enseignement de l'histoire).

FLANDRIA GENEROSA, *Monumenta Germaniae Historica, Scriptores*, IX.

GUILLAUME LE BRETON, *Gesta Philippi Augusti, Philippidos*. 2 vols., Paris, 1882-1885(Société de l'Histoire de France). Traduction de la chronique en prose, dans les *Chroniques de Saint-Denis, Recueil des historiens des Gaules et de la France*, XVII.

GALBERT DE BRUGES, *De multro, traditione et occisione gloriosi Caroli, comitis Flandriarum*, 1891(Collection de textes pour servir à l'étude et à l'enseignement de l'histoire).

Histoire de GUILLAUME LE MARÉCHAL, 3 vol., 1891-1901(Société de l'Histoire de France).

LAMBERT D'ARDRES, *Historia comitum Ghisnensium et Ardensium dominorum, Monumenta Germaniae Historica, Scriptores*, XXIV.

MATHIEU PARIS, *Historia Anglorum, Rolls Series*, XLIV.

MÉNESTREL DE REIMS, *Monumenta Germaniae Historica, Scriptores*, XXVI.

ORDERIC VITAL, *Historia ecclesiastica*, 5 vol., 1838-1855(Société de l'Histoire de France).

PHILIPPE MOUSKET, *Chronique rimée, Monumenta Germaniae Historica,*

Scriptores, XXVI.

PELATIO MARCHIANENSIS, *Monumenta Germaniae Historica*, XXVI.

RICHER DE SENONES, *Gesta Senoniensis ecclesiae*, *Monumenta Germaniae Historica*, *Scriptores*, XXV.

SUGER, *Vita Ludovici regis*, 1887(Collection de textes pour servir à l'étude et à l'enseignement de l'histoire).

THOMAS TUSCUS, *Gesta imperatorum et pontificum*, *Monumenta Germaniae Historica*, *Scriptores*, XXII.

Vita Odiliae. Liver III de triumpho sancti Lamberti in Steppes, *Monumenta Germaniae Historica*, *Scriptores*, XXV.

II. 정치사적 측면에서의 부빈

CARTELLIERI(A.), *Die Schlacht bei Bouvines(27 juli 1214) im Rahmen der europäischen Politik*, Leipzig, 1914.

CARTELLIERI(A.), *Philipp II August, König von Frankreich*, 4 vol., Leipzig, 1899-1922.

DEPT(G.G.), *Les Influences anglaises et françaises dans le comté de Flandre au début du XIII* siècle*, Gand-Paris, 1928.

HADENGUE(A.), *Bouvines, Victoires créatrice*, 1935.

HOLT(J. C.), *Magna Carta*, Cambridge, 1969.

LUCHAIRE(A.), *Louis VII, Philippe Auguste, Louis VIII(1137-1226)*, t. III, I, de *l'Histoire de France* dirigée par E. LAVISSE, 1901.

MALO(H.), *Un grand feudataire, Renaud de Dammartin et la coalition de Bouvines*, 1898.

NORGATE(K.), *John Lackland*, Londres, 1902.

PETIT-DUTAILLIS(Ch.), *Etudes sur la vie et le règne de Louis VIII(1187-1226)*, 1894.

RENOUARD(Y.), 〈1212-1216. Comment les traits durables de l'Europe occidentale moderne se sont définis au début du XIII* siècle〉 in *Etudes d'His-*

toire médiévale, I, 1969.

III. 12세기의 평화와 전쟁

BONNAUD-DELAMARE(R.), 〈Les fondements des institutions de paix au XIe siècle〉 in *Mélanges L. Halphen*, 1951.

—— 〈Les institutions de paix dans la province ecclésiastique de Reims au XIe siècle〉, in *Bulletin Philologique et historique*, 1955-1956.

BOUSSARD(J.), 〈Les mercenaires au XIIe siècle. Henri II Plantagenêt et les origines de l'armée de métier〉 in *Bibliothèque de l'Ecole des Chartes*, 1945-1946.

COWDREY(H. F. J.), 〈The Peace and the Truce of God in the eleventh Century〉 in *Past and Present*, 1970.

DE BOÜARD(M.), 〈Sur les origines de la trêve de Dieu en Normandie〉 in *Annales de Normandie*, 1959.

DENHOSM-YOUNG(N.), 〈The Tournament in the thirteenth Century〉 in *Studies in Medieval History presented to F. M. Powicke*, Oxford, 1948.

DUBY(G.), *La Société aux XIe et XIIe siècles dans la région mâconnaise*, 1953.

DUBY(G.) 〈Dans la France du nord-ouest au XIIe siècle: les 'jeunes' dans la société aristocratique〉 in *Annales E. S. C.*, 1964.

DUBY(G.) 〈Les origines de la chevalerie〉 in *Ordinamenti militari in Occidente nell' alto medioevo*, Spolète, 1968.

FOSSIER(R.), *La terre et les hommes en picardie jusqu' à la fin du XIIIe siècle*, 2 vol., Paris-Louvain, 1968.

GÉRAUD(H.), 〈Les routiers au XIIe siècle〉 in *Bibliothèque de l'Ecole des chartes*, 1841-1842.

—— 〈Mercadier. Les routiers au XIIIe siècle〉 in *Bibliothèque de l'Ecole des Chartes*, 1841-1842.

GRABOÏS(A.), De la trêve de Dieu à la paix du roi. Etude sur les

tranformations du mouvement de la paix au XIIe siècle' in *Mélanges* ⋯⋯
Crouzet, 1966.

HUBERTI(L.), *Studien zur Rechtsgeschichte der Gottesfrieden und Land-frienden. I. Die Friedensordnungen in Frankreich*, Ansbach, 1892.

LA PAIX, *Recueil de la société Jean Bodin*, XIV, Bruxelles, 1962.

LOT(F.), *L'Art militaire et les armées au Moyen Age*, 1946.

MOLINIÉ(G.), *L'Organisation judiciaire, militaire et financière des Asso-ciations de la Paix. Etude sur la paix er la trêve de Dieu dans le Midi er le Centre de la France*, Toulouse, 1912.

OMAN(C.), *A History of the Art of War in the Middle-Age from the Fourth to the Fourteenth Century*, Londres, 1898.

Paix de Dieu et Guerre Sainte en Languedoc au XIIe siècle, *Cahiers de Fanjeaux*, IV, Toulouse, 1969.

PRESTWICH(J. O.), ⟨War and Finance in the Angle-Norman State⟩ in *Transactions of the royal historical Society*, 1954.

PREVOST(H.), *La Peur et le courage dans l'Histoire anonyme de la pre-mière croisade*(inédit: Mémoires, Faculté des Lettres d'Aix, 1969).

URI(S. P.), ⟨Het Tournooi in de XIIe en XIIIe euwe⟩ in *Tidjschrift woor Geschiedenis*, 1960.

VERBRUGGEN(J. F.), *De Krijgskunst in West Europa in de Middlleeuwen (IX tot begin XIV euwe)*, Gand, 1954.

IV. 부빈에 대한 회상

CHON(F.), ⟨Monument de Bouvines⟩ in *Bulletin de la commission historique du Département du Nord*, 1866.

DELPECH(H.), *Notice à l'usage des peintres chargés de la décoration de l'église de Bouvines*, Bar-le-Duc, 1887.

FRAISSE(A.), *Bouvines, drame historique en cinq actes*, 1911.

LAMY(E.), *Institut de France. Académie française. Septième centenaire de la bataille des Bouvines. Discours,* 1914.

LAVISSE(E.), ⟨La bataille de Bouvines⟩ in *journal des Débats,* décembre 1888.

LEBON(M.), *Mémoire sur la bataille de Bouvines en 1214, enrichi de re-marques historiques, stratégiques et critiques,* Paris−Lille, 1835.

LONGHAYE(R. P. G.), *Bouvines,* trilogie en vers avec chœurs, Tours, 1879.

MALLERAY(H. de), *Bouvines, champ de bataille et souvenir,* Lille, 1905.

SALEMBIER(L.), *Bouvines,* Lille, 1907.

TOUCHET(Mgr), *Œuvres choisies oratoires et pastorales,* tome XII(1914−1915), 1921.

관계 사료

I. 마르시엔 이야기

1214년 8월 6일 투르 지방 내 부빈 다리에서 기억할 만한 일이 일어났다. 이 장소에서 고귀한 프랑스 왕인 필리프가 자신의 왕국 일부를 재병합하였다. 다른 한편 완강히 악의를 품었던 오토는 교황청의 선언에 의해 황제의 존엄을 상실하게 되었다. 그의 사악한 공모자인 플랑드르 백작 페르난두와 불로뉴 백작 르노 및 여타의 남작들, 그리고 영국 존 왕의 수하들이 사건의 경과가 보여 주듯이 프랑스인에 대적하여 전투를 벌이기 위해 결합하였다. 탐욕스런 증오로 가득 찬 플랑드르인들은 프랑스인에 대한 공격을 준비하면서 아군을 보다 잘 식별하기 위해 자신들의 복장 앞뒤로 십자가 문양을 수놓았지만, 이는 그리스도의 영광과 명예를 위한 것이 아니며 오히려 악의의 증대와 그들 친우들의 불행과 손실, 스스로의 육체적 고통과 피폐를 초래하였다. 이는 바타유의 의미를 선명히 보여 주는 예이다. 결과적으로 후자는 교회의 성스런 계율, 즉 "파문된 자와 공모한 자는 파문받는다"는 조항을 어겼다. 이들은 교황의 심판과 권위에 의해 근신중에 있어야 할 오토와 동맹을 지속하면서 신중하지 못하고 수치스럽게도 이 문구를 조롱하였다. 잔인한 이들 무리는 자신들끼리 가능하다면 왕의 권위를 상징하는 왕홀과 왕관을 차지할 계획을 세웠다. 그렇지만 자신을 따르는 자를 구원하고 보호하는 신은 관용을 베풀어 다른 길을 예비하셨다. 갈리아족의 현명한 왕이며 그의 군대가 적의 공격에 노출되어 극도의 위험에 처해 있던 필리프는 신중한 조언에 따라 가능하다면 피를 흘리지 않고 피하기로 결정하였다. 그는 조금씩 퇴각하였다. 그렇지만 적이 그를 미친 개처럼 추적해 오는 것을 보고서, 또한 치욕을 무릅쓰지 않고는 퇴각할 수 없음을 알고서 그는 주님에게 소망을 빌었다. 즉 전투에 임하는 자들이 으레 그러하듯이 그는 군사 대오를 갖추어 놓았으며, 그러기에 앞서 온 마음으로 신께 간절한 기도를 올렸다. 이어 고귀한 전사들을 불러모아 놓고 눈물을 머금은 채 겸손히 그들에게 설교하였다. 그는 그의 조상이 그러했던 것처럼, 그리고 조상과 후손이 회복할 수 없는 손상을 입지 않도록 하기 위해 용감히 적에 대항할 것이라고 말하였다. 간절하게 청원하는 목소리로 전해진 이 말은 듣는 자들의 심금을 울려 진정 용감히 싸우도록 이끌었다. 왕의 지시를 듣자마자 명령받은 대로 무장되고 배치된 기사들과 보조군은 신속히 전투 채비를 갖추었다. 기병 주변에는 보조군이 밀집하였다. 갑옷이 태양 빛을 받아 반사하여 그날의 광명은 더욱 뚜렷해 보였다. 바람결에 따라 흩날리는 군기의 모습은 장관이었다. 더 이상 무엇이 필요하겠는가? 전투를 위해 각자의 자리에 포진한 군대는 전의를 불태우며 싸움에 들어갔다. 그러나 매우 빠른 속도로 회오리 같은 먼지가 하늘을 향해 휘몰아쳐서 앞을 바라보고 상대를 식별하기 어렵게 되었다. 프랑스군의 최전방 대오는 플랑드르군을 맹렬히 공격하여 완강한 저항을 보인 적진을 뚫고 지나갔다. 1시간쯤 지나 이런 모습으로 밀리게 된 플랑드르군은 등을 돌려 신속히 도망쳤다. 그리고 이같이 위험한 순간에 보조군은 그들의 주군·부친·아들·조카를 저버렸다. 그렇지만 플랑드르 백작 페르난두와 불로뉴 백작 르노는 전선에 남아 프랑스군을 상대로 굳건히 저항하다가 결국 여기에 이름을 거론하지 않은 수많은 귀족과 더불어 포로로 잡히는 신세가 되었다. 이들은 갈리아의 여러 성에 갇히게 되었다. 오토는 교황의 권위에 의해 더 이상 황제로 지칭되지 않게 되었으며, 휘하 전사의 도움을 받지 못한 채 세 번이나 말에서 또는 말과 함께 땅으로 떨어졌고, 일부 사람들이 말하는 바에 따르면 단 한 명의 백작만을 거느린 채 서둘러 도망쳤다고 한다. 즉 그는 프랑스 왕과 마주치는 것을 피하여 도망쳤고 전투에서 패배하였다. 이런 방식으로 신의 거룩한 섭리에 의해 이 전투는 부빈 다리 옆에서 종식되었다. 결과적으로 신에게는 찬양과 영광이, 성스런 교회에는 명예가 돌려졌다. 교회의 영광, 덕과 권능은 앞으로 무한한 세기 동안 유지될 것이다. 아멘.

M. G. H. Scriptores, *XXVI*, 26편, 390~391쪽.

《게르만 역사 자료집-저술가편》

II. 《필리피드》의 단편들

……그는 말하고 왕 곁으로 달려나갔다. 신이 특별히 자신에게만 헌신하도록 규정한 이 성스런 날에 누군가가 감히 전투를 벌이려 한다는 사실을 왕은 믿기 어려웠다. 그렇지만 왕은 발걸음을 멈추고 그에 앞서가던 군기들도 세우게 한 다음 자신의 친우들에게 다음과 같은 내용을 말하였다: "주님은 내가 바라던 바를 주신다. 우리의 장점이나 바람 이상으로 신의 호의는 우리의 능력으로 가능하지 않은 것을 우리에게 허여해 주신다. 우리가 수많은 길을 우회하고 멀리 돌아서야 다다를 수 있는 것을 주님은 우리에게 자비를 베풀어 우리가 적 전체를 단 한번에 분쇄할 수 있도록 하기 위해 적들을 우리 쪽으로 인도하셨다. 주님은 우리의 칼로 적을 베고, 우리를 강력한 도구로 사용하실 것이다. 신은 치실 것이고, 우리는 그 쇠망치이다. 그는 모든 전투의 주관자이고, 우리는 그 수하가 될 것이다. 신의 뜻에 의해 우리의 승리가 확정되고, 그는 우리를 통하여 그리고 우리는 그의 힘으로 그에 대한 증오감만을 갖고 있는 적을 물리칠 것이다. 이미 적들은 감히 교회의 재산을 빼앗고 신의 사람들인 성직자·수도사·빈자를 부양할 돈을 갈취한 점에서 조상들의 칼로 분쇄되었어야 마땅하며, 그들은 이런 행동으로 저주받았고 저주받을 것이며 원성이 하늘에까지 닿아 신은 우리들이 가하는 타격으로 적을 굴복시킬 것이다. 반면 교회는 우리와 결합되고, 우리는 그들의 기도를 보조하고 어느곳에서나 신의 가호를 갈구한다. 성직자들은 항시 우리가 그들을 좋아하는 것 이상의 열정을 지니고 우리를 위하여 기도한다. 그 이유는 내가 절대 꺾이지 않는 소망으로 훨씬 강력한 힘을 얻어 여러분이 교회의 적을 바로 여러분의 적으로 간주할 것을 요구하기 때문이다. 또한 여러분은 내가 아니라 여러분과 왕국을 위하여 승리하도록 운명지어져 있고, 여러분 모두는 왕국과 왕관에 세심한 배려를 하며 그 영광을 상실하지 않기 위해 이를 지키고자 하기 때문이다. 그렇지만 나는 이 성스런 날을 피로 더럽히게 될 이 전투를 원하여 행하는 것이 결코 아니다."

왕이 이렇게 말하자 프랑스인들은 자신들이 왕과 왕국의 영예를 위해 싸울 준비가 되어 있음을 기쁨의 환호로 나타냈다. 그렇지만 모두가 한편으로 적이 성스런 날을 존중하여 합법적으로 싸울 수 있는 이튿날까지 전투를 미루려는 마음이 없는 것을 알았기 때문에 부빈까지 물러가 있으려는 마음을 갖고 있었다. 게다가 이 위치는 옆 방향이 막혀 있고 도로 부분을 제외하면 늪지가 좌우로 중단 없이 이어져 인간, 짐승과 수레가 다닐 수 있는 남쪽으로부터 부빈 다리 방향 쪽이 아니면 통과하기가 불가능하여 캠프를 따라 이동되는 짐을 비롯한 모든 것을 보호할 수 있는 천혜의 자리였다. 그 측면으로는 멀리 밭과 완전히 푸른 곡식 평원이 펼쳐져 있으며, 이 광대한 평원을 지나면 서쪽으로는 상쟁에 닿고, 동쪽으로는 시스엥에 닿는다. 이 두 장소는 그 이름이 각기 피와 살육을 상기시키기 때문에 결과적으로 피로 더럽혀질 여지가 많은 곳들이다.

왕은 이 다리를 넓혀 12명이 어깨를 맞대고 지나갈 수 있고, 4필의 말이 이끄는 전차가 그 기관사와 함께 통과할 수 있게 하였다. 성 베드로에 헌정된 교회 가까이에서 태양열로 더위를 느낀 왕은 군 대부분이 전투가 이튿날 개시되길 기대하며 건넜던 부빈 다리에서 멀지 않은 물푸레나무 밑 그림자에서 쉬고 있었다. 그리고 태양은 저 높이 올라 정오를 나타내고 있었다. 왕이 잠시 휴식을 취하고 있는 동안에 파발꾼이 황급히 달려와 외쳤다: "이미 적은 우리 후방을 공격해 오고 있습니다. 샹파뉴군도 왕께서 파견했던 군도 후방을 지켜내기에는 전혀 충분치 않습니다. 이들은 저항하며 적을 퇴각시키려 애쓰지만 적은 2천에 달하는 전사를 전방으로 밀어붙이고 있습니다."

이 말을 들은 왕은 자리에서 일어난 다음 교회에 들어가 자신의 무기를 신께 맡겼다. 잠시 기도한 후 그는 말하였다: "서둘러 우리의 동료들을 구하러 갑시다. 성스러운 날 우리를 공격한 자들을 상대로 해서 무기를 든다 해도 신이 분노하진 않을 것이오. 주님은 안식일날 그들의 적군을 물리치고 성스러운 승리를 거두며 방어한 막카베오인에게 결코 죄를 전가하지 않았소. 우리가 우리의 친구로서 여기는 교회가 우리를 위해 온전히 주님께 바쳐야 하는 이날 주님의 뜻에 반하는 적과 싸우는 것은 진정 온당한 일이오." 이 말을 하고 나서 그는 갑옷을 입고 말 위에 높이 올라 장검을 든 다음 방향을 바꾸어 적을 향해 신속히 돌진하였으며, 나팔 소리가 그 주변에서 울려퍼졌다.

10편, 755-838쪽.

머지않아 스스로 확신하는 승리를 사전에 축하하기라도 원하는 듯 깃발들을 높이 치켜세우게 했던 오토는 온 세상에 자신의 권위를 떨치고 자신이 전 세계의 통치자임을 선포하기 위해 공중에 황제기를 휘날리게 하고, 제국의 최정예 인물들로 하여금 자신을 호위하게 하였다. 그는 수레 꼭대기에 멀리서 그리고 모든 방향에서 볼 수 있는 용 무늬 황제기를 휘날릴 깃대를 매달도록 하였는데, 그 꼬리와 날개는 부풀려지도록 하고, 바람을 집어넣으면 용이 거대한 입을 벌려 끔찍한 이빨 모양을 드러내게 하는 형상으로 꾸미도록 하였다. 용 위로는 장식된 날개를 단 주피터의 새가 날아다니는 모습이고, 금도금된 수레의 모든 표면은 태양과 견주어 보다 강렬한 빛을 내뿜는 듯하였다.

프랑스 왕의 경우는 특정한 날에 교회의 행사에 봉사하려는 의도를 갖고서 사용하는 깃발, 즉 단순히 명주천으로 짜여진 빨간색의 소박한 깃발을 공기 중에 가벼이 날리는 것으로 충분히 여겼다. 프랑스 군왕기는 전투에서 모든 깃발에 앞설 권리가 있으며, 생드니 수도원장은 관행적으로 왕이 무기를 들고 전투를 위해 나아갈 때마다 왕에게 이 깃발을 내주었다. 그렇지만 왕 앞에 위치하는 국왕기는 강건한 신체의 갈롱이 들었다. 결국 양 군은 마주하게 되었다. 양 군을 분리하는 거리는 얼마 되지 않았다. 근거리에서 마주한 양 군은 그러나 아무도 목소리를 내려 하지 않았다. 다른 진영의 오토는 고결한 필리프에 반해 황제의 금장식을 갖추고 있었다.

11편, 20-46쪽.

……오른편으로, 왕으로부터 제법 먼 거리에 위치한 샹파뉴군은 플랑드르군을 위협하였다. 이들과 부르고뉴 공작, 생폴 백작, 장 및 생메다르 수도원장과 3백 명에 달하는 정예군을 보낸 사람들이 함께하였다. 이들 각자는 말 위에 올라 창과 칼 등의 무기를 쳐들어 휘둘렀다. 이들은 막강한 전사들이 배출되는 수아송 계곡 출신들이었다. 이들과 왕 사이에는 연이어 고귀한 전사들이 자리하였으며, 트럼펫 소리가 섬뜩하게 울려퍼져 전사들로 하여금 적을 향하여 진격하도록 자극하고 있었지만, 아직 각 수장들은 자기 대오들의 출격을 저지하고 있었다…….

11편, 53-64쪽.

……페르난두가 임전하여 추종 전사들의 용기를 북돋우고 있는 동안 창들은 깨뜨려지고 칼과 단검은 맞부딪친다. 전사들은 도끼로 상대방의 머리를 부수려 하면서 말의 복부를 칼로 찌른다. 말들의 주인은 철갑옷으로 무장되어 있어서 쇠가 그것을 뚫고 지나가기 힘들다. 공격을 당한 자는 공격을 가한 자와 함께 말에서 떨어져 먼지 속에 나뒹굴고, 이렇게 되면 패배당하기 십상이다. 그러나 기사들은 철갑옷 안쪽으로도 가슴받이 등 몇 겹의 갑옷을 껴입고 있어서 우선 갑옷을 벗기지 않으면 칼로 직접 타격을 가하기 어렵다. 이처럼 요즘 전사들은 고대인들보다 훨씬 더 갑옷에 세심한 주의를 기울인다. 즉 불행한 상황이 증가하는 만큼 이에 대비한 주의 조치를 배가하며 새로운 방식의 공격에 대비하여 새로운 방어 노력을 경주한다…….

11편, 116-132쪽.

……전 전쟁터에 걸쳐 전사들은 이전투구하는 양상을 띤 결과, 공격하는 자와 공격당하는 자가 지나치게 근접하여 뒤엉켜 있었으며 보다 강력한 타격을 가하기 위해 팔 벌릴 공간조차 찾을 수 없을 정도였다. 각자가 자기편을 식별하도록 갑옷 윗부분에 부착된 명주천은 곤봉·칼·창에 의한 가격이 갑옷 위에 배가되어 가해짐으로써 수많은 조각으로 갈라지고 찢어졌으며 그 결과 아군과 적군을 구별하기가 극히 힘들었다. 한 사람은 땅 위에 쓰러져 드러누워 있고, 또 다른 사람은 등과 정강이가 위를 향한 채 엎어져 있으며, 또 이들의 머리를 짓누른 채 눈과 입이 모래로 뒤덮인 자도 있었다. 여기서는 기병이, 저기에서는 보병이 살아서 잡히는 것보다 죽는 것을 더 두려워하여 상대의 칼에 굴복하기도 한다. 또한 말들이 전쟁터의 곳곳에 나뒹굴고, 하복부를 칼로 맞거나 무릎이 잘려 마지막 숨결을 쉬는 경우도 있고, 주인을 잃고 이리저리 날뛰다가 우연히 누군가가 올라타 달려나가기도 하였다. 시체가 나뒹굴지 않거나 죽어 가는 말이 발견되지 않는 곳은 아무데도 없었다…….

11편, 178-199쪽.

……결국 보베의 주교는 훌륭한 무예를 갖추고, 이로 인해 영국인들로부터 긴칼이라는 별칭을 얻고 있는 영국 왕의 동생이 드뢰 백작령의 전사들을 쓰

러뜨리고 형의 군사에 적잖은 타격을 가하는 것을 보면서 심히 괴로워한 터에, 우연히 철퇴를 손에 쥐게 되자 주교의 신분을 망각한 채 이 영국인의 머리를 내리쳐서 투구를 깨뜨리고 그를 땅으로 넘어뜨려 그의 전신이 자국으로 찍히게 되었다. 그리고 이토록 훌륭한 무예를 갖춘 인물을 그냥 죽일 수는 없어서, 혹은 주교가 무기를 든 모습을 보여서는 안 되기에 그는 가능한 한 최대로 이를 숨기다가 장에게 일러 이 전사를 포박하여 그 대가를 받아내도록 하였다. 그런 후에도 주교는 자신의 철퇴로 여러 명을 쓰러뜨리고 이번에도 역시 그 공을 다른 기사들에게 넘겼는데, 이는 이들의 영예와 승리를 위한 점도 있었지만 어쩌면 성직자로서 자신이 이러한 접전 장소에서 발견되어서는 안 되고, 또한 자신의 눈과 손을 피로 더럽혀서는 안 되기 때문에, 즉 허용되지 않은 일을 저지른 이유로 고발되지 않기 위한 점도 있었다. 그렇지만 이같은 방어 행동이 합법적인 선을 넘는 것이 아니라면 자신을 방어하는 것이 금지되지는 않는다.

11편, 538-558쪽.

……양 날개 쪽은 적이 패주하면서 빈 공터가 되어가는 동안 불로뉴 백작은 간혹 보병 대오 쪽으로 물러서긴 했어도, 계속 중앙에 남아서 광분의 기색을 띠고 그의 친우들과 부모 진영의 사람들에게 칼을 끊임없이 겨누었다. 그는 자신의 친우에 등을 돌리고 자기 조국의 전사들을 혐오하며 고향에 애착을 갖지 못하고 같은 혈통과 어릴적 친구들에게 사랑을 전혀 느끼지 못한 인물로, 왕과 그의 주군에 행했던 서약도 냉혹해진 그의 가슴을 누그러뜨리지 못하였다. 그는 백절불굴의 용감성을 갖추어 아무도 그를 꺾을 수 없었다. 그의 손길이 미치는 것은 그 무엇이나 무사할 수 없었다. 그는 능수능란하고 신중하게 무기를 사용하였고, 전투에 필수적인 무예를 갖추었으며, 그런 점에서 가히 진정 그가 프랑스인의 혈통을 갖고 있음을 알 수 있다. 그리고 아이들은 그들을 낳아 준 사람들에게 추호도 수치의 대상일 수 없을 뿐만 아니라 더욱이 훌륭한 어머니가 용렬한 아이를 낳을 수도 있고, 고약한 어머니가 자신의 젖으로 성자와도 같은 아이들을 키우는 경우들이 종종 있는 법이다.

별탈없이 계속해서 보병 대오 벽 뒤로 물러나곤 했던 백작은 적으로부터 치명적인 타격을 입게 되리라는 생각을 전혀 갖지 못하였다. 실제 장검과 단검을 갖춘 아군 기사들은 창으로 무장한 적 보병을 공격하는 데 상당한 두려움을 느꼈으리라. 단검이나 검보다 훨씬 긴창으로 무장되고, 게다가 3벽의 수비 대오를 이루어 철벽의 포진을 갖춘 이들은 그 진용이 훌륭하여 이를 깨뜨릴 방법을 강구하기 어려웠다. 이 사실을 알고 있는 왕은 말을 타고 창으로 무장된 3천 명의 하급 전사를 파견하여 적진을 뒤흔들어 교란시켜 적들이 가공할 왕의 힘을 인지하고 도망치도록 만들었다. 그때 아우성이 일고 죽어가는 자의 외침과 무기 부딪치는 소리로 인해 울려퍼지던 청동의 소리는 더 이상 들을 수 없었다. 백작은 말에서 떨어지고 전신에 상처를 입었다. 그리고 불로뉴 백작 혼자만으로도 프랑스 전군을 격퇴시킬 수 있다고 헛되이 믿으며, 그와 더불어 싸우기로 맹세한 백작 주변의 모든 전사들은 허망한 전술을 구사한 꼴이 되었고, 상당수는 수치스레 달아나야 하는 자신의 삶을 저주하며 도망치기에 바빴다.

불로뉴 백작의 존재 자체, 그의 불행한 전사들이 구비한 장검, 도끼, 그 어느것으로도 백작이 형성한 대오의 장벽을 유지하기는커녕 스스로를 부지할 수도 없게 되었다. 그리된 것은 오로지 프랑스인이 보인 용기 때문이다. 용기만이 결국 모든 장애를 극복하게 해주었다. 어떤 세력·무기·힘도 용기에는 대항할 수 없었다. 오로지 용기만이 모든 것을 보충하며, 모든 것 위에 우뚝 선다. 용기는 프랑스편과 함께한 것을 기뻐하였고, 마침내 프랑스인들이 승리를 마음껏 향유할 수 있게 해주었다. 이들은 모든 적을 살육하고, 불로뉴 백작이 나아가는 통로를 완전히 막아 버렸다. 백작은 사방이 도망치는 자들로 들끓고 결과적으로 그의 전군이 와해되어 기병과 보병을 합하여 겨우 30명밖에 남지 않게 되자, 저항하지 않고 사로잡혔다거나 패배당하였다는 말을 듣지 않기 위해 단 5명만을 이끌고 프랑스 본진으로 뛰어들었다. 이에 프랑스 전사들은 이들 모두를 에워싼 다음 밀집된 대오 사이에서 이들을 붙잡아 포박할 수 있는 공간을 가까스로 마련할 수 있었다. 그러자 백작은 그 자신이 모든 적을 상대로 승리를 거둘 유일한 인물이라고 여겼고, 또 이날 아직 접전을 벌이지 못하였으므로 광분한 상태로 괴력을 다하여 프랑스군 속에서 날뛰었으며, 왕에 대한 증오가 분기탱천하였기에 자신이 죽는 한이 있어도 동시에 왕을 살육하리라 다짐하였다.

　백작이 적군의 대오 속에서 감연히 동분서주하고 있는 동안 투르넬 출신의 피에르라는 인물은 자신의 말을 잃고 걷고 있었다. 혈통이나 무예면에서 기사가 될 자격이 있는 이 전사는 왕의 진영에서 귀하고 훌륭한 자질의 사람이었다. 불로뉴 백작이 결코 돌아서려는 마음 없이 전투를 개시하고 그를 에워싼 사람 모두를 상대로 불굴의 저항을 하는 것을 본 피에르는, 신속히 그를 향해 나아가 그의 왼손으로부터 커다란 가죽띠에 매달려 있는 쇠사슬을 들어올리고 말의 복부를 쥔 다음 오른손으로 말의 몸 안으로 칼을 찔러넣어 중요한 부분을 잘라냈다. 그가 백작의 몸에서 칼을 빼내자 큰 상처로 인해 백작의 피가 철철 넘쳐흘러 주변의 풀을 적셨다. 이 광경을 본 백작의 충실한 한 친우가 그 옆으로 달려와 말 고삐를 잡고 신의 뜻에도 불구하고 그리고 동료 전사들이 모두 도망쳤음에도 불구하고, 전쟁터에 남아 승리를 거두어 가는 자들을 상대로 오히려 홀로이 승리를 거두겠다는 심정으로 분주히 움직였다. 그는 이같은 행동으로 자신의 손실을 유발하였으며, 다른 전사들과 함께 쉽사리 도망갈 수 있는 상황에서 가치 있는 파멸을 택하는 데 주저하지 않았다. 백작의 친우는 백작에게 피할 것을 권유하고 고삐로 백작의 말을 끌어당겨 백작이 다른 말로 갈아타게 한 다음 그를 도피시키려 하였으나, 백작은 그의 자긍심으로는 전쟁터를 떠날 수 없음을 밝히며 한사코 이를 뿌리쳤다: "나는 살아 도망가느니 나의 명예를 지키기 위해 싸우다 패배하겠노라. 나는 어떤 위협이 나를 기다리건 전쟁터로 돌아가겠다."

　하지만 그의 말은 힘이 풀려서 더 이상 서 있을 수 없었다. 그때 장과 그의 동생 크농이 달려와 백작의 양 관자놀이를 강력히 쳐서 백작과 그의 말을 동시에 쓰러뜨렸다. 백작과 말은 앞머리 쪽으로 엎어졌으며 백작의 엉덩이는 그 위에 쓰러진 말의 무게로 짓눌렸다. 장과 그의 동생은 백작을 포박하여 그가 원하든 원치 않든간에 굴복시키고자 하였다. 그리고 그가 더디게 일어나 헛되이 구원을 기다리며 피할 수 있기를 바라는 사이에 상리스 선제후의 수하로 그 앞에 걷고 있던 건강한 체격의 코르뉘라는 이름의 한 소년이 오른손에 날카로운 칼을 들고 이곳에 도달하였다. 그는 갑옷과 넓적다리 부위의 가리개가 접합되는 부분에 칼을 찔러넣어 백작 신체의 중요한 부분을 절단코자 하였다. 그러나 그 접합 부분은 분리되지 않아 칼을 찔러넣을 수 없었으며, 코르뉘의 뜻대로 되지 않았다. 그러자 그는 백작의 주위를 돌며 자신의 목적을 이룰 수 있는 다른 수단을 강구하였다. 그는 백작의 투구 아래 양 끝쪽을 갈라내어 투구 전체를 벗겨내고 드러난 얼굴 위에 큰 타격을 가하였다. 이미 백작의 목 부위에 칼로 타격을 가할 수 있는 상황이 되었고, 또한 가능하다면 죽음에 이르게 할 수도 있었다. 하지만 백작은 손으로 이에 저항하며, 그가 할 수 있는 만큼 최대한 오래 죽음을 피하고자 필살의 노력을 기울였다. 선제후를 알아차린 백작은 그에게 외쳐댔다: "오, 선한 선제후여 내가 타살당하도록 내버려두시 마시오. 내가 부당한 죽음을 당하는 고통을 겪게 하지 마시오. 이 소년은 나를 파멸시키는 장본인이 될 자격이 없소. 왕은 나에게 온당한 징벌을 내릴 것이오. 국왕 재판소로 하여금 내가 받을 형벌을 가하게 해주시오." 이에 대해 선제후는 다음과 같이 응답하였다: "당신은 죽지 않을 것이오. 그러나 당신은 일어나는 데 왜 이리 더딥니까? 일어나시오. 당신을 곧장 왕 앞으로 데리고 가야 하오."

이같이 말하며 선제후는 백작이 할 수 없이 스스로 일어나도록 고통을 가하였다. 그의 얼굴과 사지는 피로 범벅이 되어 있었다. 말에 올라타기도 힘겨울 정도였다. 상리스 선제후는 주위 사람들의 환호 속에 그를 제자리에 안치시켰다. 백작은 기진맥진하였다. 결국 선제후는 백작을 장의 감시하에 맡겨 이 가치 있는 선물을 왕에게 제공토록 하였다…….

11편, 585~718쪽.

……일부 전사는 군마를 획득하여 만족해하였다. 이들은 여기저기서 올라타기 알맞은 말을 발견하고 동아줄로 끌고 갔다. 또 다른 전사들은 전쟁터에 버려진 방패·칼·투구·갑옷 등의 무기들을 수거하였다. 가장 만족해한 사람들은 짐 실은 말이나 칼들이 꽉 찬 칼집 또는 과거 제국을 소유하였을 당시 최고 수준의 솜씨를 자랑했던 벨기에인들이 제조하였다는 수레를 획득한 사람들이다. 이 수레들은 금도자기, 결코 가벼이 여길 수 없는 온갖 종류의 용기 및 상인들이 이윤을 극대화하기 위해 먼 지방들에서 우리에게 가져온 훌륭한 기교의 의복들로 가득 차 있다. 사륜의 수레들은 각기 하나씩의 내실을 갖추

고 있는데, 이 내실은 신혼부부가 신혼여행시에 준비하는 침방과 다를 바 없이 아름다우며 상품질의 버드나무로 짜여졌고 그 커다란 내부에 식료품과 귀중품을 싣고 있었다. 각 수레가 싣고 있는 전리품을 효과적으로 끌어가기 위해서는 적어도 각 수레마다 7필의 말이 필요하였다.

오토가 용 모양으로 장치하고 그 위에 장식 날개의 독수리를 매단 형태의 황제기를 꽂았던 수레는 수많은 도끼 타격을 받아 수천 조각으로 깨졌다. 프랑스인들은 이 수레의 위용의 흔적을 영원히 없애기 위해 불태워 버렸다. 날개가 깨졌지만 곧 복원된 독수리기는 프랑스 왕이 프리드리히 왕에게 보냈으며, 이 선물을 통해 오토가 왕조에서 축출되고 제국이 신의 호의로 그의 수중에 건네졌음을 과시하고자 하였다……

12편 I, 18-50쪽.

……당시에 유일한 로마 도시는 그 왕들을 칭송하였고, 여타의 도시들은 로마인의 승리를 자축하느라 분주하였으며, 그 축하에 비용을 추렴하기도 하였다. 곧 부르그 · 성 · 도시 · 왕홀의 자격이 있는 백작령, 공작령을 포함하여 광대한 왕국 영토가 미치는 모든 장소들에서, 그리고 주교에 종속된 모든 지방들에서——각 주교는 자신의 주교구에서 재판권을 지니며 권한이 미치는 범위내의 모든 도시, 부르가르드, 성들에 자신의 칙령을 공표케 하였다——모두가 모두에 공통된 승리의 영광을 동일한 열정으로 느꼈으며, 모든 장소에서 보편적인 환희가 일어나고 하나의 커다란 승리가 수천의 승리를 유발한 결과 모두가 공통적으로 느끼는 일체감이 형성되었다. 왕국의 전 영토에서 오직 하나의 환호만이 울려퍼지게 되었다. 신분 · 재산 · 직업 · 성 · 나이에 관계 없이 모두가 동시에 환희의 찬양을 하였고, 왕의 명예와 영광을 칭송하였다. 그리고 노래와 춤으로만 열광을 나타낸 것은 아니었다. 성과 도시들에서 나팔수들은 공적인 분위기를 높이 띄우기 위해 거리 곳곳에서 나팔을 불어댔다. 사람들이 비용 부담을 졌으리라고 여기지 말라. 기사, 부르주아, 마을민 모두가 진홍색의 의복으로 치장하였다. 농민 또한 황제의 장식과 유사한 모양으로 장식하여 스스로도 놀라고 감히 위대한 왕들과 견주고자 하였다. 의복은 사람의 마음을 바꾸어 사람들은 낯선 의복을 입은 자신 또한 변화된 것으로 여겼

다. 만약 누군가가 동료들과 비슷한 정도의 치장으로 만족하지 못한다면 보다 특징적인 장식에 의해 동료들과 구분짓고자 신경을 썼다. 이처럼 모두가 의복에 특징을 더하여 경쟁적으로 주위 사람들보다 튀고자 하였다.

여러 밤 내내 암흑을 쫓아내고 전세계를 밝히려는 마음으로 촛불이 결코 꺼지지 않았으며, 그 결과 밤은 돌연히 낮으로 변하였고, 달빛과 별빛으로 더욱 빛났다. 이제 그만 글을 접고자 한다. 다름 아닌 왕의 사랑이 모든 마을민을 기쁨의 열광으로 사로잡히게 하였다……

12편, 225-264쪽.

리고르와 기욤 르 브르통 저, 2권, 파리(프랑스역사학회), 1885.

III. 로제

그와 동시에 플랑드르에서 전투를 벌이던 영국 왕의 군대는 성공적으로 일부 지방을 침탈한 다음 퐁티외 백작령으로 들어가 무자비하게 황폐화시켰다. 이 전투를 함께 수행했던 사람들은 용감한 자들로 전투의 전문가들이었으며, 홀란트 백작 기욤, 불로뉴 백작 르노, 프랑드르 백작 페르난두, 훌륭한 기사이긴 하나 잔혹하고 오만하며 여성의 연약함도 어린아이의 유치함도 용납하지 않으며 분노가 극에 달해 이 나라를 징벌하려 한 위그 등을 포함하였다. 존 왕은 솔즈베리 백작을 이 군대의 총사령관으로 삼아 기사들을 이끌게 하고, 국왕 금고국에서 봉급을 받는 용병도 동원하였다. 이 전사들은 로마인의 황제인 오토의 도움과 호의, 그리고 루뱅 공작과 브라반트 공작이 소집한 군의 지원을 받았다. 이들 모두는 격한 분노심으로 프랑스군을 추격하였다. 이 소식이 프랑스 왕 필리프에게 전해지자 그는 공포에 사로잡혔다. 그는 최근 자신의 아들 루이가 영국 왕의 적대적인 칩입에 대비하도록 푸아투로 상당한 군력을 보낸 관계로 이 영역을 지킬 충분한 군대를 거느리지 못한 점을 두려워하고 있었다. 그렇지만 그는 종종 스스로 다음과 같은 평범한 격언을 반복해서 되새기고 있었다: "동시에 여러 가지를 차지하고 있는 사람은 각각의 것에 대하여 참신한 판단을 내리기 어렵다." 그는 백작·남작·기사·보병 또는 기병 세르장 및 도시의 코뮌군으로 구성된 대군대를 나름대로 잘 결합시켜 나갔다. 이 군대를 이끌고 그는 적에 대항하여 진군할 준비를 갖추었다. 동시에 그는 주교·성직자·수도사 등의 종교인들에게 왕국의 안녕을 위해 보시를 베풀고 신에게 기도하며 신의 거룩함을 칭송토록 지시하였다.

그의 적군은 퐁티외의 부빈 다리까지 주력군을 전진시킨 것으로 알려져 있다. 그는 이쪽 방면으로 군과 군기를 이끌고 있었다. 그가 이 다리에 도달하여 전 군과 함께 강을 건넌 다음 그곳에서 진을 치기로 결정하였다. 그런데 때는 7월이어서 더위가 기승을 부리고 있었다. 이에 프랑스인들은 자신과 말의 원기를 회복하기 위해 강가로 갔다. 이들이 이 강에 도착한 것은 토요일 저녁쯤이라고 한다. 그리고 도착 장소의 왼편과 오른편으로 두 마리 혹은 네 마리가 이끄는 수레 그리고 식량, 무기 및 모든 전투 기구를 실은 차량을 배치한 다음 군은 그 옆에서 이를 지키며 밤을 보냈다.

이튿날 아침 영국 왕군에 속한 제후들이 프랑스 왕의 도착 소식을 들었을 때 서둘러 의견을 모아 만장일치로 전투를 결의하였다. 그러나 이날은 일요일이었기 때문에 지혜를 갖춘 자들, 특히 불로뉴 백작은 이토록 엄숙한 날에 전투를 벌여 살육을 행하고 피를 흘리는 것은 명예롭지 못하다는 견해를 표명하였다. 오토 황제는 이 견해에 따라 이런 날 싸워서 결코 기쁜 승리를 얻을 수는 없는 것이라고 말하였다. 이 말에 위그는 저주를 퍼붓고 르노 백작을 가증할 모반자로 부르며 이 백작이 영국 왕으로부터 봉토로 광대한 영토를 받은 점을 크게 질책하였다. 그는 이날 벌이기로 한 전투를 미룬다면 이는 존 왕에게 회복 불가능한 손상을 입히는 것이며 이 절호의 기회를 잡지 않을 경우 내내 후회하게 될 것임을 덧붙였다. 르노는 모멸감을 느끼며 이에 응답하였다: "이날은 내가 충성스러우며 당신이 모반자임을 증명해 줄 것이다. 왜냐하면 이 일요일에 필요하다면 목숨을 걸고 왕을 위해 싸울 테지만, 당신은 종래 하던 대로 전투를 회피해 달아나는 사악한 모반자임이 드러날 것이기 때문이다." 위그가 이같이 상대를 상처입히는 언사를 일삼은 결과 전투는 불가피해지게 되었다. 군은 무장을 하고 전투 대오를 갖추었다. 연합군은 무장하고 난 후 3대로로 편성되었다. 첫번째 대오는 플랑드르 백작 페르난두, 불로뉴 백작 르노와 솔즈베리 백작 기욤이 이끌었다. 두번째 대오는 홀란트 백작 기욤과 브라반트군을 거느린 위그가 이끌었다. 세번째 대오는 오토 황제가 이끄는 독일군으로 구성되었다. 이같은 진용을 갖추고 연합군은 서서히 적을 향해 행군하여 프랑스인들에게로 다가갔다.

필리프 왕은 그의 적들이 전투 채비를 마친 것을 보고서 군의 후방 쪽 다리를 끊어 혹시라도 있을 아군의 도망을 사전에 봉쇄하여 도망자가 적 진영을 통과해 가지 않으면 도망갈 수 없도록 조치를 취하였다. 왕은 수레와 화물 사이의 촘촘한 공간 사이에 아군을 배치하고 적의 공격을 기다렸다. 결국 양 진영에서 트럼펫이 울리고 첫 전투가 개시되어 앞서 언급한 바 있는 백작들이 프랑스 전사들에게 맹렬히 달려들어 한순간에 진용을 흩뜨리고 프랑스 왕이 위치한 곳까지 뚫고 왔다. 왕으로부터 백작령 소유권을 탈취당하고 쫓겨났던 불로뉴 백작 르노는 왕에게 창을 겨누어 그를 땅에 떨어뜨리고 검으로 왕을 죽이려 하였다. 하지만 많은 다른 전사들과 함께 왕의 보호 책임을 지고 있던 한 기사가 르노와 왕 사이에 몸을 던져 치명적인 타격을 입었다. 왕이 낙마한 것을 본 일단의 프랑스 기사들이 무던 애를 써 이곳으로 달려와 왕이 다시 말에 오를 수 있도록 해주었다. 이제 전투는 모든 방향에서 전개되었고, 상대의 투구로 덮여 있는 머리를 칼로 내리쳤으며, 연합군은 점차 광분해 갔다. 그렇지만 위 백작들은 그들의 동료들로부터 상당히 멀리 떨어져 나와 연합군과 재결합할 수도, 그들을 향해 나아갈 수도 없음을 깨달았다. 수적으로 압도당한 이들은 프랑스의 최상위 군력에 대적할 수 없었고, 그들의 대오와 더불어 참으로 대단한 무예를 과시하고 수많은 적을 살해한 후 결국 붙잡혀 포박당하였다.

이러한 상황이 프랑스 왕 곁에서 진행되는 동안 샹파뉴 · 페르슈 · 생폴의 백작들과 프랑스 왕국의 상당수에 달하는 귀족들은 적의 다른 두 대오를 공격하여 위그 및 여러 지방에서 차출된 전사들 모두를 패주케 하였다. 이들이 도망치자 프랑스인들은 황제가 위치한 지점에까지 공격의 칼날을 들이대게 되었다. 이에 전투의 중심이 온통 이곳으로 쏠리게 되었다. 위에 언급된 프랑스의 백작들은 황제를 에워싸고 그를 살해 내지 굴복시키려 애썼다. 그러나 그가 도끼처럼 양손으로 사용하는 뾰족한 검은 여기저기서 심대한 타격을 가하여 그의 공격을 받은 자들은 질겁하거나 말과 함께 땅으로 떨어졌다. 근접하기를 두려워한 적들은 창으로 그가 탄 3필의 말을 살육하였다. 그러나 출중한 무예를 갖춘 그의 동료들은 계속해서 황제의 말을 새것으로 갈아 주었고, 그는 적을 향해 공격을 재개하였다. 마침내 프랑스인들은 길을 터주지 않을 수 없었고, 황제는 자신의 수하들과 함께 손상을 입지 않은 채 전쟁터를 떠났다.

기대 이상의 승리에 기뻐한 프랑스 왕은 그의 적을 상대로 대승리를 안겨준 신께 감사드렸다. 그는 3명의 고명한 백작들과 상당수의 기사 및 여타 포로를 포승에 묶어 강고한 감옥들에 가두도록 하였다. 왕이 도착하자 파리 시 전체가 몇 날 며칠의 낮과 밤을 불로 환히 밝히며 노래하고 환호하면서 팡파르를 울려댔다. 그리고 진홍의 옷과 양탄자가 집집마다 걸렸다. 모두가 한마음으로 이같이 하였다.

로제르 드 벤도버, 《연대기-역사의 꽃》, 런던, 1841, t. III,
pp.287-290.

IV. 존엄왕 필리프와 존의 휴전

신의 은총으로 프랑스인의 왕이 된 필리프는 이 편지를 받게 될 사람 모두에게 인사를 전한다. 우리는 최근의 전투, 즉 9월 14일의 십자광양 축일 다음 주 목요일부터 1215년 유월절까지의 전투에서 영국의 존 왕과 그의 전사 및 그를 위해 공공연히 싸운 그의 수하들에게 그와 우리들과 우리의 전사들 및 우리의 수하 입장에서 앞으로 5년간 그리고 중단 없이 정의의 휴전을 부여하노라. 다만 우리가 우리측에 잡아둔 포로들은 이 대상에서 제외되며, 플랑드르와 에노의 도시들과 기사들이 우리들에게 행한 서약의 경우를 예외로 한다. 마찬가지로 존 왕이 잡아둔 포로도 그 대상에서 제외된다.

우리와 우리의 전사 및 여타 수하들은 휴전이 시작되는 날까지 우리가 점유한 영역을 그대로 차지한다. 마찬가지로 영국의 존 왕과 그의 전사들 및 수하들은 위에 언급된 휴전 개시일까지 차지한 영토를 그때부터 5년이 되는 날까지 차지한다.

우리와 영국 왕 사이에 계약된 휴전 기간 동안 살인자나 우리에게서 추방된 자는 우리의 인가를 받지 못할 경우 우리 영토에 들어오는 것이 금지된다. 마찬가지로 살인자나 영국 왕으로부터 추방된 자는 존 왕의 뜻이 아니라면 그의 영토에 들어갈 수 없다.

그러나 우리의 영토에 권리를 갖고 있는 누군가가 자신의 문제를 위해 우리의 영지에 들어온다면 그는 통과 가능하나 머무르진 못한다. 다만 바다의 항구에서는 항해에 이로운 바람이 불 때까지 합법적으로 기다릴 수 있다.

만약 위 언급된 휴전 개시일부터 영국 존 왕의 측근에 속한 앙주 백작령 혹은 브르타뉴 백작령 출신의 사람이 우리에게 공개적으로 전투를 벌이고 존 왕에 대한 지지를 명백히 하면서 앙주 백작령이나 브르타뉴 백작령에 들어와서 휴전 기간이 끝나기 전에 머무르고자 한다면, 앙주 백작령의 경우는 앙주의 세네샬이, 브르타뉴 백작령의 경우 브르타뉴 백작이 그가 우리 자신과 영토에 위해를 가하지 않도록 하기 위해 적절한 보안 조치를 취할 수 있다.

그리고 휴전 동안 우리 편에 속한 푸아투 백작령 사람이 공개적으로 존 왕에 대항해 싸움을 벌이고 우리를 지지하면서 영국 왕에 속한 푸아투 백작령의 땅에 들어가고자 한다면, 푸아투 백작령의 세네샬은 그가 존 왕이나 그의 영토에 대하여 위해를 가하지 않도록 하기 위해 적절한 보안 조치를 취할 수 있다.

우리와 존 왕간의 이 휴전을 중재하고 관리할 자로 존 왕측에서는 푸아투 백작령의 세네샬인 위베르, 퐁의 르노, 생장앙젤리의 수도원장과 생트의 수도원장이, 우리측에서는 피에르, 마르무티에 수도원장인 기 튀르펭과 투르의 부주교인 조프루아가 임명되었다. 이들은 구성원 중 1명이 사망하거나 휴전 기간 동안 우리측이나 존 왕측에 의해 소집되는 경우, 문제를 주재하고 사망한 구성원을 대신할 인물을 선정한다.

위 언급된 5,6명의 중재자가 서약한 다음 휴전 내용 관계 문서에 대해 해석을 내려 우리에게 말하고 지시하는 내용이 그 무엇이건 우리측과 존 왕측 모두가 이를 따라야 한다.

그리고 위 중재자들에 의한 조정이 더 이상 가능하지 않을 경우, 우리는 위 중재자들이 그들의 뜻을 진술하고 우리에게 서명하게 한 후 16일 이내에 개정을 시도한다.

위 중재자들은 어쩌면 푸아투 · 앙주 · 브르타뉴 · 투르 백작령들에서 제기될 수 있는 불일치와 잘못된 해석에 대해서는 파사방 인근 푸제르즈 수도원 근처에서 회합하고, 베리 · 오베르뉴 · 마르슈 외 리무쟁 백작령들에서 발생하는 곤경 사항들에 대해서는 마르슈 백작령 내 에그랑드와 쿠송 사이의 한 성에서 회합한다.

존 왕측이 부과하고 징수하는 과세에 대하여 다음과 같이 결말짓기로 한다. 만약 존 왕이 과세를 포기하고 징수하지 않기로 하면 우리 또한 그리할 것이다. 그렇지만 반대로 영국의 존 왕측이 징수하기로 한다면 우리 또한 징수할 것이다.

시칠리아의 로마 왕인 프리드리히가 원한다면 우리 편에서 휴전에 참여할 수 있다. 그리고 마찬가지로 오토 왕이 원한다면 존 왕 편에서 휴전에 참여할 수 있다. 그리고 상호간에 일전을 불사하길 원치 않는다면 우리는 신성 로마 제국 문제에 있어 프리드리히를 도울 수 있고 영국 왕은 오토를 도울 수 있는데, 다만 우리의 영토와 관련하여 존과 우리 사이에 악행이나 전투가 발생되어서는 안 된다.

우리측에서 성실히 휴전 관계 조항을 판단한 후에 시종장인 위르쟁 및 여타의 인물들이 우리측 교서에 부서하였는데, 그 명단에는 생폴 백작 고티에 · 알랑송 백작 로베르 · 기, 바르의 기욤 · 쇼비니의 기욤, 블루아 백작 티보 · 부샤르 · 조엘 · 위그, 세네샬인 기 · 에르미 · 지로가 포함된다.

1214년 9월 십자광양 축일 다음 목요일 시농에서 휴전이 이루어졌다. 필리프 왕 치세 7년째 11월 1일인 만성절 축일 전주 목요일에 우리 왕과 영국 왕 사이에 체결된 휴전 약정안이 글로스터 주교에게 전해졌다. 여기에는 프랑스 왕의 옥쇄인이 찍혀 있다.

V. 존엄왕 필리프와 플랑드르 여백작간의 협약

플랑드르와 에노의 여백작인 나, 잔은 이 편지를 전해 받는 모든 사람에게 나의 주군인 훌륭한 프랑스 왕에게 만성절 축일 전주 목요일에 루뱅 공작의 아들을 페론에서 왕 또는 왕의 위탁자에게 볼모로 넘기며, 발랑시엔·레페르·오우데나르데·카셀의 요새를 프랑스 왕의 뜻에 따라 함몰시키고, 왕을 위한 것이 아니라면 파괴된 상태로 둔 채 복원하지 않을 것을 서약하였다. 그리고 플랑드르의 여타 요새들은 현재 상태로 방치하고 어떤 방식으로건 더 공고히 되어서는 안 되며, 왕을 위한 것이 아니라면 요새 축조가 허용되지 않는다.

브뤼주의 성주인 장과 강의 성주 시제 및 여타 왕의 수하 모두는 자신들의 영역에서 평화를 유지한다. 휴전을 서약하였거나 이 평화에 서약하길 원하는 플랑드르와 에노 백작령의 사람들은 자신의 영역에서 평화를 유지한다.

이러한 내용의 협약이 완전 이행되고 나서 왕은 플랑드르와 에노의 백작 페르난두를 비롯한 플랑드르인, 에노인에게 전쟁에 대한 적절한 보상 조치를 요구할 것이다.

불로뉴 백작과 여타 지역 출신 포로들에게는 이 협약이 적용되지 않는다.

이 협약에 부서하는 사람들은 충실한 협약 이행을 서약하였다. 여기에는 와베르의 여영주 시빌·오우데나르데의 아르눌·와베르의 라스·질베르·총사령관 미셸·질·두에의 피에르·쾰른의 지라르·아르네의 필리프·라스의 지라르·베르봉셰르의 질·퐁텐의 고티에·시메이의 알라르·스포라데스의 고티에·랑의 고티에·옹드스코트의 고티에·루의 위그 및 질이 포함된다.

⋯⋯1214년 사도 시몬과 유다의 축일 다음 금요일에 파리에서 이루어졌다.

VI. 티엘의 연보

1214년 바로 이때에 플랑드르 백작이 프랑스 왕의 포로가 되었다.

M. G. H. Scriptores, 24편, 25쪽.

《게르만 역사 자료집-저술가편》

VII. 쾰른의 왕궁 연대기에 바로 이어진 부분

다음으로 생피에르오리앵에서 오토 황제와 플랑드르 백작 페르난두가 막대한 군사를 동원하여 프랑스 왕의 아들을 상대로 투르 인근에서 전투를 벌였다. 양 진영은 치열하게 싸워 나갔다. 플랑드르 백작과 테클랑부르 백작은 다수 전사들과 함께 포로로 잡혔다. 그 중 상당수가 죽임을 당하였다. 황제 자신은 치욕스럽게 퇴각하였다.

M. G. H. Scriptores, 24편, 18쪽.

《게르만 역사 자료집-저술가편》

VIII. 시로 쓴 간략한 연대기

1214년
페르난두는 왕과 싸우러 나갔다.
그리고 막달라의 날
부빈은 전쟁터가 되어
수많은 전사가 칼을 겨누었도다.
페르난두는 묶여 포로가 되었고
파리로 이송되었으며
상당수 남작들도 붙잡혀
평온을 누릴 수 없었다.

M. G. H. Scriptores, 26편, 61쪽
《게르만 역사 자료집―저술가편》

IX. 오스네의 연보

1214년 이해 2월 성촉절경에 존 왕이 한편으로는 푸아투 방면에서, 다른 한편으로는 플랑드르 방면에서 프랑스 왕을 공격하기 위해 바다를 건넜다.

M. G. H. Scriptores, 27편, 489쪽.

《게르만 역사 자료집–저술가편》

X. 성 에드먼드 뷔리의 연대기

영국 왕은 성촉절경에 푸아투를 향하여 떠났다. 일요일에 플랑드르 백작령 내 부빈 근교에서 프랑스 왕과 영국 왕의 기사들간에 전투가 벌어졌으며, 플랑드르 백작과 불로뉴 백작 그리고 영국 왕 편의 솔즈베리 백작 기욤이 포로로 잡혔다. 그 가까이에 있었던 오토 황제는 전투 전개 양상을 관망하다가 도망을 쳤다. 인노켄티우스 교황의 지시로 7월 6일 영국에 대한 금령이 철회되었다. 이 금령은 6년 14주 3일간 지속되었다.

그랑스덴, 편집, 런던, 1964.

XI. 미슐레

그토록 유명하고 국가적 성격을 띤 부빈 전투는 실제로는 특별히 고려할
만한 전투로 보이지 않는다.

양 군 각자가 1만 5천 내지 2만 정도를 거느렸던 것 같다. 필리프는 존 왕 쪽
을 대비하는 데 최상위 군력을 파견하였으며, 자신의 군대는 피카르디군으로
채워 보충하였다. 벨기에인들은 필리프가 1개월간 별 제약 없이 자신의 영토를
유린하도록 내버려두었다.(기욤 르 브르통) 그는 적을 전혀 보지 못한 상태에서
릴과 투르 사이의 부빈 다리 근처에서 그들과 마주하게 되었다.(1214년 8월 27
일) 전투의 상세한 내용은 전투 기간 동안 필리프의 뒤를 호종했던 산증인인 필
리프의 왕실 신부 기욤 르 브르통에 의해 우리에게 전해졌다. 불행히도 아첨의
의도로 현저히 왜곡된 그의 이야기는——그는 베르길리우스의 《아이네이스》를
본받아 역사적 서사시로서 《필리피드》를 작성해야 한다고 다짐하였다——그
의 고전적인 맹종성을 뚜렷이 드러내고 있다. 그는 자신의 온힘을 기울여 필리
프가 아이네아스이며 황제임을 강조하였다. 확실하게 인정할 수 있는 것이 있
다면 그것은 우리 군이 먼저 혼란에 빠졌다는 점, 기사들은 여러 가지 책무가
있는데 그런 책임을 이행하는 과정에서 프랑스 왕이 생명의 위험을 무릅쓰고
행동한 점, 갈퀴로 무장된 보병에 의해 땅으로 떨어진 점, 오토 황제가 사자심
왕 리처드와 원수 관계에 있던 시몽 드 몽포르의 동생 기욤에 의해 말이 부상을
입어 도망쳤다는 점, 브라반트인 용병들은 용기는 가상하였으나 승리를 거두지
는 못한 점, 5백 명으로 구성된 이들 노련한 전사들은 프랑스 진영에 굴복하지
않고 차라리 죽음을 택하였다는 점, 기사들은 덜 완강하여 상당수가 포로로 잡
힌 점, 중무장한 결과 낙마한 자는 별 대책 없이 붙잡힌다는 점, 5명의 백작, 즉
플랑드르 백작, 불로뉴 백작, 솔즈베리 백작, 테클랑부르 백작, 도르트문트 백작
이 필리프의 수중에 붙잡힌 점 등이다. 플랑드르 백작과 불로뉴 백작은 몸값 보
상에 의해 석방되지 못하고 계속해서 필리프의 죄수로 남아 있었다. 그는 다른
포로에 대해서는 전투에 커다란 역할을 행한 코뮌군에게 보상으로 제공하였다.

《프랑스사》, 3권, 신판, 1879, 93쪽.

XII. 부빈의 스테인드글라스

첫번째 스테인드글라스

……오토는 어쩌면 프랑스 지도는 아니더라도 여러 세력간의 연합 체결 증서를 손에 쥐고 공모자들에 둘러싸여 우리나라의 분할을 논하는 모습으로 표상될 수 있다. 여기에 예술가가 역사적 진실을 호도하지 않고서 표현해 낼 수 있으리라 여겨지는 주요 인물들의 도덕적 모습이 있다.

오토는 위선적이고 잔혹하며 이기적인 인물이다.

솔즈베리 백작은…… 전사로서뿐 아니라 냉철하고 투철하며 행정적 자질을 갖추어 런던의 궁정에서 핵심적 역할을 떠맡고 있었다……. 솔즈베리 백작은 거인의 풍채에 걸맞는 긴칼을 사용하여 긴칼의 기욤이라는 별명을 얻었다.

르노 백작은 고귀한 혈통의 전사이다. 그의 중대 결점은 충족되지 않는 야망, 냉소적 품행, 도덕성의 결여에 있다. 그는 기혼임에도 불구하고 창녀와도 같은 여자로 역시 기혼인 보베 백작의 누이를 진지 안에까지 데려왔다. 보베 백작은 매우 불쾌할 정도로까지 그와 가까이 지냈다.

네번째 스테인드글라스

……왕의 기도는 비록 간단하고 단순하였을지라도 우리 역사의 중차대한 상황하에서 프랑스 군주정을 신의 보호하에 두는 것이기 때문에 특별히 스테인드글라스에 묘사할 대상이 될 만하다고 믿는다……. 왕 앞의 제단 밑 땅에 왕관을 내려놓은 것으로 표현한 점은 역사적 진실에 위배되는 것은 결코 아니다. 스테인드글라스상에서 프랑스의 왕관을 제단의 직접적인 보호하에 두는 이런 장면이 갖는 중요한 비유적 의미를 우리는 고려해야 한다……. 우리가 홀로 세 적을 상대로 전투하고 있고, 이 싸움이 국가의 운명을 결정하며, 우리 진영에서 모반자가 있다는 사실이 발견된 점을 망각해선 안 된다.

스물한번째 스테인드글라스(빅토와르 수도원의 설립)

나는 또한 필리프가 20년간 합법적인 이유 없이 거리를 두었으며, 인노켄티우스 3세의 개입 덕택에 그가 다시 가까이하게 된 왕비 앵즈부르주가 왕 옆에 서 있는 장면을 보기를 좋아한다. 바로 그 순간은 필리프가 부빈에서 결정적으로 승리한 직후의 도덕적 마음가짐으로 자신의 삶을 개정하게 된 시점임이 확실하다.

빅토와르 수도원의 창시는 부빈 승리의 진정한 성격, 즉 프랑스 국가가 교회의 수호자로 복귀한 면을 강조하고 있다.

델페크의 《부빈 교회의 장식을 책임진 예술가들의 이해를 돕기 위한 정보서 *Notice······ tirée de son ouvrage à l'usage des peintres chargés de la décoration de l'église de Bouvines*》, 1879, 4-5, 11-13, 45-46쪽에서 발췌.

XIII. 드라마

I. 롱게, 《부빈: 합창을 곁들인 3부작》, 1879.

"부빈에서 교회는 프랑스와 마찬가지로 위협받았다. 부빈의 승리는 국가의 승리일 뿐 아니라 가톨릭의 승리이다. 최근 독일인들이 승리를 앗아갔을 때 프랑스 사가들이 명백한 분노를 담고 부빈 사건을 기록코자 하거나, 또는 적어도 독일인의 승리를 약화시키고자 하는 이유가 여기에 있으며, 독일뿐 아니라 개신교에 대해서도 마찬가지 입장이었다……."

1막. 봉신들

중세 성기인 1214년 7월 몽트뢰이의 성을 배경으로 한다. 관객의 오른편에 완전히 평평한 테이블이 있고, 여기서 신에 대한 기도가 행해진다.

불로뉴 백작 르노의 조카인 몽트뢰이의 아르눌이 다음과 같이 말한다.

나는 이미 그와 더불어 패배를 무릅쓸 각오가 되어 있다.
그러나 여러분은 그의 패주를 너무 재빨리 예상하고 있다.
사람들은 나에게 말한다. 프랑스는 20명의 왕들이 연이어 통치해 왔고,
이 땅에서 신의 기사 역을 해온 만큼 거의 놀라지 않는다고…….

7막

게랭

그들 진영은 패배하였다.

필리프, (열정적으로)

그리고 우리는 선하다.

불경을 일삼는 제후와 반동적인 봉신을 상대로

우리는 권리, 정의와 명예를 지켜 나간다.

프랑스에 기반을 두고 주님께 서약한

우리는 우리가 하늘을 좋아하고 교회에 기도하는 심정으로

조국애를 느낀다.

말, 동료여, 바람에 휘날리는 국왕기여

플랑드르를 향해서 나아가세. 전진하세.

모두가

전진하면서!

합창

전진하세! 그렇도다. 신이 우리를 소환하셨네.

전력을 다해 우리의 권리를 지키세.

전진하세! 주군인 왕을 위해 봉사하다

죽는 것은 매우 아름다운 것.

여러분에게 영광이 있을 것이오.

신과 함께 싸우는 우리에게

능력과 승리를 부여하소서.

전진하세! 전진하세!

프랑스가 교회와 함께하는 한 우리는 승리할 것이다.

주님은 프랑스를 사랑하고 보호하길 원하신다.

프랑스는 강력해지고 축수받았으며

위험 속에서도 견고하도다.

전진하세!

II. 프레스, 《부빈》: 3막 5장의 역사 드라마, 1911년경.

"나는 이미 오래 전 1870년에 우리가 겪었던 재난을 상기시키는 《레 샹페

롤 *Les Champairol*)이라는 드라마를 상연한 바 있다. 그러나 나는 당시의 괴로운 심정을 계속 담고 있길 원치 않는다. 왜냐하면 나는 최초로 코뮌의 자유를 쟁취한 우리 조상이 13세기 초엽 독일군에 대해 거둔 승리라는 국가적 공적을 환기시키고자 하기 때문이다. 내가 결코 분리하여 생각하고 싶지 않은 《레 샹페롤》과 《부빈》 두 드라마는 동일하게 열정적인 조국애로부터 영감을 받은 것이다."

5막

왕

그러나 이 소문이 먼 곳까지 퍼져 나가는 것을 들어 보시오.
짐의 호소에 코뮌인들이 응답하였소.
이들의 행군 소리는 땅을 다리처럼 울리게 하였소.
짐을 기억하는 이 새로운 군대는
우리에게 다가온 용감한 자들임을 잘 알아두시오.
이들은 짐의 청원에 따라 여러분 곁에서 싸울 것이오.
짐은 이들에게 응분의 대접을 해주길 원하오.
....

　여러분은 나의 왕관을 지키러 왔소.
내 주변 왕국의 잘 알려져 있지 않은 전사들
모든 지방과 여러 계층의 친구들
이미 국가는 형성되고 조국의 심장은 깨어나고 있소.
보병으로 태어난 자들이여…….
그대들은 적갈색의 전쟁터를 달려 나가시오.
일하는 자들, 직공들이여. 여러분의 첫번째 발걸음을 내딛으시오!
모든 전사들이여. 새로운 시대를 엽시다!
오늘은 여러분이 전쟁터에 들어갈 날이오.
그리고 후일 여러분의 자손들 또한

프랑스인의 자격으로
여러분을 모방할 것이오…….

XIV. 논쟁

수 세기간의 긴 세월에 걸쳐 클로비스가 세례를 받은 장소인 랭스에서 대관받은 우리 왕들은 톨비악 전쟁터에서 자신들이 신과 맺은 협정을 충실히 존중해 왔다. 예컨대 독일인이 우리 영토를 침범하였을 때마다 그들은 변함없이 축출되었다. 독일인은 교회에 대한 보호 약속을 깨뜨리는 이탈 현상을 보이더니 그 뒤로 세 차례에 걸쳐 경계를 넘어 침탈해 왔었다……. 라미 씨가 발견했던 것도 바로 이 점이었다. 그 이후 부빈은 유익을 가져온 대승리였고, 상상적인 표현을 쓰자면 이후에 이어지는 승리들의 시발이 되는 승리였다. 그 이유는 바로 이날 이방인인 독일·영국·플랑드르인들을 상대로 승리를 쟁취하였기 때문이다. 여러분은 그 자리에 있지 않았다. 부빈의 승리는 봉건적 승리였다. 이 점에서 부빈은 바스티유 감옥 습격에 선행했던 분위기를 어느 정도 담고 있다……. 우리 프랑스는 무정부 상태로 있었던 반면, 독일의 경우 카페 왕조의 모방자들인 호헨촐레른가가 봉건적 힘을 파괴함이 없이 이를 규제하고 이용하는 방법을 알고 있었다. 독일군이 스당에서 부빈 패배에 대한 복수를 이룬 것은 바로 이같은 힘 덕택이었다.

드 루르살리스, 1914년 7월 8일, 《프랑스행동》지.

역자 후기

1214년 7월 27일 프랑스와 플랑드르의 경계인 부빈에서 프랑스의 존엄왕 필리프는 독일 황제, 영국 왕, 플랑드르 백작 등을 상대로 약 3시간에 걸친 전투를 벌여 승리를 거두었다. 프랑스는 이 승리로 국가의 기초를 보다 확고히 할 수 있게 되었다. 그렇지만 이 전투를 다룬 《부빈의 일요일》은 단순한 전투사에 그치고 있지 않다. 조르주 뒤비는 이 전투를 그것에 영향을 주었던 당대 문화 속에서 파악하고, 또 이 전투 내지 문화에 훨씬 이전부터 서서히 영향을 끼쳐 온 요소들, 나아가 이 전투가 일으킨 즉각적인 반향뿐 아니라 장기적 파장을 긴 역사적 안목에서 고찰하였다. 그는 장기간에 걸쳐 한 문화의 토대를 서서히 변화시켜 간 희미한 움직임까지 포착하고 이 전투가 시기별로 후대인, 무엇보다 프랑스인의 심성 속에 일으킨 반향, 후대인이 이 사건에 가한 첨삭과 왜곡을 통해 이 사건이 전설화되는 양상까지 기술하였다. 20세기 초엽에 이르러 프랑스인들은 영국인이 워털루 전투를, 독일인이 라이프치히 전투를 기념하는 것처럼 부빈 전투를 기념할 필요를 느꼈다. 그러다가 제2차 세계대전 이후 현대사에서 부빈 전투는 프랑스인의 뇌리 속에서 망각되어 가고 있었는데, 뒤비는 이 사건이 갖는 의미를 장기 지속의 관점에서 프랑스인들에게 보여 주고 《프랑스 형성의 30일》의 핵심적 사건으로서 이 전투를 자리매김하였다. 실로 장기 지속의 관점에서 역사를 조망하는 아날학파의 정수를 보여 주는 저술이라 할 수 있다. 방법론에 있어서 뒤비는 인류학의 성과를 받아들여 13세기의 군사적 관행이나 봉건 사회에 대한 민속학적 접근을 시도하였다. 그는 별로 특이하지 않지만 반복적으로 언급되는 단순한 사실이 장기 실제를 훌륭히 나타내 줄 수 있다고 여기고서, 그러한 사실들을 천착하는 과정에서 일상에서는 너무 흔하여 잘 인식되지 않고 드물게 언급되는 흔적들을 밝혀내고 이를 기념비적 저술로 승화시켰다.

인문 서적 출간의 어려움에도 불구하고 이러한 저술을 번역하도록 허락

해 준 동문선 사장님께 감사와 경의를 표하고 싶다. 또한 여러 수고를 아
끼지 않고 애써 주신 편집부 여러분께 진심으로 감사를 드린다.

2002년 최생열

색 인

최생열

역서: 조르주 뒤비 《전사와 농민》(1999, 東文選)

멜리스 루스벤 《이슬람이란 무엇인가》(2002, 東文選)

문예신서
197

부빈의 일요일

초판발행 : 2002년 10월 20일

지은이 : 조르주 뒤비

옮긴이 : 최생열

펴낸이 : 辛成大

펴낸곳 : 東文選

제10-64호, 78. 12. 16 등록

110-300 서울 종로구 관훈동 74

전화 : 737-2795

편집설계 : 李姃旻 李惠允 韓仁淑

ISBN 89-8038-242-1 94920

ISBN 89-8038-000-3 (문예신서)

東文選 文藝新書 136

중세의 지식인들

자크 르 고프 / 최애리 옮김

　중세의 문사(文士)는 성직자가 되기 위한
교육을 받기는 했으나 수사와는 구별되어야 할 인물이다. 서양 중세의
도시라는 일터에, 여러 가지 직업인들 가운데 한 직업인으로 등장한
그들은 '지식인'의 독창적인 계보를 이룬다. '지식인'이라는 이 현대
적인 말은 그를 생각하고 가르치는 것을 생업으로 삼은 자로 정의함
으로써, 그의 본령을 확실히 드러내 준다.

　그러나 저자는 중세의 '지식인'을 단순히 '교육받는 자'가 아니라
'노동의 분화가 이루어지는 도시에 정착하는 직업인들 중 하나'로, 글
을 쓰거나 가르치는 것을 직업으로 삼아 '일하는 자'로 정의한다. 즉
수도원이나 성당 부설학교에서 교육을 받기는 했으되, 성직으로 나아
가지 않고 학문 그 자체를 생업으로 추구하는 집단이 등장했다는 말
이다. 물론 개중에는 성직이나 관직에 오르는 이들도 적지않았고, 또
중세말로 갈수록 그러한 경향이 짙어진다는 것도 본서의 주요한 논지
들 가운데 하나이지만, 어떻든 저자가 애초에 '지식인'으로 정의하는
집단은, 말하자면 유식무산(有識無産)——농민계급 혹은 군소 기사계
급 출신이라도 장자로 태어나 가문의 '명예'를 잇지 못하고 성직에도
돌려지는 작은아들들은 무산자였으니까——의 지적 노동자들이다. 그
리하여 중세에는 철학자·성직자·교사 등으로 지칭되던 막연한 집단
이 '지식인'이라는 이름으로 비로소 그 모습을 드러내게 된다.

　자크 르 고프의 이 저서는, 말하자면 '서양 지식인에 관한 역사사회
학 입문'에 해당한다. 그러나 그것은 또한 다양하고 개별적인 세부들
에도 조명하여, 수세기에 걸친 군상들을 파노라마처럼 그려내고 있다.
일찍이 1957년에 발표된 이래 수많은 연구들에 영감을 제공해 온 이
저서는, 서양 중세사는 물론이고 지식인 연구의 고전으로 꼽힌다.

《양 이야기》 ⓒ 2000 JUN MACHIDA

동문선

東文選 現代新書 28

상상력의 세계사

뤼시앵 보이아
김웅권 옮김

상상력의 세계는 인류가 지나온 역사 전체를 아우르는 광대하고 심원한 시공의 세계이다. 인간이 다른 존재와 차별적 존재로서 자신과 우주에 대해 몽상을 시작한 아득한 옛날부터 과학이 종교화되고 있는 현대에 이르기까지, 그것은 지속적으로 우리의 삶 구석구석에 침투하면서 인간과 세계에 대한 인식과 신비를 확장시켜 왔다. 그렇다면 이와 같은 정신의 기능이 걸어온 역사를 쓰고, 이로부터 그것이 지닌 법칙을 도출해 낼 수 있을 것인가?

상상력의 세계사, 그것은 인류 역사의 새로운 접근이다. 20세기에 이루어진 공산주의와 전체주의의 실험과 좌절, 민주주의의 확산, 현대의 첨단과학이 추구하는 꿈, 종말론의 난무, 외계에 대한 꿈, 문명의 충돌과 전쟁 등으로부터 과거의 모든 문명들이 추구했던 이상에 이르기까지, 상상력의 세계가 지닌 원형적 구조들은 어디에나 은밀하게 기능하면서 역사의 공간을 풍요롭게 채색해 왔다. 그것들은 개인의 차원이든 사회 공동체의 차원이든, 자연 앞에서 문화를 일구어 나가는 일상적인 행동의 원초적 원리를 간직하고 있다. 독자는 저자가 전개하는 논리를 따라가다 보면, 오늘날의 다원적이고 풍요로운 사회를 뿌리에서 지탱해 주는 신화적 세계로 자연스럽게 이동할 수 있고, 동시에 인간에 대한 어떤 정체성을 확인할 수 있을 것이다.

東文選 文藝新書 115

성의 歷史

장 루이 플랑드렝

편집부 옮김

아날학파의 유럽 性에 대한 기념비적인 논고.

대부분 인간의 행동양식은 어떤 문화의 틀 속에서 만들어져야 한다는 의미에서, 자연인은 결코 존재하지 않는다. 그런데 모든 문화란 시간의 흐름 속에서 조금씩 완성되어 온 것으로, 과거에 존재했던 갖가지 체계, 과거에 받았던 정신적 상처가 깊이 아로 새겨져 있다. 문학·도덕·법률·언어·과학·기술·예능, 요컨데 우리들의 문화를 구성하는 모든 것을 사이에 두고, 우리들은 태어나면서부터 자신도 모르는 사이에 과거에 의해 계속 침략당하고 있는 것이다. 우리들에게는 이 유산 수취를 거부할 자유가 없다. 특히 性에 관한 한 우리들 과거로부터의 해방을 철저히 방해받고 있다.

몇 세기 전부터 사랑은 시인·소설가, 혹은 독자들이 원하는 주제가 되어 왔다. 이런 점은 예를 들어 16세기부터 20세기 사이에 이렇다할 변화가 없다. 그러나 이 5백 년 동안 사랑으로 불리어 온 것이 모두 같은 감정이었을까? 사랑의 자극원인·대상은 항상 같은 것이었을까? 또한 사랑의 행동은? 본서에 정리되어 있는 몇 편의 논고도 연애·결혼·부부의 성교·친자관계·독신자의 성생활에 관한 것이다. 시간의 축을 잃어버린 지식이 우리들에게 주어진 이미지를 변화시키는 작업에 참가할 수 있게 되기를 저자는 내심 기대한다.

東文選 文藝新書 129

죽음의 역사

P. 아리에스

이종민 옮김

지구상에 존재하는 모든 피조물은 시작과 끝이라는 존재의 본원적인 한계성을 지니고 있다. 인간 역시 이러한 자연의 법칙에서 결코 벗어날 수 없는 한계성을 인식하고 있다. 그러나 인간 존재의 시작을 의미하는 탄생에 관해서는 그 실체가 이미 과학적으로 규명되고 있지만, 종착점으로서의 죽음은 인간들의 끊임없는 연구와 노력에도 불구하고 오늘날까지 이렇다 할 구체적인 모습을 드러내지 못하고 있는 것이 현실이다. 이유는 간단하다. 과학적으로 죽음이라는 현상 자체는 규명되었다 할지라도, 그 이후의 세계는 어느 누구도 경험하지 못한 때문일 것이다. 물론 죽음이나 저세상을 경험했다는 류의 흥미로운 기사거리나 서적 들이 우리의 주변에 널려 있는 것은 사실이지만, 이는 어디까지나 임사상태에 이른 사람들의 이야기일 뿐 실지로 의학적으로 완전한 사망을 토대로 한 것은 아니다. 말하자면 진정한 죽음의 상태를 경험한 사람은 존재치 않기 때문에 죽음은 더욱더 우리 인간들의 호기심과 두려움을 자극하는 대상이 되고 있을지도 모른다.

아무튼 본서는 아득한 옛날부터 현재에 이르기까지 사람들은 어떻게 죽음을 맞이하고 생각했는가?라는 사람들의 호기심에 답하듯 죽음을 연구대상으로 삼은 역사서이다. 따라서 죽음의 이미지가 어떻게 변해 왔는지, 또 인간은 자신의 죽음을 앞에 두고 어떻게 행동했으며 타인의 죽음에 대해 어떤 생각을 품고 있었는지를 추적한다. 그리하여 역사 이래 인간의 항구적 거주지로서의 묘지로부터 죽음과 문화와의 관계를 파악하면서 묘비와 묘비명, 비문과 횡와상, 기도상, 장례 절차, 매장 풍습, 나아가 20세기 미국의 상업화된 죽음의 이미지를 추적한다.

東文選 文藝新書 155

프랑스 사회사

조르주 뒤프
박 단 + 신행선 옮김

본서는 사회사의 진정한 원조로 평가받고 있는 라브루스계열 학자들의 연구를 종합한 사회사 개설서이다.

뒤프는 이 책을 서술함에 있어 그의 스승의 연구 목적에 부합하게끔 기본 접근방식을 사회집단의 발전에 맞추었다. 더 구체적으로 이야기하자면, 본서는 하나의 '사회집단의 역사'이며, 동시에 '그들 관계의 변화'를 추적한 연구서이다. 시대가 흐름에 따라 특정 사회집단이 어떠한 변화를 겪었으며, 억압받던 집단은 어떤 방식으로 자신들의 입지를 향상시켰고, 지배집단은 어떻게 음지 속으로 내쫓겼는가? 이 책에서는 이러한 사회 변화를 설명하기 위하여 경제 변동의 국면들, 인구 구조의 변화, 기술 진보의 다양한 리듬·전쟁·집단 의식 등 다양한 내적·외적 요인을 제시, 설명하고 있다. 즉 이 책은 저자 자신이 밝히고 있듯이 "각 사회집단의 규모·구성·내부 구조·응집력의 강도를 알려는, 그리고 그 위에 그 집단의 일상양식·심리적 태도 등을 규정"하려는 연구서이다. 이와 같은 각 집단에 대한 연구에 이어 저자는 집단간의 관계를 추적한 것이다.

결국 이 책에서 뒤프는 라브루스학파의 일원들이 개별적인 지역연구 및 하나의 사회적 범주에 대하여 기울인 관심을 기초로 하여, 그 개별 연구들을 충분히 이용, 종합하고 있다고 볼 수 있다. 물론 시기적인 이유로 70년대 이후의 연구 성과를 담지 못하고 있다는 한계를 염두에 두어야 할 것이지만, 그럼에도 불구하고 본서는 프랑스 혁명에서 1970년까지의 정치·경제·사회·문화를 아우르는 프랑스 사회에 대한 입문서로서, 더 나아가 하나의 뛰어난 프랑스 현대사 개설서로 독자들에게 소개될 수 있을 것이다.